신문고

모진 세월을 오롯이 겪은 여인의 절규

신문고
모진 세월을 오롯이 겪은 여인의 절규

인쇄일	2024. 03. 07. 초판 인쇄
발행일	2024. 03. 11. 초판 발행
지은이	유귀엽
발행처	도서출판 한아름
주　소	서울특별시 중구 서애로3길 16 (우 04623)
발행인	김천수
등록번호	제 2005-000122호
전화	02. 2268. 8188
팩스	02. 2268. 8088
ISBN	979-11-978454-7-5

- 값은 뒷표지에 있습니다.
- 잘못된 책은 바꾸어 드립니다.

이 책의 저작권과 판권은 저자가 소유하며,
저자의 서면 동의 없이는 무단 전재 및 복제를 금합니다.

신문고
모진 세월을 오롯이 겪은 여인의 절규

유귀엽

"가끔은 같은 단어가 강조된 것도 있습니다. 계속 진행되는 고통을 그대로 표현한 것입니다."

책을 펴내며

　참아내기 힘든 시집살이와 굴곡진 인생을 오래 동안 원고지에 한글 자 한글 자 써내려 왔었다. 힘들게 살아온 여자의 인생을 글로 써서 책을 낸다는 것은 내 개인적인 치부와 하나뿐인 아들에게 잊혀져가는 힘들었던 어린 시절의 기억을 다시 떠오르게 되는 일이 될까봐 무척 고민하고 망설이다 힘들게 발간을 하겠다고 결심하였다.

　예전의 우리나라 어머니들은 정도의 차이만 있었을 뿐 대부분 시집살이를 겪었었다. 그런 시집살이가 유독 나에게만 더 심하게 다가왔었고 내 인생을 송두리째 망가뜨렸다.
　내 인생을 망쳐놓은 사람들을 지금에 와서 단죄하겠다고 하는 것은 아니다. 그 시대의 실상을 알리고 만행을 저질렀던 그들이 용서를 구하기를 바랄 뿐이다.

　새로운 인생을 계획하기에는 늦은 나이겠지만 이 책의 발간을 계기로 지나간 일들을 훌훌 털어버리고 이제는 그들을 신앙의 힘으로 용서하고 마음에 평온을 찾고 희망이 가능한 미래를 만들어 가고 싶다. 긴 세월동안 고난을 함께 헤쳐나 온 아들에게 고맙고 사랑한다고 말하고 싶다.

목차

나의 시집살이 / 007
홀로서기 / 013
친정 어머니 / 024
마마보이 남편 / 027
친정식구 / 029
무딘세월 / 032
신종 시집살이 / 039
작은 소공체 가정 / 043
식민지 36년 / 053
진짜가 아닌 다른 가족 / 057
정치상황이란 무엇인가? / 062
남성들의 시대 / 070
사회의 문턱에서 / 082
친정어머니의 충고 / 089
권력이란 골리앗이다 / 095
젊은 세대들의 빈곤 / 099
족쇄에서 자유를 / 102
욕심이란? / 106
철이 든다는 것은 / 111
낮은자의 소신 / 116
빛이 바랜 소신 / 122

일방적인 것 / 127
힘없는 자의 삶 / 131
외길 인생 / 136
한곳만을 바라본다는 것은 / 140
마음에 가뭄이 든 사람 / 143
말이 비수가 되다. / 149
희망의 씨앗은 변화였다. / 157
색깔이 없는 선택 / 162
그들의 기쁨은 / 165
밝은 날의 끝은 어디인가 / 169
거짓된 삶 / 174
철없던 시절의 삶 / 180
핵 가족화 / 184
존재의 가치를 알자 / 190
나는 나 자신을 배려했다 / 197
잘 익어가는 홍시처럼 / 205
침묵했던 세월 / 212
가진 것은 거짓 없는 내 마음 뿐 / 220
이제는 과거를 버리고 / 226
시집살이는 대대로 이어졌다 / 235

나의 시집살이

 나는 펜을 들기까지 너무 오랜 세월을 망설였다. 피가 묻어나는 아픈 세월에 맞서서 싸워야 했다.
 지금부터 쓰는 글은 말로는 다 할수 없는 모진 세월을 오롯이 겪어온 이야기다.
 옛 어른들이 하시는 말로만 들었던 시집살이가 나에게 닥쳐 올 줄은 정말 몰랐었다. 견디기 힘든 그런 시집살이가 나에게도 예외없이 닥쳐 왔다.
 8남매의 맏며느리라는 생각만 해도 끔찍한 대가족의 집안, 아무것도 생각할 수 없게 만들어 버리고 일방통행, 무시와 왕따 속에서 전통적인 관습때문에 인정받지 못하는 가부장적인 남성우월주의 속에서 살아남 아야 했기에 남들은 여행을 다니고 놀러 다닐 때 나는 무언가를 향해서 더 나은 미래의 삶을 위해서 질주를 해야 했다.
 쉬지 않고 뛰어야 했고 퇴보한 시간만큼 더욱 더 뭔가를 붙잡고 울어 야 했고 몸부림치면서 새로운 가정을 안정시키기 위해서 어린 아들 손을 붙들고 미안해하면서 힘찬 발걸음을 내디딜 때마다 안경너머로 흐르는 눈물은 주체할 수 없었다.

생각하고 싶지도 않은 지난날이지만 사회도 가정도 관심밖이었기 때문에 인권의 사각지대에서 어둡게 살아가야 하는 여자들의 삶이 결국 물질 만능주의를 부추겼다.

우리가 겪어온 60년대에는 그 잔인한 시집살이를 보아도 집안일이라면서 폭행을 가해도 누구하나 말리지를 않았다.

부부싸움은 칼로 물베기라면서 가슴에 대못을 박던 소리가 지금도 귀가에 생생하게 들리는 듯하다.

불투명한 미래지만 막연한 두려움과 불안함을 박차고 나가서 먹고 살기 위해서 안 해본 일이 없이 모진 세월과 맞서서 살 수 밖에 없었던 막막함은 진보적인 세상으로 한걸음씩 나가게 했다.

모진 세파와 착취와 힘있는 자들의 횡포를 경험한 나는 산다는 것에 대한 두려움도 파도처럼 밀려 올 때가 많았지만 가난과 싸우기 위해서는 무지한 것보다는 아는 것이 힘이라는 것을 깨닫고 야간에 일을 하면서 검정고시 공부를 했고 학비에다가 가정 경제에다 눈코 뜰새 없이 바쁘게 살면서 배우는 순간에는 그들의 저주를 잊을 수 있었다.

시집살이의 혹독한 고통도 그 순간만큼은 심리적으로는 행복할 때도 있어 즐거웠다.

공부에 즐거움을 알아 방송대학에서 법학 공부를 했고 나 자신을 거듭 변화시켰고 당당함과 떳떳함을 겸비한 가슴이 따뜻한 사람으로 살아가게 되어서 정말 기쁘다.

요즘처럼 자기밖에 모르는 사람들 속에서 조금이나마 차별화된 사람으로 살아간다는 것은 희망이 보인다.

　나는 8남매의 대가족이 모여 사는 집으로 시집을 왔고 미신을 믿는 집안이었다.

　지금은 옛날 이야기처럼 들리지만 동방예의지국이란 말은 괜히 있는 게 아니다. 개인적으로는 가정교육을 잘 받아서 위, 아래 사람을 가려서 볼 줄 아는 안목이 길러져 다른 사람의 사랑을 많이 받는 따뜻한 사람으로서 겉치레적인 사람이 아니라고 생각했다. 그런데 시집을 왔는데 시댁이 다른 사람 앞에 내세우기가 부끄러웠다.

　자신들의 참 모습은 잃어버린 체 무엇을 위해 사는지도 모르는 정체성 혼란으로 자식만을 위해서 산다는 그 한마디에 시대의 흐름을 망각한 체 물질만능주의에 정신을 놓고 아귀다툼을 하면서 험한 세월을 보냈다. 내면의 험상궂은 얼굴을 감추고 다른 이를 기만하면서 세상에 혼자만 선한 사람인냥 얼굴을 드러내고, 거짓 모습에 길들여진 사람들 시집살이 9년을 겪고 나니 어느새 나는 60중반을 넘어서고 경제적으로는 아무것도 이루어 놓은 것 없이 자식 얼굴 보기가 민망하다. 너무 가난에 지쳐서 아들의 마음도 아직은 여유롭지 못하다 송충이는 사는 동안에 솔잎밖에 모르고 산다. 변화를 한다는 것은 참으로 기적적인 일이 일어나지 않고는 어려운 일이다.

　서로 헐뜯고 미워하면서 안으로 굽은 팔은 밖으로 펼 줄 모른다. 이런 사치스런 생각이 나를 더욱 더 궁지로 몰았고 이혼까지 이르게 했으니 화해라는 말은 입에 올리기도 고통스러운 상황이다 한줄기 빛도 없이 칠흙같은 어두운 밤을 껴안고 놓을 줄 모르고 좋아하는 사람들 그 사람들이 나의 시댁가족 이었다.

빛은 어김없이 어두움을 비춘다. 칠흙같은 어두움이 계속되는 가정은 내 힘으로는 어찌할 수 없었다. 그러기에 나약한 나는 내 할일에 충실했고 화해나 이해라는 것은 기대할 수도 없었던 잔인한 시집살이였기에 또 한숨지어 본다.

나는 말로만 큰 며느리였지 아무런 예우도 대접도 한번 받아 본적 없었다. 아무리 살려고 안간힘을 써도 무자비하게 짓밟고 무시해 버리는 봉건적인 시집살이는 매몰차고 아픈 것이었다. 모든 것을 파괴해버리고 멋대로 판단하고 짓밟고 왕따를 시켜버리는 그들의 무기는 참으로 무서운 것이었다.

종교법에서 이혼도 안되고해서 많은 어려움을 겪었지만 이후에 허락이 되어 이혼을 했고 많은 것을 내려놓고 욕심을 버리니 살아 갈 길이 보여서 돈도 없고 힘들지만 아들과 함께 풍요로운 마음 때문에 궁핍함이 없었다. 인고의 세월을 물거품이 되지 않기 위해서 같은 고통의 공감대가 그립다. 인권의 사각지대에서 언제쯤이면 벗어날 수 있을까?

8남매의 큰 며느리는 그렇게 살아야 되는지 정말 묻고 싶었다.

머슴처럼 일이나 잘하면 그만이라는 시집살이는 벙어리 삼년이란 세월이 100년처럼 느껴졌고 맏며느리로서의 발언권마저도 빼앗아버리는 쓰디쓴 독배의 잔을 인간으로서는 견디기 힘든 비참한 세월이었다. 육체의 폭력, 언어폭력이 같이 수반되어서 견딜 수 없는 고통과 치욕이 언제나 비웃음을 동반했다. 시어머니의 폭언과 남편의 폭력은 언제나 나를 짓밟고 희망을 꺾어 버렸다. 조롱과 비웃음이 뒤통수에서 떠날 날이 없었다.

힘든 세월과 고통속에서도 한 가닥이 희망은 아들이었다. 선천성 심장판막증을 갖고 태어난 아들은 수술비, 돈은 한푼도 없는데 고액의 입원비를 어떻게 마련하나 혼자서 울고 또 울고 눈이 짖물도록 그런데 한줄기의 빛은 나눔이었다. 틈틈이 마음을 배려하고 조금씩이나마 베풀었던 것이 나에게 구세주로 다가왔고 아들의 수술비 문제가 해결되었다. 너무나 초라하고 작게 느껴질 때면 죽고 싶었지만 서로 곁에 있는 것을 위안으로 삼으면서 살아가는 아들과 나는 엄마로서나 부모로서의 암담함은 형용할 수 없었다. 그래도 지금은 착하게 잘 자라 청년이 된 아들을 바라보면서 이제는 좋은 집안 딸을 만나 행복한 가정을 만들어 가기를 기대해 본다. 마음대로 죽을 수도 없었던 엄마를 많이 이해해주기를 바랄 뿐이다.

모진 목숨 끊지도 못하고 이렇게 열심히 살아가고 있다. 말도 많고 탈도 많은 내 인생은 전통적인 여인으로 살아야 피해 갈 수 있었지만 그렇게 살 수 없었기에 다른 문화를 받아들였기에 온갖 저주를 다 받을 수 밖에 없었다. 그 무기는 대단했다. 모함과 이간질, 심지어는 왕따도 서슴치 않은 시어머니의 그 대단함, 광기 그 자체였다. 더욱더 대단한 것은 시어머니의 말만 듣고 처자식을 포기해버리고 가족의 부양을 포기해 버린 남편이 더욱 더 불쌍했다. 그것은 분명 효도가 아니었다. 가장으로서 책임을 회피한 체 가족들을 사지를 몰게 한 시어머니의 잘못된 생각을 따른다는 것은 벼랑끝에 서 있는 한마리 사슴 같았지만 그 길을 갔다. 그 결과 가족이 해체되었고 그 사람은 모든 책임을 회피하고 가정을 헌 고무신처럼 내동댕이 쳤다. 어떤 결과가 기다리고 있을지도 모르면서 멸망해 버리는 나의 시댁을 바라보면서 그 범죄행위로 인해 어떤 참담한 현실을 겪을지도 예측하지 못한 채 눈앞에 보이는 작은 이익에만 치우쳐 큰 것을 잃어버리는 실수는 하지 않기를 바랄뿐이다. 내 몰골을 비참하게 만들기 위해서 자신들은 더 큰 것을 잃어버리고 있는 것이 안타까웠고 불쌍했다.

홀로서기

난 살아남기 위해서 안해 본 일이 없다.

여자의 몸이지만 불평은 없었다. 건강해서 할 수 있다는 확신이 언제나 힘과 용기를 주었고 나의 생각까지 바꿔놨으니 99칸의 집도 부럽지 않았다. 부족하지만 베풀고 사는 풍요로운 마음 때문에 인고의 세월을 견디어 내는 데 큰 힘이 되었고 살아 남았다. 아들이 21세때 이혼을 했고 입에 풀칠을 하기 위해서 새벽부터 바쁘게 살다보니 하루가 짧아 세월이 가는 줄도 모르고 살았고 희망을 안고 항상 긍정적인 마인드로 살다보니 열매가 주렁주렁 열렸고 그 열매를 따먹으면서 혼자 위로하고 아픈 세월을 잊어 가는데 힘이 되었다.

넉넉한 생활은 아니었지만 불만없이 살아왔고 가난을 이겨내는 방법을 터득했다. 남들은 이혼하면 재혼도 빨리 쉽게 잘하는데 난 왜 그리 어려웠는지 모자가 가슴 아픈 일, 경제적인 어려움, 피도 눈물도 없는 가족들 곁에서 그 인고의 세월을 누구도 원망하지 않고 두려워하지도 않고 열심히 살았다.

모든 것을 가슴속에 묻어 두고 분노가 치밀어 오를 때면 눈물 콧물이 범벅이 된체 혼자 울고 또 울고 내 팔자 내가 만들었으니 누구를 미

위해 보지도 못한 채 순리에 순응하면서 조용히 인고의 세월을 보냈다. 전염병처럼 다른 사람에게 고통스런 삶이 드러날까봐 언제나 마음속으로는 피눈물을 흘렸고 겉으로는 항상 웃었다. 내 진심은 아무도 알아주는 사람 없었기에 표출할 수도 없는 벙어리 삼년이었기에 속내를 드러내놓고 실컷 울어보지도 못한 세월을 작은 소망에 담아 한자 한자 적어본다.

세상은 달라졌다고 하지만 아직까지 이혼에 부정적인 눈초리는 매섭고 따가웠다. 잊기 위해서는 남의 눈을 의식하지 않고 일에 빠져서 고통스런 시집살이 생각을 잊고 사는게 나에게는 더 큰 미래에 희망을 두는 것이 바람직했다. 깊이 패인 상처도 세월이 가면 메워질 수 있을 테니까. 어떤 순간에는 분노와 증오심이 뒤엉켜 숨이 막힐때면 독사의 독과 같은 증오심을 삭히려고 노래방에서 목청이 터져라 노래를 부르고 스트레스를 해소했다.

인권의 사각지대라면 우습겠지만 본래 시집살이란 인권과 인격이 다 무시되어 버린 비참한 현실, 사회의 부조리한 현실 때문에 녹녹한 것이 별로 없고 현실은 너무 멀었다. 일반적으로 가정에서의 재산상속도 아부한 자식은 많이 주고 아부에 소질이 없는 자식은 아예 주지도 않는게 현실이고 아부로 재산을 물려받은 사람들은 부끄러움도 모르고 더 당당하게 살아가는 부끄러운 현실이다.

옛말에 여자 팔자는 뒤웅박 팔자라고 했다. 뒤웅박처럼 금방 뒤집어 엎을 수는 없지만 각박하고 처참한 시집살이의 비현실성은 뼈에 사무치도록 실감할 수 있었다. 이혼이라는 현실은 홀가분했지만 그동안 마음의 상처 때문에 남들의 이목 때문에 당당하지 못하고 기가 죽어서 어둠속에서 인고의 세월을 숨소리 한번 크게 내지 못한 채 나 자신의 뾰족한 부분과 항상 싸워야 했으니 모질고 모진 비바람이 얼마나 거세던지 내동댕이 처진 채 혼자 감당해야 하는 것도 내 몫이었는가 싶다. 하늘이 높아서 뛸수 없었던 젊은날은 나에게는 지옥과도 같은 아비규환이었다. 남편만 괜찮은 사람이라면 얼마든지 극복할 수 있으리라는 신뢰는 하루 아침에 산산조각이 났다.

마마보이에다 가정이라는 공동체가 어떠한 것인지도 모르고 있었고, 가족부양이라는 자신의 책임도 다 회피해 버렸다. 나는 비록 가진 것은 없었지만 바르게 살았고 친정에 피해를 주지 않으려고 형제간들에게도 손 한번 벌린 적이 없었다. 내 죄가 많아서 그랬겠지만 태산보다 높은 형제들의 불신은 해결될 줄은 몰랐다.

자신들의 무거운 짐은 나에게 다 지워놓고 자신들은 떳떳하다는 식의 편견과 아집은 언제나 골치덩어리 그 자체였다. 언제나 큰 족쇄가 되어서 나를 괴롭히는 시집살이, 사사건건 간섭과 참견은 무겁고 힘에 겨웠다. 내 인생의 모든 자유도 권리도 다 빼앗겨 버린채, 찾아줄 사람은 아무도 없었다. 참으로 끔찍한 세월이었기에 참고 인내하고 희생했기에 마음속에서 꿈틀거리는 따뜻한 눈물 방울이 생성될 수 있다고 의심치 않는다. 나는 서른이란 나이에 나보다 세살 연하인 남편을 만나 연애결혼을 했다.

결혼 허락을 받기 위해서 가족들과의 첫 대면을 하게 되었는데 그 자리는 대가족 제도의 퇴보적인 8남매의 큰 며느리 자리였고 책임과 희생이 많이 따르는 위치였다. 그 때는 나이만 서른이었지 철부지였다.

그래도 배우지 못했어도 바르고 정직한 남자라면 괜찮을 것이라 믿었지만 그 신뢰는 얼마가지 않아서 무너지고 깨졌다. 그래도 친정에서 보고 배우고 자란것이 지침과 기둥이 되었고 유교집안에서 자란 탓에 가정교육은 어느정도 잘 받았다고 자부했다. 그 당시에는 잘 몰랐지만 친정부모님의 그 사랑이 태산보다 큰 사랑이었다는 것을 새록새록 느끼고 깨달았다. 견딜 수 있는 힘이 그 속에서 자라고 싹이 텃던 것 같다. 나를 산산히 부셔놓고 짓밟을 때도 근본을 지키면서 견딜 수 있었던 것이다. 하지만 천둥 벌거숭이로 모진 세월을 온몸으로 받아들여야 했다. 그 시대는 희생이 미덕이고 여자는 참고 사는 것이 가장 옳다고 믿었던 시대이기에 또한 벙어리 삼년이기에 아는 것이 있어 이야기를 할라치면 무시해 버리고 뭉개버리기가 일쑤였다. 이런 시대에 나는 다수가 하나를 바보로 만들어 놓고 침묵의 세월을 봉인되 비밀스런 편지처럼 입이 있어도 말을 못하게 만들어 놓은 시어머니의 기세에 눌려서 숨 한번도 크게 쉬지 못하는 시집살이, 철저한 과거 중심주의 미신을 믿는 현실과는 동떨어진 세계에서 활개를 치고 그 우물안에서 만 큰 소리치는 이기적인 사람들, 핏줄이란 이유만으로 며느리를 따뜻하게 맞이할 줄 모르는 원시적 종류의 사람들이었고, 구조였기에 며느리는 자식 취급도 안하고 집안의 잡일이나 하면서 시키는 대로 가족들 뒷바라지나 잘하면 그만이라는 잘못된 구조의식 속에서 큰 며느리의 존재는 머슴과 같은 존재에 불과했다. 더욱 더 힘들었던 것은 아무 생각도 없는 가치도 없는 존재로 만들어 버린다는 것이었다. 당신들이 당해 왔던 것을 그대로 고스란히 되갚고 있기 때문에 시대의 변화에 순응하는 척하면서 근절되지 않은 어두움, 가정공동체는 소공동체인데 폐쇄시켜 놓고 누가 보는 사람있으랴 생각하면서 기세등등하게 당연한 것처럼 양심의 가책도 느끼지 못한 채 아픔을 느끼지 못한 로봇처럼 폭력적인 언행을 함부로 행사하는 어리석은 자들이었다.

　자식들이 8남매씩이나 됐으니 이집 저집 다니면서 거짓과 이간질을 밥 먹듯이 하고 다녔다. 침묵으로 일만 했을때도 누명을 씌우고 며느리를 나쁜사람 만드는 데 앞장을 섰다.

　34년이란 세월이 흘렀는데도 엊그제 같이 생생하고 쓰리고 아픈 모진 세월이 스쳐 지나갈 때는 안경 너머에 눈물이 또 쏟아지고 있다. 나도 모르는 사이에 언제부터인지 눈물이 앞을 가리면 멍하니 먼 산을 바라보는 습관이 생겼다. 눈물로 뒤범벅이 된 채 긴 밤을 분노와 증오심으로 사시나무 떨듯 밤을 새고 나면 먹고 살기 위해서는 눈물 자욱이 마르지도 않은 채 일터로 향했고 과거에 집착해서 나를 괴롭혔던 그들은 희희락락하면서 살고 웃음꽃을 피웠다. 그 웃음이 참된 웃음인지 그릇된 웃음인지 판단도 못하면서 이해와 배려는 그들에게는 악세사리와 같은 사치품이었으니까 무슨말을 해도 무의미했고 가치가 없었다. 관계개선이라는 말도 사치품이었다.

　힘겨운 세월을 이겨내기 위해서는 생각한 것이 공부였다. 중졸 검정고시와 고졸 검정고시를 하느라고 조금이나마 시집살이의 잔인함을 잊으면서 공부에 매진했고 대학이라는 관문을 통과해서 늦깎이 사회인이 되었다. 아들이 5살때 공부를 시작했지만 누구 하나 도와주는 사람 없었으니 학비에다 가정경제에다 보통 어려운 일이 아니었다. 남편은 마마보이에다 무능하고 우유부단한 성격때문에 가족은 안중에도 없고 오직 피를 나눈 부모 형제밖에 없었다. 시어머니는 아들을 남편처럼 여겼고 내 자리에서 나를 밀어내고 온갖 횡포를 큰며느리인 나에게 친자식들을 속여 가면서 자행했고 난 침묵으로 일관했다. 행여나 생각이라도 바뀌는 사람이 있을까봐 괜한 희망을 가져 보았지만 허망한 일이었다. 가정에서 생활비를 받는것은 꿈도 꾸지 못했고 돈이 생기면 전부 시어머니 주머니로 먼저 들어갔다. 8남매와 부모형제들을 위해서는 아까운 것이 없었지만 처자식에게는 아까워했다. 손에 물이 마를 날이 없었고 허리 펴고 잠 한번 편히 잔적도 없었다. 64년이란 세월, 반평생을 내 손으로 생계를 해결하지 않으면 안 되었고 학비도 스스로 해결하지 않으면 한푼도 도와주는 사람이 없었으니까. 시집살이가 모든 것을 빼앗아 갔다.

늦게 결혼을 했기 때문에 서른 한살에 아들이 태어났다. 그러나 나의 근심은 또 하나가 나를 어두운 그늘로 만들어 놓고 항상 우애가 돈독한 것처럼 자신들은 희희락락 하면서 나를 비웃고 비아냥거리면서 내가 의지하는 종교까지 비웃었다.

아들은 태어날 때 선천성심장병을 앓고 태어났지만 가족들도 누구하나 신경쓰지 않았다. 하물며 남편까지도 고액의 수술비는 생각도 할 수 없었고 엄두도 낼 수 없었으니 하늘에 맡기고 사는 수밖에 없었다. 하기 좋은 말로 장남 며느리지 숟가락 젓가락 하나 가지고 나오지 않은 살림살이는 쉽지 않았다. 대가족제도의 틀에서 벗어나지 못한 사람들이니 맏아들은 형제들을 위해 희생양이 되어야 한다는 전통적인 사고방식 때문에 합리적인 사고는 기대할 수 없었고 툭하면 손찌검과 욕설뿐이었으니 대화라는 방식도 보기 좋은 악세사리에 불과했고 다들 손 놓고 구경만 했다. 지금도 그때 일이 뇌리를 스치면 쏟아지는 눈물을 주체할 수가 없다. 마음속에 차곡차곡 삭히면서 쌓아 둔 고통들이 또 나를 울게 한다. 아니 끝없이 어두웠던 날들이 오열하게 하고 피를 토하게 한다. 동물들이 다른 동물들의 살을 뜯어 먹고 사는 것처럼 그 아픈 냉대는 혼자 견디기에는 정말 참혹스러웠다. 곁에 아무도 없다는 외로움은 죽음 그 자체였고 내 몰골이 너무 흉해서 다 떠나고 없는데 누구를 붙잡고 속 시원하게 울어 볼 수 있었겠는가? 소리내어 울어보지도 못하고 뜨거운 가슴속에 눈물을 꼭꼭 숨겨놓고 아들이 볼까봐 혼자 있을때만 끄집어내서 조용히 삼키는 눈물은 백발이 성성한 지금도 진행형이다. 너무 오랜세월 깊은 골이 되어버린 상처인데도 그 상처 때문에 아직도 눈물이 마르지 않는다. 어쩌면 나의 무덤 속까지도 가지고 가야 할 나의 내면에 상처인지 아니면 보이는 물질적인 가난의 싸움에 흔적인지 알 수가 없을 때도 있다. 어쨌든 그 칠흙같은 어둠속을 헤치고 나올 때 도움이 되었던 것은 신앙생활의 시작이었고 그것은 큰 수확이었고 위로였다.

　우리사회는 아직도 봉건사회 구조에서 벗어나지 못했고 많은 것이 변했다고는 하지만 여자들을 동등하게 대우해 주는 생활방식은 아직도 먼 길을 가야 한다고 생각한다. 남성 중심의 구조와 권의주의 구조속에서 여성들의 인식은 한낱 귀퉁이에 지나지 않았다. 많이 나아졌다고 말로는 하지만 현실은 그렇게 녹녹하지 않다. 다른 사람을 이해하기 보다는 흠잡는 것을 우선순위로 하는 풍조는 우리사회의 내면이 그만큼 부패했다는 것이다. 성인이 되어서 가정을 이루는 것은 지극히 당연한 일이고 주례사에서 많이 말하는 것처럼 기쁠때나 슬플때나 변함없이 함께 한다는 뜻이기도 하지만 새로운 환경에 부부라는 끈으로 인연이 되어서 서로 이해와 배려와 사랑이 밑바탕이 되지 못하면 변질된 사랑으로 천박하게 굴러 떨어지고 일일이 간섭과 참으로 무시해 버리는 존재의 가치를 부정해 버리고 벙어리 3년 귀머거리 3년을 모진 시집살이를 아무렇지도 않다는 듯 태연하게 고통스럽게 괴롭히면서 아무것도 두렵지 않다는 듯이 선과 악의 기준이 무너져 버린 멸망의 길을 아주 재미있어 하면서 웃음꽃을 피우면서 갔다. 시어머니는 잔인하고 모진 방법을 동원해서 양두구육 이중성을 숨기면서 사람으로서 해서는 안되는 일을 서슴치 않았고 억새풀 같이 날카로운 칼날로 항상 마음을 베어서 상처투성이였다. 그들은 재미있다는 듯이 뒷통수에다 대고 비웃어데는 여유로움은 자신들의 얼굴에 침뱉기였다. 효도라는 맹목적인 목적 아래 말 한마디 하지 못하게 하고 짓밟았다. 내 자신이 무엇을 향해 가는 누구인지도 모르고 살면서 습관처럼 우리네 부모님 세대들이 그렇게 했으니까 하면서 전철을 밟고 가는 답답함은 아날로그시대 그 자체였다.

 그래도 그들의 도움을 받으면서 날 찾아가는 과정이 되었으니까 어느 것 하나 버릴 것이 없었다. 그들이 버렸던 것을 나는 새로운 것으로 바꾸어 놓았고 그 속에서 내 자신을 다듬었다. 그런 상황속에서 홀로서기를 해야 했고 당당하게 사는 법을 배워 나갔다. 언제나 기가 죽어서 말 한마디 할 수 없었던 시집살이의 모진 한파는 내가 있어야 할 자리를 빼앗고 혼란의 늪으로 밀어 넣어 제대로 설 수 없게 만들었다. 비웃고 저주하는 그들 앞에서 주눅이 들어 숨소리 한번 크게 제대로 쉴 수 없었으니 가족들의 횡포 말로는 다 표현할 수 없는 선을 넘고 말았다. 8남매가 똘똘 뭉쳐서 사람 하나 바보 만들기 쉬웠고 그 순간들을 잊으려고 해도 잊을 수 없었다. 자신들은 아주 우월한 존재라고 착각속에서 사는 어리석은 사람들 대담성도 왕따도 거침없이 자행한 사람들, 이런 대가로 지금은 신종 시집살이가 생긴 것 같다. 아들 며느리가 자구책을 마련해서 아예 가까이 오지 못하게 하는 것은 물론 핵가족시대의 영향도 있지만 예전부터 시댁의 시자만 나와도 싫다는 말은 괜히 나온 말이 아니다. 시누이들도 역지사지 입장 바꿔 보면 똑같은 입장이다. 생각이 그렇게 짧다 갈등만 부추기는 꼴이 많기 때문에 처음부터 거두절미 해 버리는 젊은 세대들이 다 이것이 신종 시집살이다. 우리 기성세대들은 지금 부끄러운 줄 알아야 한다. 젊은 세대들 자신들의 두 눈으로 기성세대들 시집살이 둘다 목격했다. 그래서 그들만의 방법을 모색했던 것이다.

시집살이란 별의 별것이 다 트집이였다. 쌀 한 가마니 주는 것도 엄청난 댓가를 요구했고, 부부싸움을 부추기는 일이 보통 일처럼 생각해서 결국은 이혼에까지 이르게 한 것을 결혼초기에 월세방 부터 시작했으면 정신부터 차려야 했다. 맏이라는 이유로 돈을 벌어와도 시어머니에게로 먼저 가지고 가서 주머니를 채워 주었고 가족부양은 아예 상실해 버린 채 나에게 돌아오는 것은 천대와 멸시 뿐이었고 집안에 힘든 일이 생기면 머슴처럼 일이나 쉴 틈도 없이 하루종일 부려 먹는 것이 다반사였지만 수고했다는 말 한마디 한 적이 한 번도 없었다.

시집살이를 하다 맞아 죽어도 별로 신경쓰지 않았던 우리 시대에는 집안일이라고 치부해 버려 어디 가서 진실을 이야기 할 수도 없었다. 같은 여자끼리도 이해를 바랄 수가 없었다.

소외시키고 따돌림 시키는 극단적인 상황은 세월이 가고 이 늪에서 벗어 나기를 바랄 뿐이였고 때론 내 자신이 분노와 증오심에 사로 접혀서 대화도 하기 싫을 때도 있었지만 인고의 세월을 이겨 낸다는 것은 간단한 일이 아니었고 극단적인 행동에는 외로움이란 무서운 형벌이 동반했다. 외로움에서 살아남는 방법은 주어진 일을 열심히 실천하는 방법 밖에는 해야 할 일이 별로 없었다.

그런 잡다한 일들이 내게 주어진 역할이었지만 언제나 불평없이 일을 충실하게 했고 할 말이 별로 없는 탓에 노동이 주어지든 잡일이든 다 자신을 변화 시키면서 내가 살아 갈수 있는 방법을 끊임없이 모색한 노력이 항상 나를 있게 해 준 끈이 되었다. 뒤엉킨 감정이 정리되면 새로운 길이 보였고 그럴때면 시집살이 고통은 잠시 잊어지고 반복을 연속하다 보니 치유가 되었다.

뒤에는 항상 비웃음과 비아냥거림이 동반했고 나 자신은 죽어가고 있을 때도 아무도 돌아보지 않는 냉혹함과 증오심은 바뀌지 않았다. 한 어머니 속에서 태어난 형제들도 더 이상은 형제가 아니었고 피도 눈물도 없는 이상주의자들이었다. 권력이란 독버섯에 맛 들여진 가족들은 화해나 용서 따위를 헌 고무신짝처럼 생각했고 물질 만능주의에 길들여진 가족들은 형제도 없었다. 무엇이 우선인지도 망각한 채 흐르는 물처럼 따라 흘러갔고 겉포장이 화려하니 다 속아서 현실을 속이고 자신을 속이고 망각한 채 아무감각도 느낌도 없으니 다른 사람을 괴롭히는 일에는 무디어져 있었고 겉으로는 선한 양처럼 이중적인 모습을 감추었지만 자기네 이익 앞에선 맹수처럼 발톱을 드러내고 할퀴어서 형제도 없이 찢고 상처투성이를 만들어도 자신은 떳떳하다는 식의 언행은 부끄러운 줄 모르고 계속 진행이었으니 얼마나 역겨웠는지 세월은 가지만 인생의 수레바퀴는 돌고 돌아서 제자리로 돌아오곤 했다.

8남매의 맏며느리는 그 한 모퉁이도 차지하지 못한 채 나그네처럼 다른 사람들의 모서리에 부딪혀서 피를 흘리면서 괴로워하고 아파할 때도 아무도 곁에 없는 인고의 세월은 내 잘못만이 아니었다.

　잘못되어진 사회풍토나 가정의 모습은 방향을 잃은 채 어디로 가고 있는지도 모른 채 썩은 냄새를 풍기면서 통제도 없이 희희락락 웃어대면서 줄지어 가고 있었다.

　같이 울어 준 진정한 친구하나 없이 광대처럼 혼자 울고 웃을때 지켜줄 사람 하나 없을때도 마음이 가자는 대로 갔지만 암초에 부딪치지 않아 파산되지도 않고 여기까지 가정이란 항구에 도착했지만 어떻게 가야할지 갈피를 잡을 수가 없다.

친정 어머니

　지난 날의 아픈 상처가 너무 깊다. 길가의 민들레처럼 밟혀서 보잘 것 없지만 노란 꽃송이를 피우면서 미소짓게 하는 그 얼굴은 자신의 역할을 하고 있다고 애써 말하고 있는 것 같다.
　대조적이긴 하지만 머리에 가시관을 쓴 예수님처럼 다른 이를 위해서 죽음까지도 받아들였다는 것을 생각할 때 참고 인내할 수 있었다는 것은 크리스찬이라면 다 알 수 있는 것이다.
　우리 세대에는 이혼도 큰 허물이다. 이런 전통적인 가치관 속에서 살아남는다는 것은 고통과 죽음과도 같은 어려움 그 자체였다.
　고향마을에는 아들 하나를 낳고 홀로 된 이웃집 할머니가 그 고통의 대가로 열녀비를 나라님께 하사받아 마을 어귀에 쓸쓸히 서 있었다. 지금은 없어졌지만 난 그 비석을 바라보면서 같은 여자의 동질감을 느끼고 그 고통이 나를 보는 것 같아서 얼마나 울어야 했는지 지금은 돌아가시고 안 계시지만 친정엄마가 나 대신 십자가를 지고 얼마나 부끄러워하고 힘겨워했는지는 엄마의 말 한마디가 평생 나를 눈물 흘리게 한다.
　철이 없을 때는 몰랐지만 자식을 낳고 시집살이를 할 때 그때 서야 알게 되었다. 낮에는 우물에 물을 길으러 갈 수가 없다고 했다. 뼈에 사무치도록 아픈 그 한마디 6남매를 키우면서 바람 잘 날이 없다고 했다. 꼭 그래서 밤이면 물을 길으러 갔다고 했다.

얼마나 아파해야 했고 미안했는지는 나 혼자 생각해 본다.

지금은 세월의 물결에 희석이 되어서 아홉 세모시베처럼 아름답게 거듭나기를 기대해 본다. 가진것은 많지 않았지만 부끄러움을 알았고 사람다운 사람으로 살아온 것 같다.

6남매를 키우면서 보릿고개 시절에 한숨짓는 친정엄마의 그 아픔과 비교할 수 없겠지만 나 때문에 화를 숨어서 삭혀야 했던 친정어머니! 부디 하늘나라에서 편안히 사시기를 기도하고 바랍니다.

철이 없어서 못한 효도 한번 해보려 하니 기다려 주지도 않았다. 지금은 눈에 넣어도 아프지 않은 32세의 늠름한 아들과 경제적으로 넉넉하지는 않지만 자유를 누리면서 잘 살아가고 있다. 같은 부모의 입장에서 남의 집 자식을 데리고 가서 망가뜨린 시어머니를 무척 원망하면서 분노할 때도 난 엄마의 마음을 헤아리지 못했다.

하염없이 흐르는 내 속죄의 눈물도 숨어서 밤마다 베갯머리를 적시면 밤을 꼬박 세워야 했다.

자식에게 부끄러운 엄마가 되지 않으려고 수도 없이 다짐했다. 오월 성모님의 달을 맞이해서 당신 아들 때문에 흘려야 했던 그 눈물이 천상의 관을 쓰게 되셨는지요?

철들어서 불러 본 엄마 이제는 대답도 없다. 한 줌의 흙이 되어도 나를 울게 하는 따뜻한 부모님의 사랑을 잊을 수가 없다. 자살이라는 죽음도 생각해 보았지만 차마 어린 아들 앞에서 실행할 수 없었던 못난 엄마 그래서 모진 가난과 싸워야 했고 잔인하고 가혹한 인고의 세월은 형벌이었다. 8남매의 장남 며느리는 만만한게 아니었기에 무엇을 해도 꾸지람과 질책만이 내 몫이었고 칭찬 한번 돌아오지 않는 가시방석의 자리임에 틀림 없었다.

마마보이 남편

　남편의 우유부단함과 마마보이의 기질은 세 가족을 깊은 늪 속으로 밀어 넣은 기분이었다. 무조건 무시하고 왕따를 시키는 일을 아무런 가책도 없이 가족이라는 개념도 없이 피가 섞이지 않았으니 남이라는 식의 허울좋은 거짓의 맏며느리 자리, 희망과 절망속에서 갈등할 수밖에는 뾰족한 방법이 없었고 이런 상황들은 나를 변화하게 했고 성숙하게 만들었다. 그러나 인성교육이 결여되어 있었고 대가족제도를 선호하는 시어머니는 디지털시대에 아날로그사고를 가지고 있었으니 큰 며느리인 나를 헐뜯는 것은 다반사였다. 거침없는 행동에는 언젠가는 대가가 따라야 된다는 것도 까맣게 잊은 채 8남매는 똘똘 뭉쳐서 공격을 했고 선악의 기준이 이미 소멸된지 오래였다. 남편이라는 사람도 가족들이 보는 앞에서 입에 담을 수 없는 상스러운 말을 서슴없이 해댔다. 맏며느리의 위치는 허울뿐이었고, 견디기 힘든 일상으로 이어지고 가족들이란 굴레아래 겉으로 보기에는 아무 일 없는 것처럼 보였지만 내분의 갈등이 항상 괴롭혔다. 아주 극단적인 처사는 말로는 표현이 되지 않은 모멸감과 무시였고 변명과 거짓으로 화려하게 포장이 되어 있으니 항상 내가 나쁜 며느리였고 주변 사람들도 잘도 속아 넘어갔다.

큰 며느리라고 해서 대접을 해준 것도 없이 그렇다고 재산을 준 것도 없이 학력이 좋은 것도 아닌데 오직 신뢰하는 것은 미신을 믿고 사는 과거에서 헤어나지 못하는 그런 부류의 물질 만능주의자들이었다.

현실의 사고들은 적응하지 못하는 일상속에서 눈에 보이는 부분만이 다 인것처럼 부정하고 저항하는 그들의 방식은 참으로 위험하고 폭력적이었다. 남의 이야기에는 관심조차 갖지 않은 자신들만이 옳다고 주장하는 그들만이 아는 그 우물안은 악이 가득했고 집착이 강했다. 언어폭력과 육신 폭력만이 모든 해결책으로 인식하는 그들은 시어머니의 부추김으로 폭군처럼 살아야 했던 남편, 한편으로는 측은하고 불쌍하기도 했다. 그 잔인한 고통의 시집살이는 마치 총성이 없는 긴장감이 감도는 전쟁터와 같았다.

가족이란 이름안에 속해있는 고급옷에 부착되어 있는 값비싼 악세사리와 다를 바가 없었지만 참고 견디면 달라질 거라는 희망 아래 이렇게 저렇게 생각을 달리해 보지만 문제해결책은 아무것도 달라지지 않았다. 언제나 진실은 외면한 채 거짓의 포장만을 고집했고 결국은 맏아들이니까 종족 번창을 위해서 자식들을 여럿을 낳기를 원했지만 그것마저도 아무 계획이 없는 무의미한 것이었고 아무 말 한마디 할 권한도 없는 맏며느리는 성의 노예에 불과했다. 이혼을 한 손아래 시누이는 3년만에 2번씩이나 재혼을 하고 그런 것에 비유를 든다면 동물적인 본능마저도 나는 다 잊어버리고 살고 있었다.

친정식구

  먹고 살기도 바빠 허덕거리면서 여자 혼자살기 위해서 아무것도 바라보지 않은 결국은 본능적인 것에 치우쳐서 아무도 인정해 주지 않은 나의 비참한 몰골이 부끄러워서 형제 앞에도 나타나지 못했던 비참함을 끝없이 나를 짓밟고 서는 친정형제들 언제나 화해를 하려나 하고 기다렸지만 끝없는 질책과 분노만이 나를 지배했다. 자신들은 떳떳하게 살았다고 자부하면서 한번쯤 친정에 무슨 일이 있어 내려가면 친언니의 왕따는 전부 형제들간의 왕따로 이어졌고 서울로 올라오는 길엔 잘 가라는 따뜻한 말 한마디 없이 쓸쓸하고 외로운 고통의 길이었다. 자신들의 악한 모습에는 무디어질데로 무디어진 퇴색해버린 생각들이 나를 아연 실색하게 했고, 얼굴색 하나 변하지 않고 돌 팔매질을 하는 형제들도 나를 아프게 했다. 그러나 나에게는 언제나 신중하라는 옐로카드로 받아들여졌다.

  어쩌면 왕따는 보리밥 먹던 시대에서 스테이크를 먹고 싶은 욕심에서 나왔는지도 모르겠다. 퇴색해 버린 형제지간의 우애도 물질 기준에서 판단이 되었기에 돈 없는 형제는 형제도 아니고 부모도 아니라는 소극적인 행동에서 그들은 고통을 받고 있었고 자신들의 치부를 드러내는 일은 언제까지 용서될 줄로 알고 있는 사람들 용서를 받았으면 용서를 해야 한다는 것은 진리이다. 위도 아래도 알아보지 못하는 오만은 아무런 소출도 나지 않는 저주받은 땅으로 전락 할 것이다. 나는 나에게 주어진 만큼의 사랑을 베풀면서 살았고 풍족하지는 않지만 부모님들에게 효도도 하면서 살았다. 시댁이 농사를 지었기 때문에 농번기 철이면 3일 전쯤에 먼저 가서 온갖 궂은일을 다했고 그래도 무엇때문인지 아무런 말도 없이 미워하고 분노를 쏟아냈다.

그리고 시어머니의 모함과 폭언에 시달려야 했고, 한달에 15일은 시댁에 가서 살았다. 남편의 이런 우유부단함은 처자식과 점점 멀어지는 아픈일이 되었고 시댁 식구들의 불평과 헐뜯음은 끊이질 않고 피를 말리는 고통으로 이어졌다. 양심은 이미 바닥이 나서 없었고, 버린 지 이미 오래되어 있었다. 가장 기본이 되는 것도 지치지도 않은체 그 우물안의 개구리는 그 안에 있는 모든 것이 최상급인 줄로 알고 착각속에서 살고 있었다. 자기들만의 세계를 만들어 놓은 체 시어머니의 자식 사랑은 세뇌교육이었다. 형제간의 우애라는 틀 안에서 며느리에게는 횡포와 천대를 일삼았고 그런데 이런 것들이 특권이었다. 자신들의 우월성은 위험수위를 넘은 줄도 모르면서 큰 며느리인 나를 아무 근거도 확실하지 않은 체 훈육하려 들었다.

시어머니는 자신들이 짜놓은 핏줄이라는 틀 속에 나를 가두려고 했고 원하는 대로 되지 않으니 입을 막고 귀를 막았다. 그저 시어머니를 위시해서 8남매의 횡포는 감당할 수 없는 고통이었고 수치였다. 모진 학대와 수치심을 견디기에는 너무나 비참했고 얼마나 몰골이 험했는지 가족들도 다 발길을 돌렸지만 원망하지 않았다.

그런 세월은 누가 다 보상해 줄 수 있는지 모진 목숨 죽지 않고 지금까지 살고 있는 것은 신앙의 힘이 아니었나 생각해 본다. 악몽 같은 시집살이는 내 모든것을 앗아 갔다. 비록 30년이란 세월이지만 100년과 같고 천년과 같은 무료한 긴 세월이 나를 사람으로 만들었다. 참을 수 있는 인간으로 만들었고 이성적인 판단을 할 수 있게 만들었으니 세월이 약이 된 셈이 되어 지금은 원망과 미움도 퇴색해 버린 치유가 되는 긍정적인 삶 속에서 다투지 않고 얼굴 붉히지 않고 사랑 속에서 살아보리라 다짐해 본다.

마음이 갈기갈기 헤어져서 형태도 없을 때 자신을 추스린다는 말도 사치였다. 생명이 있어 숨을 쉬고 있는 그 자체도 감사하게 생각하지 않으면 그나마 거두어 갈 것 같아서 숨소리도 크게 내지 못했다.

멈추어진 세월 속에서 살아있다는 것은 그 하늘을 붙잡고 어린 아들 때문에 살려 달라고 눈물로 애원했기 때문이라 생각한다. 그리고 산산이 부서진 내 자신을 꿰어 맞추면서 피나는 노력을 한 것도 남들에게 보여지는 삶이 아닌 진실된 존재로 거듭나기를 바랬기 때문이다. 나의 반성의 삶은 척박한 땅에 씨를 심어서 좋은 열매를 맺는것과 마찬가지라 생각해 본다. 자신이 옥토가 되어서 풍성한 인생을 살기를 다른이도 돌아보면서 깊은 인생의 참맛을 느끼며 살기를 기대해 본다.

겸손하게 사는 방법은 온갖 변화와 풍요로움을 동반한다. 새로운 줄기와 잎이 돋아나 선명하고 탐스러운 열매를 수확하게 될 것을 믿어 의심해 본 적이 없다. 소를 잃고 외양간을 고치기보다는 잃기전에 외양간을 단단히 고치는 습관을 생각하고 준비하는 삶이 바람직하다.

무던세월

　나는 인생도 마찬가지라고 생각한다. 뒷걸음질해서 퇴보하지 말고 한 걸음씩이라도 전진하는 사람되어 인정받는 사람이 되었으면 한다. 일제강점기 36이란 세월을 겪어 본 세대는 너무나 잘 알 것이다. 무엇이든 소홀히 생각하고 지키지 못한데서부터 지배는 시작된다는 것을 시집살이든 어떤 것이든 대수롭지 않게 여긴다면 전처를 밟지 말라는 보장이 없다. 집안일이라고만 생각한다면 이 시집살이는 어떤 형태로든지 근절되지 않고 계속될 것이다. 누군가는 보이지 않은데서 괴로움을 당해야 되기 때문에 아프게 공감하지 않는다면 무심코 인식하지 못한 채 지나가고 말 것이다.
　6.25사변을 겪은 우리 부모 세대들은 그리움에 눈물 흘리고 지쳐서 가지만 젊은 세대들은 통일이라는 것을 중요하게 생각하지 않는 것 같다. 많은 것이 위험수위를 넘어가고 있지만 그들은 타성에 젖어 나만 잘 살면 된다는 이기적인 생각을 버리지 못하면서 가고 있다. 죽었는지 살았는지도 모르는 부모 형제를 망향의 동산에서 지내는 동족의 아픈 이별을 말없이 뜨거운 눈물로 대신하지만 그들이 돌아가기 전에 남과 북의 문제도 해소되었으면 한다. 자유도 빼앗기고 문화도 빼앗겨 버린

그 지배는 풀 한 포기 나지 않은 고통이니까.

  요즈음에 신종 시집살이는 무방비 상태에서 겪게 되는 고통이지만 누구하나 말을 할 수가 없다. 벙어리 냉가슴 앓기다. 무수한 세월이 흐르면서 변해왔지만 생각하는 것은 잘 바뀌지 않는게 사람들이다 평소부터 준비성을 갖추어서 안정감 있게 가는 것은 미래를 향한 에너지다. 시댁 식구들이 대충하고 갈때도 정착하지 못하고 불안감 속에서 사는 모습이 참으로 혼란스러웠다 튼튼한 주춧돌을 놓은 때 안정된 자리에 설수 있다는 것을 시집살이에서 배웠다.

  결국은 부실하다면 언젠가는 부서질 때가 있을 거라 예측해 본다. 무지함에서 오는 어리석음은 삶에 무게를 무겁게 할 뿐 아무 도움이 되지 않은 것이 우울할 뿐이다.

  일곱 색깔 무지개처럼 다른 이에게 희망을 주고 그 아름다움에 취해서 고통을 잊어버린다면 기쁨의 꽃이 활짝 필때에 상처는 아물고 치유가 되어서 증오심은 소멸될 것이다. 증오심과 분노는 모든 것을 퇴보하게 만들고 과거에 묶이게 한다. 성숙하지 못한 나약함에서 만들어지는 어둠일 뿐 미래를 향하는데는 장애물이 될 가치 없는 것에 불과하다. 낡은 옷을 버리듯이 퇴색한 사고는 한번 바꿔어보는 것도 괜찮을 것을 굳이 거슬러 가면서 지루하게 가는 것은 에너지 낭비라고 생각한다. 그 어두움의 모습을 자랑스럽게 여기는 그들은 자신들이 정녕 누구인지나 알고 사는지 그 모습들은 추악했고 말과 행동으로 나를 헐뜯고 힐난하는 모습은 과감하고도 담대 했었다.

  그러니 거짓이 사실처럼 믿게 했고 몰락의 길을 가는 줄도 모르고 눈앞에 있는 현상만이 다 인것처럼 미래의 청사진은 없었다. 왕따는 그냥 보통이었고 충격적인 일도 아니고 입에 올려서는 안되는 언어폭력도 자신들의 유리함을 찾기 위해서는 수단과 방법을 가리지 않았다. 이간질과 모함만이 난무했던 시댁은 나에게는 아비규환이었다. 살려달라고 외쳐도 누구 하나 관심 갖지 않았다.

지금은 여자들의 사회적 지위가 많이 달라졌고 도움을 받을 수 있는 기관들도 많이 생겨 참을 수 없는 상황을 호소할데가 많아졌다. 난 그때 시집살이 상황을 이겨내기 위해서 중졸 검정고시 공부를 시작했고, 학비에다 생활비에다 많은 어려움을 겪었지만 그래도 순간순간 그 아픔을 잊을 수가 있었기에 견디어 냈다. 아무도 동행하지 않은 밤길을 동행도 없이 혼자 걸어가야만 했던 암담했던 시간들, 내 인생의 항로는 암초도 많았다.

파산하지 않기 위해서는 밤새 고민도 해야 했고, 걸림돌들이 발 뿌리에 채이지 않기 위해서는 피해 가야만 했던 세월을 그렇게 노력하지 않았다면 군화발에 짓밟히듯 시집살이에서도 다 짓밟힌 체 모든 것을 상실하고 목숨마저 잃었을 것이다. 차디찬 냉소와 비아냥거림은 내 전신을 마비시키고도 남았다. 입이 있어도 말이 필요하지 않았던 침묵의 세월이 이렇게 글로서 거듭나게 되었으니 희망의 빛을 잉태하고 있는 줄 꿈에도 몰랐다. 나는 그냥 본능적인 것에만 치우쳐서 사람으로 살지 못할까 봐 항상 의문이었다. 그런 힘든 상황을 벗어나기 위해서는 두려움도 버려야 했고 망망대해라도 혼자서 헤쳐 가야 했다. 견딜 수 없는 외로움과 고통은 늘 내 주변에서 엄습했고 희망이라는 씨앗을 가슴에 품고 가정이라는 작은 공동체의 선장이 되어서 키를 잡고 수 없이 암초에 부딪치면서 왔지만 오뚜기처럼 일어서고 남모르게 오열하면서 밤마다 베개머리를 흥건히 적시면서 뜬눈으로 밤을 지새웠던 날들은 셀 수도 없이 많았다. 하지만 멈추지 않고 갈수 있었던 것은 내 아들 때문이었다. 엄마만 쳐다보고 사는 아들, 가난과 싸우면서도 착하게 자란 아들을 보면서 늘 감사했고 때로는 행복할 때도 있었다.

냉혹한 현실은 한 겨울의 한파 같았고 공부도 많이 하지 못한 나는 다른 사람의 끝자락을 붙잡고 밑바닥에 버려진 채 관심 갖는 사람조차 없는 시대의 환경속에서 추위를 혼자 견뎌야만 했던 배고픈 세월, 여자만이 겪어야 하는 시집살이는 모진 학대로 이혼 사유가 되었지만 아들이 21살이 될 때까지 참았다. 사람들은 이혼을 하면 끝났다고 생각했지만 받은 상처가 너무 큰지라 쉬운 일이 아니었고 남편이라도 잘 만났다면 친정 식구들도 그런 매몰찬 행동은 하지 못했을 거라 생각한다. 가족들이 원하는 조건에 충족하지 못하니 항상 천덕꾸러기였고 큰 것을 바란 것도 아니고 진심어린 따뜻한 말 한마디를 듣는 것이 소원이었는데 그것마저도 구겨서 버린 종이처럼 아무데나 버렸다. 현실은 언제나 지옥 같았고 아무도 없는 황량한 벌판에서 굶주림과 맞서야 했지만 두려워하지 않고 비굴하게 무릎 꿇지 않고 열심히 살아온 날들이 때로는 가을 단풍잎이 자태를 자랑하며 나무에 매달려 있을 때처럼 세상이 아름다워 보였다. 어느때는 마음이 부자인 것처럼 느껴져 세상을 원망하거나 누구를 미워 한 적도 없었다. 하지만 이런 잘못된 시집살이는 혼자만의 일이 아니고 큰 목소리로 경종을 울릴 때 문제가 심각하다는 것을 인식하게 될 것이다. 요즈음은 세상이 바뀌어 반대로 시어머니들의 며느리살이가 많아지고 있다고 주변에서 자꾸 들린다. 신종 시집살이는 젊은 세대들의 방어막이라고 생각해야 할 때이다. 직접 눈으로 목격한 세대들이니 그들만을 나무랄 수가 없다.

　기성세대들의 반성이 필요할 때라고 깊이 반성해 본다. 아무리 벗어나려고 해도 벗어날 수 없었던 시집살이는 시간이 흐르면서 해결되었다.

　아픈 마음 지친 심신이 치유되어서 사물을 긍정적으로 바라볼 수 있을 때 바보같이만 느껴졌던 내 마음에서는 자꾸 웃음이 흘러나오는 것을 느꼈다. 참 포장은 화려 했지만 부실하게 살아 온 그들의 삶은 온갖 변명투성이고 거짓투성이인 것을 폐쇄시키고 이중잣대로 약한 자에게 뒤집어 씌우는 경솔하고 가벼운 마음에서 오는 자만심 일거라 생각이 든다. 천사의 얼굴로 포장하고 적당히 회피하면서 간사하게 살아가는 사람들을 잊을 수가 없다. 포장은 화려했지만 아무것도 없었으니까. 열매도 없는 나무로 잎만 무성한 실속 없는 행동으로 8남매 모두가 나 하나를 괴롭혔고 알면서도 모른 체 하면서 조소를 보내고 모든 것을 저에게 전가시키는 자신들의 잘못은 전혀 없다는 듯 기만하는 행동이 그칠 줄 몰랐다. 마치 특권이 주어진 것처럼 값싼 동정심 한번도 받아보지 못했고 최선을 다했지만 인정도 한번 받아보지 못한 채 언제나 불평과 불만만을 호소하는 그들은 인색함과 그릇된 욕심에도 언제나 즐거운 웃음꽃을 피었다. 반대로 나는 고통 속에서 숨소리 한번 크게 쉬지 못했고 언제나 진실은 헌신짝 처럼 천하게 왜곡된 채 웃음거리가 되었다. 낙엽처럼 뒹굴다가 보잘 것 없이 지옥불에 태워지는 비참함은 끝없이 고통을 호소하는 나의 절규였다.

　나의 모든 것을 부수어 버린 그들은 그 자체가 행복인 것처럼 보였다. 그로 인해 침묵할 수 있는 기회가 주어졌고 웃지도 못할 특권 아닌 특권이 나에게 주어진 것이다. 대화의 길을 막아버린 가족들은 그것을 그렇게 만들기 위해서 폭력도 마다 않고 무차별 공격을 서슴없이 해 댔으니까. 육신이 부서지게 생겼으니 침묵을 할 수밖에는 할 일이 없었고 흐르는 눈물을 감추고 살 수밖에 없었다. 보이지 않는 분노와 증오심은 삶이 무기와도 같았으니 주눅들지 않고 기가 죽지 않은 사람이 누가 있겠는가? 산산히 부셔놓은 인생의 퍼즐을 끼워 맞히듯이 하면서 남은 인생을 어떻게 살아야 할까 절규할 때 아무도 내 곁에는 없었다.

모든 것을 빼앗아 가버린 인고의 세월은 누구에게도 보상받을 길이 없다. 나 한 사람 참고 인내한다고 해서 해결되는 일이 아니었다. 그 시간들은 나에게 더욱 더 가혹했으니 그들을 용서한다는 것은 감히 입에 올릴 수 없다. 작은 희망조차도 꺾어버린 그들은 인두껍을 쓴 맹수들과 같았고 가족들의 따뜻한 사랑을 갈망했지만 매섭게 뿌리치는 겨울한파와 같았다.

차가운 콘크리트 바닥에 혼자 내동댕이 처진 느낌이었다. 일상에서 폭언과 폭력은 생활되었고, 유교집안에서 교육을 받고 자란 나는 혼자 감당하고 참고 살아야만 되는 줄로 알았다. 아직도 그때의 눈물 자욱이 지워지지 않고 베갯머리를 적시게 한다.

벼랑에서 굴러 떨어져 본 사람만이 같은 사람의 동질감을 이해한다고 생각한다. 혹독한 세월을 이기기 위해서는 많은 이해와 동질감이 필요했지만 그림속의 떡이었다. 그래서 나는 이해하는 법을 터득했고 힘들었던 세월을 혼자만의 방법으로 부둥켜 앉았다. 아무도 흉내를 낼 수가 없었다. 이런저런 이유로 친정식구 한 사람도 돌아보지 않은 혹한을 혼자 견뎌야 했던 80년대 그 시대 상황은 요즘 젊은 세대들이 신종 시집살이를 만들어 내게 했던 배경이 되고 말았다. 다 자업자득이 되고 약간 변형된 채 재현되고 있는 웃지 못할 일들이 여기저기서 벌어지고 있다.

　인간사가 만만한 것은 아니겠지만 나한테만 그런 불행이 온 것만 같아 가슴 아프고 후회스럽기까지 했다.

신종 시집살이

　온 가족이 똘똘 뭉쳐서 나 하나를 괴롭히고 상대방의 입장은 조금도 생각하지 못하는 그들의 이기적인 잔인성은 흉내를 낼 수도 없었으며 어떨때면 그 반대입장이 될 때도 있어서 동정심과 연민이 교차했다.
　정신적으로 마치 지옥과도 같은 고통이 자유를 다 상실한 채 지배를 했고 외딴섬에 혼자 고립된 것 같은 현실은 정말 고통 그 자체였다. 아무런 자유도 없는 그곳에 오라면 오고 가라면 가는 내 처지는 참으로 처량했다.
　자신들의 이기적인 욕심속에서 울타리를 몇 겹으로 치고 폐쇄한 채 악한 습성을 마음껏 표출하면서 비웃어 댔다. 세월이 많이 흘렀지만 아직도 그때의 고통을 생각하면 눈물이 앞을 가린다. 많은 상처들이 치유가 되었지만 분노의 눈물이 하염없이 흐를 때면 내 인생의 허무함을 느끼고 산산히 부서진 자신을 생각하면서 그때의 일을 상기하면서 두번 다시 그런 고통이 없기를 바랄뿐이다. 작은 소망 따뜻한 말 한마디를 그리워했지만 그것마저도 꺾어버린 그들의 포악성은 차마 다 표현할 수가 없다.
　시집살이란 육체적인 것, 정신적인 것, 경제적인 것, 모든 것을 상실

시키는 그야말로 무법천지의 광란이었다. 한 가족이면서도 속이고 기만하는 것은 아무 거리낌 없이 자행했고 그 속에서는 효도라는 허울속에 감춰진 모순된 행동은 굿거리장단의 흥을 돋구는 자신들의 광기 바로 혈연이라는 이기주의에 불과했고 값싸게 퇴색해 버린 형제지간에 우애였다. 세월은 흘러 부끄러움으로 고개를 들 수 없지만 얼굴색 하나 변하지 않은 오만함은 여전했다. 난 그래도 미래를 바라보면서 용서라는 단어를 떠올린다. 그리하려면 마음속에 깊게 자리한 앙금을 깨끗이 닦아내야 하겠지만 마음 먹은대로 잘 되지 않아서 걱정이 된다. 서툴고 힘들겠지만 나에게 주어진 시간이 얼마나 남았는지 모르겠지만 한 걸음씩 내딛어 보려고 안간힘을 쓰고 노력하면서 살아 보련다. 오랜 세월 침묵으로 사람들간에 대화 부족과 결핍이 많이 나타나 한계를 느낄 때면 어느새 눈에는 이슬이 맺혀있다.

  그 세월은 나를 그냥 두지 않았다. 시냇물 속에 몽돌처럼 이리 쓸리고 저리 쓸리고 모난 부분이 깎이고 깎이면서 둥글둥글한 몽돌이 되었다. 사람들과 함께 사는 법을 자연속에서 배우면서 아픔을 혼자 삭히고 견디어 내면서 세상사는 방법을 터득하고 지금까지 살아왔지만 자신들의 욕심을 채우기 위해서는 힘없는 사람을 마구 짓밟는 수단과 방법을 가리지 않은 비열함, 나는 그들의 희생양이 되어서 되새김을 수도 없이 했다. 자신들의 진심을 감추고 거짓을 앞에 세운 뻔뻔스런 얼굴을 몇개씩 가지고 바꾸어가면서 무지한 행동을 아무 양심의 가책을 느끼지도 못한 채 자행했다. 양가죽을 쓴 이리와 같이 이중인격의 그들은 왕따를 시키는 일은 보통으로 알고 충동적인 말투나 행동은 말할 수 없는 고통이었고 밥 한 숟가락 따뜻하게 주지 않은 천덕꾸러기였다. 그 아픔의 자리에는 눈물이 가득 고여서 마를 날이 없었고 아무것도 내 생각대로 한번 할 수 없는 인고의 세월은 돌이킬 수 없는 황폐해진 세월 두번 다시 생각하고 싶지 않지만 많은 것이 발목을 잡고 놓지 않았고 뒤떨어진 만큼 고통의 무게는 더욱 컸으니 묵묵히 인내하면서 우리 어머니들이 걸어온 길을 다시는 걷지 않겠다고 수없이 되뇌이면서 맹세했다.

나의 반 평생이 과거의 그림자에 가려 벗어나기가 힘들었고 안간힘을 썼지만 내딛는 발걸음은 항상 버거웠고 누구하나 말 한마디도 내편이 되어주는 사람 하나 없이 이 억울한 세월을 어찌 나 혼자 다 감당할 수 있을까 생각하면서 어둡고 캄캄한 길을 혼자서 외로이 인내했다. 인생의 막다른 골목에서 지푸라기라도 잡고 미래라는 희망에 등불을 들고 혼자만의 처절한 사투는 목숨과도 바꿀 수 있는 희망을 그리도 붙들고 싶었던 나의 애절하고 간절한 기막힌 현실들, 아팠던 만큼 복수의 칼날도 세우고 싶었지만 차마 똑같은 사람이 될 수 없어서 증오심에 이글이글 타는 지옥보다 잔인한 짐을 내려놓으니 마음이 가볍고 편해졌다. 그리고 어둠과 서서히 멀어져가는 연습을 하고 있다. 같은 괴로움을 반복하기 싫어서 30년이란 긴 세월 앞에서 내 인생을 철저히 어둠에 빼앗긴 세월을 나의 긴 한숨과 눈물을 남모르게 삼켜야 했기에 언제나 마음이 아팠다.

나만의 색깔은 선명했지만 시집살이 때문에 나 자신의 색깔을 표현할 수 없었던 그 나약함과 지배적인 삶에 여자라는 이유 때문에 비웃음을 수도 없이 겪으면서 마음이 무너져 내리는 비참함을 가장 밑바닥에서 경험해야 했다.

묵묵히 내 할일을 했어도 인정해 주지 않고 이래도 저래도 꼬투리만

잡는 시집살이는 생지옥보다 더 잔인했다. 난 작은 일에 인정받고 소박하게 살면서 다른이들과 잘 어우러지는 삶을 살고 싶었지만 내 앞에서 나를 걸려 넘어지게 하는 요소들이 너무 많았다. 성경에서 말하는 자신의 눈에 들보를 보지 못하면서 남의 눈에 티를 꺼내주겠다고 하는 교만스런 말과 행위는 내 마음의 상처를 하나 더 만들어 주었다.

나는 작은 소망을 이루면서 인생에 진국이 자연스럽게 배어나서 맛갈스럽게 세상을 살고 싶은 작은 소망, 이마저도 하늘이 허락하지 않을까 봐 가슴을 졸였다. 모진세월에 가지가 떨어져 나가도 뿌리를 깊이 내린 나무는 쓰러지지 않고 견디어 낸다고 생각한다. 사람은 고통을 겪으면서 영글어가고 단단해져 다른 사람의 거울이 되기도 하고 교훈을 남기는 사람이 되기도 한다. 집안의 풍파 속에서도 찢기고 터지고 아파하면서 부둥켜 안고 가지만 때로는 그들 속에서도 아름다움을 발견할 수 있다는 것은 인간의 순환의 원리라는 소통을 끊임없이 관계속에서 이기적이고 고집스런 순환하지 못하게 하는 고리를 끊고 숨통을 트이면서 살아 남는다. 같은 사람이지만 환골탈태를 하고 변화해서 가치있는 사람의 모양새를 갖추고 지난날에 고통은 잊어가면서 살아가는 것이 순환의 원리라고 생각한다.

그런데 지금 사회는 선장이 없이 가고 있는 난파선과 다를 바가 없다. 갈 길을 잃고 헤매는 배는 목적지도 수시로 변경이 되고 바꾸면서 가고 방향감각을 잃어버리고 다른 사람이 개척해 놓은 길을 마구잡이로 가고 있다.

작은 소공체 가정

    아무 양심의 가책도 없이 돌파구를 찾기 위한 노력도 없이 쉽게 다른 사람한테 의존해서 살아가려는 파렴치한은 부끄러움을 모른다. 소공동체인 작은 가정도 색깔을 잃어버리고 자신만의 성격을 잃어 버린지가 오래 됐다. 때로는 참을 줄도 알아야 하고 상대방을 존중할 줄도 알아야 하지만 없다 무색이 되어 버린 것이다. 분쟁이 생겨도 해결할 능력이 결여됐다. 아니면 권력형으로 극단적인 경우가 너무 많다. 대화라는 합리적인 방법은 뒤로 미루어 놓고 쉬운 방법을 선택하다 보니 분쟁이 생기면 무시해 버리고 왕따를 시켜서 상대방을 지배할 수 있는 방법으로 해결책을 찾다보니 중간층은 없어져 버리고 약자와 강자만이 존재하는 균형이 상실되어 표류하는 난파선처럼 혼란을 야기하는 가정이 되어 버렸고 무엇이 옳고 그른지를 판별하는 능력도 무너져 버렸다.

    최고급 포장지로 포장이 되어버린 내용은 부실한 기프트일 뿐이다. 보이기 위해서 만들어지고 남을 속이기 위해서 만들어진 값싼 사랑의 표현은 너무 천하다. 그리고 꽁꽁 숨어 폐쇄해 놓고 온갖 악행을 다 저지른다. 아무도 보는 사람이 없다고 생각하면서 착각속에서 망상을 꿈꾸면 제일 선하다고 자화자찬하면서 말이다. 사회가 그렇듯이 한 가정에서도 착취를 일삼고 힘없고 알지 못하는 주머니에 함부로 손을 넣어 몇 푼 안되는 것까지 다 빼앗아 자신들의 욕심을 채우는데 급급하다. 그런 상황에도 입이 있지만 말할 수 없고, 눈이 있어도 보지 않아야 자신을 지킬 수 있는 시집살이는 더욱 가슴이 아팠다. 당연한 것처럼 마음에 묻어두고 아파서 끙끙거려야 하는 입장은 아무도 관심을 갖지 않는다. 시어머니의 모진 고문은 수없이 거짓으로 목을 조여오고, 가장 비열한 방법으로 그런 방법들이 자신들의 능력이라고 생각하면서 남들이 보지 못하는 비수를 마음속에 감추고 하나씩 하나씩 꺼내서 필요할 때 긴요하게 쓴다. 자신보다 약한 사람에게는 두려움을 조성하고 욕심을 채우는 데는 많은 것을 베푸는 척하지만 위선이고 가식이었다. 이런 모든 것이 시집살이의 실체였다. 남편이란 사람은 무책임했고 자식을 양육할 책임감도 없었다. 처자식에게 든든한 울타리도 되어주지 못한 나약한 가장이었다. 무디어진 칼날을 아무때나 휘둘러대는 폭군이었기에 솔직한 대화 한번도 나누어 볼 수 없는 단절된 상태를 어떻게 내가 해결할 수 있었겠는가?

    그래서 이혼을 하게 된 것은 아들이 21살 때이다. 이혼녀 소리 듣지 않고 남에게 손가락질 받지 않으면서 살려고 무척이나 애를 썼다. 이혼을 하게 된 이유는 남편의 폭력도 있었지만 시어머니의 이간질과 모함은 목에서 피를 토하게 했다. 겪어보지 못한 사람은 이해를 하지도 못하고 오히려 거짓말쟁이로 몰아 부쳤으니까. 살을 에이는 듯한 혹한은 나를 성숙하게 만들었다. 시어머니는 끝내 아들 며느리를 이혼시켰고 나를 바보로 만들어서 10원짜리 하나 위자료로 주지 않았다. 자신들이 마치 똑똑해서 위자료 한푼도 주지 않고 이혼시키는 것이 승리를 하는 것처럼 의기양양해서 부끄러운 줄 모르고 나를 비웃어 댔다.

지금도 그 상황이 눈물을 흘리게 한다. 어린 아들의 손을 꼭 잡고 이를 깨물면서 그 집에서 나왔다. 그 집안에 재산상 피해를 준것도 아니고 바람을 피운것도 아니다. 왜 그렇게 당하고만 사느냐고 했지만 8남매와 남편까지도 한통속이 되어서 말 한마디 하지 못하게 한 체 대문 밖으로 밀어냈다. 물질의 가치에만 모든 것이 기준이 되어버린 사회의 가치관도 가정에서는 일방통행이 되어 버렸고 도덕성이나 양심의 가책 이런것은 아무것도 아니라고 생각하는 사람들이 주역이 되었다. 무슨 짓을 하던 돈만 있고 권력만 있으면 된다는 사람들의 오만 때문에 그렇지 못한 사람들은 민초로 돌아가야 했다. 그래서 모두가 초심으로 돌아가야 할 때도 만성이 되어 버린 타락도 이해해주고 포용해주는 따뜻함은 바닥이 났고 발길에 차여서 쓰레기처럼 나뒹굴어져 흩어졌다. 아무 쓸모없는 존재의 천박함은 화려한 포장지에 가려져서 생명의 가치에 밀려나고 말았다. 그러길래 유유상종이고 뻔뻔함과 오만함은 정도를 넘어 섰다. 권력층의 부패도 쓰레기처럼 버려져야 정신을 차릴까 생각해 본다. 이 모든 것은 전위되어서 웃음을 잃어버린 가정이 많다.

현대사회에서는 아니지만 우리 386세대들은 입이 있어도 말할 수 없고 귀가 있어도 들을 수 없었다. 생각을 표현할 수 있는 자유까지도 박탈 당한채 여자 목소리는 담장을 넘으면 집안이 망한다는 웃지 못할 낭설을 들으면서 귀에 딱지가 생겼고 남자보다 앞서지 못하게 하는 수다과 방법이 되었다. 이제는 퇴색된 생각을 버리고 주어진 만큼 잘 가꾸고 다듬어서 인생을 옥토로 만들고 수확이 많이 나는 기름진 땅에서 풍년을 맞기를 바라면서 시집살이를 한 사람은 떳떳하고 사랑 받는데 익숙한 좋은 마음과 미소짓는 얼굴을 가졌으면 한다. 누구하나 관심 갖지 않은 인고의 세월은 나의 잘못만이 아닌 시댁식구들의 무지함에서도 자유로울 수가 없을 것이다. 발버둥을 쳐도 벗어날 수 없었던 괴로운 일들은 세월이 해결해 줬다. 내 나이 지금은 64세 적은 나이는 아니지만 우리나라도 백세시대를 맞이했고, 이제는 홀로 외로운 길이 아닌 같이 묻어가는 길을 가려 한다. 아무리 하잘 것 없는 들꽃도 자신에게 만족하면서 특유의 향기를 갖고 책임을 다하는 그 모습에 나 또한 한수를 배워본다. 내가 혼자만의 시간을 갖고 있는 중에는 마음속 저 밑바닥에서 부터 끓어오르는 눈물을 주체하기 힘들어 쏟아내고 나면 속이 후련해지지만 어떤 사람들은 이해하지 못하고 왜 바보처럼 사느냐고 같이 속상해서 한마디를 할지 몰라도 내면속에 깊이 감추어 둔 부끄러움 때문에 잔인한 세월 앞에 속수무책이었으니 다시는 시간 낭비하지 않고 귀한 그릇이 되어서 다른 이와 잘 융합하고 내면에 얼룩진 눈물을 잘 닦아가면서 담담하게 살아보려고 인생의 종착역을 향해서 조심스레 발걸음을 옮겨 본다.

인생을 살아가는데 있어서는 부정보다는 긍정이 에너지의 원천이 된다는 것을 누구든지 잘 알거라 생각한다. 나에 입장에서는 전환점이 되었던 것은 초등학교밖에 나오지 못한 내가 공부를 시작하게 되어서 고통과 어우러지는 법을 배웠고 그런 상황들이 나를 발전하게 만들면서 방송대학까지 가게 된 중요한 시간들이 되었다.

60평생을 일하면서 공부하는 바쁜 일상 속에서도 책을 손에서 놓아 본 적이 없다. 아마 공부를 하지 않았다면 정신적인 문제가 생겨서 정신병원에 입원 했을지도 모르겠다. 다른 곳으로 시선을 돌려서 몰두하지 않았다면 이 세상 사람이 아닌 저 세상 사람이 됐을 것이다.

　칠흙같이 어두운 밤길에 등불이 되어 준 것은 내 아들이었고 또한 엑기스 같은 존재여서 나쁜 생각을 할 수 없었다. 행여 발을 헛디뎌서 나쁜 사람들이 파놓은 함정에라도 빠질까봐 언제나 돌다리도 두들겨 보는 조심성을 배우게 되었다. 시어머니께서 하시는 말 여자가 똑똑해서 어디에 쓰냐고 비아냥 거리면서 왕따를 시키는 모순도 부정도 감당하기 어려울 만큼 큰 고통이었다. 가족들의 차별과 비웃음도 그냥 가볍게 넘어갈 수 있는 일이 아니었으니까. 많은 것을 체념하고 포기하면서 자신을 위로하고 희생을 감당해야 했지만 댓가를 바라는 것은 꿈도 꿀 수 없었고 내가 숨쉬고 연명하기 위해서는 이 방법 밖에는 내가 할 수 있는 일이 없었다. 억울함과 배고픔은 채워질 수가 없었고 열두시간의 노동과 근로는 뼈가 아팠다. 사회에서는 남자들의 성노예가 되어 있지 않으면 작을 일 하나도 연결해주지 않은 남성우월주의가 팽배했고 남아선호사상이 뿌리 깊이 내린지라 여자들의 홀로서기는 하늘에 별따기였다. 마음이 아파서 고통스럽고 배고픔을 참고 인내하기에는 너무 가혹한 현실이었고 비참하기 이를때 없는 현실을 어쩔때면 왜 사는지 정체성이 혼란스러울 때가 한 두번이 아니었다. 때로는 길을 걸어 갈 때도 눈물이 비 오듯 쏟아져 앞을 가리고 분노에 사시나무 떨듯 떨 때도 있었지만 항상 정신을 차리고 바로 사는 길을 선택했다. 너는 왜 그런 집에서 사느냐고 반문이 들어올 때면 자식을 버리고 이혼하는 일은 그렇게 쉬운 일이냐고 저 역시 반문을 했다. 생각없이 살아 온 날들은 쉽게 살아졌지만 어렵게 살아 온 날들은 쉽게 행동할 수 없었다. 표현에 자유를 빼앗기고 벙어리 삼년이란 세월이 다 시집살이였다. 그래도 생각은 자유였기에 행동과 말을 자제할 수 있었고 꿋꿋이 인내하면서 경제적인 것은 넉넉하지 않았지만 마음은 언제나 풍요로웠다. 남 앞에서 비굴하지 않고 아부하지 않으면서 살 수 있었다.

적당한 아부는 필요하다고 하지만 나는 성격상 할 수 없었다. 아부를 해서 나 때문에 억울한 사람 생기지 않을까 하는 생각에 할 수 없었다. 겉과 속은 달랐지만 꾸밈없이 거짓없이 살아 온 날들 때문에 옥토를 향해서 갈수 있는 특권이 주어진 것 같다.

종교적인 면에서도 다른 사람보다 우월했지만 지역차별이 팽배했던 지라 그 역시 푸대접을 받았고, 내게 돌아올 몫은 분배도 공평하지 않아서 가난을 면하기가 쉽지 않았고 모든 것은 힘에 논리에 의해서 힘센 자에게 돌아갔고 당연한 것처럼 생각했고 손바닥 뒤집듯이 쉽게 생각하는 풍조는 낯 뜨거울 만큼 팽배해 있었다. 본인들은 얼굴에 철판을 몇개씩 깔고 언제 그랬냐는 듯 천연덕스럽다. 종교 지도자나 나라 지도자나 권력에 밀착되어서 따르는 자들을 기만하고 남의 얼굴에 침을 뱉는다. 속담에 똥 묻은 개가 겨 묻은 개 나무라는 격이다. 나는 8남매 장남의 며느리지만 마치 광대처럼 본 모습을 갖고는 절대 살 수 없는 그런 집안이었다. 지나간 과거만을 믿고 사는 미신을 숭배하는 집안이었기에 맏며느리를 얼마나 우습게 아는지 도무지 이해가 가지 않았고 결국에는 집안의 밑바닥까지 드러내는 웃지 못할 헤프닝이 벌어졌다. 또한 남의 눈을 속여가면서 얼마나 괴롭혔는지 상식적으로는 생각할 수도 없는 일이 집안에서 일어났고 마치 생지옥 같은 생각이 들 때가 비일비재 했다.

남들 앞에서는 가장 선한 모습의 시어머니는 나를 속이고 가족들을 속이고 그 이중성으로 끔찍한 장난을 했다. 그들이 준 상처는 무엇으로도 치유 받을 수가 없었다.

　흐르는 물처럼 세월이 약이 겠지요. 유행가 가사처럼 나라는 존재는 얼마나 그들의 즐거운 구경거리였는지 견디기 힘들었던 이 수모는 평생이 가도 아팠던 자국이 원상복귀가 될련지 궁금하다.

　정녕 8남매의 맏며느리의 가치가 그것 밖에 안 되었는지 하늘에 물어보고 싶다. 그래서 오늘도 신앙에 의지해 본다. 무모한 요구에도 안 된다는 말 한마디 해보지 못했고 어디에서도 위로 한번 받지 못했다. 가혹한 현실은 모든 것을 앗아갔고 그것도 모자라서 이혼까지 시키는 시어머니 봉건적인 관습 때문에 아들만이 최고라는 성차별을 당해야 했고 경제적인 피해는 말할 수도 없이 당했다.

　우리 시대는 시집살이도 그 집만의 일이었다. 남의 집안일 이라고 관심도 갖지 않는 주변사람들은 정해진 팔자라면서 나쁜 습관들을 고치려고도 하지 않는 시대의 산물이 되어버린 시집살이! 여자들을 묶어 놓으려는 성차별을 여자는 원래 그렇게 살아야 된다고 누가 그렇게 말을 했는지 야금야금 없어져가는 평등도 신뢰할 수 있는게 별로 없다. 물질만능주의에 치우쳐서 모든 판단의 기준이 되어버린 물질, 친정의 가난을 대물림하기 싫어서 쉬는 날도 없이 일을 했건만 아직도 조그마한 집 한칸도 마련하지 못했다. 형제간의 우애도 이미 바닥이 나버린 집안이다 보니 아무것도 기대할 것이 없었다. 지금도 깊이 패인 골에는 눈물이 가득 고여 지우려고 애써도 지워지지 않은 고통의 순간들이 아른거릴 때면 남모르게 혼자 훔친 눈물은 인고에 세월을 혼자 분노할 때도 그들은 나를 지배했고 노예처럼 험한 일, 굳은 일을 다 시켜서 등뼈가 휘어 휘청거릴 때도 시댁식구들은 나를 비웃으면서 즐거워했다. 다른 사람에 웃음거리가 될까 봐 혼자 감추어 놓은 아픈 세월의 상처들 들어주는 사람 하나 없는 긴 세월을 친정어머니도 할머니도 서릿발로 내게 머물러서 늘상 함께 했으니 가히 상상이 가지 않는가?

우리 부모님 세대들은 모든 것을 자식들에게 의존했지만 지금시대에는 많이 다른 양상을 보이는 것 같다.

어머니의 세대들은 희생이 미덕이라고 살았지만 지금 사람들의 생각은 많이 다르다. 신분이 존재했던 시대를 살았던 사람들 그들이 배운 것은 고스란히 자식 세대들에게 이어지기를 바라지만 핵가족화가 되었고 해서 시대적인 것도 있지만 받아들이지 않은 것은 뚜렷이 알고 있다. 부모가 재산이 있으면 아부를 하면서 잘하는 척 하지만 사실은 그렇지 않다. 목적 달성을 하기 위해서는 못할 것이 없다. 정당성을 잃어버렸기 때문이다. 힘들게 김치를 담고 이것저것해서 찾아가지만 냉랭한 그들의 행동에는 이유가 뚜렷하다. 그들이 부모 세대로부터 보아 온 고통을 피해가고 있다. 우리세대들은 그들의 뒷모습을 보면서 쓸쓸해하고 아파하지만 반성해야 할 부분들이다.

왜 우리도 그렇게 살아왔는데 하면서 거리낌 없이 되물림을 하려 하기 때문에 방어책을 쓴 것이 피해가기이다. 과잉보호를 하면서 키워온 자녀들은 이해하기 보다는 돌아서는 것이 더 익숙하다. 젊은 세대들은 방어수단으로 매정하게 할 수 밖에 없다는 것을 행동으로 보여주고 있다. 양육을 할 때 옳고 그름을 가르치게 아니라 과잉보호를 하고 피터지게 공부해서 일등만 하라고 가르쳤지만 현대사회에서는 그들을 받아들일 수 있는 그릇들이 마련되지 않았다.

최고의 학부를 나오면 최고의 대접을 원했지만 현실은 전환을 요구하고 있다. 요구를 갈구하는 사람은 기회가 오고, 너무 무디어지고 해묵은 것에 익숙한 사람은 그리 쉽지 않을거라 생각한다. 내 자신을 바라보면서 반성을 하고 각성을 하면서 저리고 아파옴을 온몸으로 받아들이지 않으면 안되는 육신의 고통도 다양한 문화속에서 인내하지 않으면 퇴고하는 현실은 많은 생각을 하게 했고 심리적인 고통에서 벗어나기 시작했다. 돌아가신 친정엄마를 생각하면서 쏟아져 내리는 눈물을 주체할 수가 없어서 뒤돌아서는 나의 부끄러움, 시집을 가서도 8남매의 맏며느리란 타이틀은 화려했지만 나를 기다리는 것은 혹독한 시집살이와 무능한 남편이었다. 남편은 가족을 책임진다는 것은 유명무실 했고, 처자식은 안중에도 없이 오직 대가족제도에 얽매여서 형제와 어머니 뿐이었다. 결혼은 왜 했는지 의문이었고 오직 본능적인 욕구를 충족하기 위해서 필요한 결혼이었다. 미물과 사람은 엄연히 차별이 되는 세상에서 산다고 나는 믿고 있었기 때문에 그 엄청난 시집살이의 현실을 받아들이기 힘들었다. 아니 말로 표현이 안되는 일이 비일비재했고, 먹고사는 문제에도 거의 안중에 없다고 봐야했다. 어떤 이야기가 주제가 될 때는 문제해결은 뒷전이고 폭언과 욕설이 난무했다. 이런 상황들을 만들어 내는 사람들이 시댁이었고 적든 많든 벌어들인 돈은 시어머니 주머니로 먼저 들어갔고 난 폭력에 시달려야 했다. 맏이로서 가난에서 벗어날 수 있는 일은 전혀 없었고 미안한 마음은 더더욱 없었으니 시어머니의 모함과 이간질은 끊임없이 계속 진행을 했고 할일을 다 하고도 맏며느리에 대한 예우는 한 푼어치도 없고 집에 머슴 하나 들이는 것으로 생각했다. 포장지는 화려했지만 내용은 아무것도 없는 교만과 오만이 가득 담긴 더러운 그릇이었다. 건널 수 없는 강을 스스로 건넜고 자신들이 하는 말과 행동은 책임질 수 없는 무책임함만 가득했다.

수없이 많은 옐로카드를 들었건만 그럴 때 마다 무시당하고 폭력을 당하기가 일쑤였다. 나는 그들의 가족으로 살고 싶었지 껍데기로 살기 싫었다. 내 진심을 기만하고 짓밟았으니 그들은 용서 받을 자격도 이미 잃었다. 내 인생을 도륙 내었고 망쳐 놓았다. 그렇다고 미워하고 원망하지도 않았다. 그런 어려움 속에서도 그럴 가치를 느끼지 못했으니까. 폭력에 길들여진 그들은 누가 바꿔 놓을 수 있었겠는가? 자신들의 앞날에 작은 예측도 하지 못한 그들 못난 내 자신의 무능함에 늘상 눈물이 마를날이 없었고 초심을 잃고 무엇인가를 잡기 위해서 떠돌아 다니는 그들은 손에 잡히는 것도 없이 허상을 찾고 헤매고 다녔다. 가정은 내팽개친 채 가장이 가정에 무책임할 때는 어둠에 손길이 뻗치기 마련이다. 마치 자신들이 절대자인 것처럼 행동했고 부정한 것은 달콤하고 진실은 입에 쓴 약이었으니 아무 능력도 없이 본능에만 치우쳐 있었으니 가정을 위태롭게 했고 위험에 처하게 했다.

식민지 36년

　일제강점기 36년 식민지시절도 무방비 상태에서 당했고 검을 들고 들어온 일본에게 침략을 당했었다. 우리는 그 때 낫과 몽둥이를 들고 싸웠지만 그들을 이길 수가 없었다. 신분제를 만들어 놓고 권력싸움과 기득권 싸움을 하고 있을 때 외부세계에 눈을 뜬 일본은 많은 것을 차지했고 날이 갈수록 문화 말살이다 뭐다 해서 양식까지 빼앗아 문명국가를 이루고 잘 살 수 있었던 것이다. 지금도 용서할 수 없고 화해할 수 없다면 우리는 도태하고 말 것이다. 사람의 본성을 지키고 탄탄한 길을 갈 때 함부로 할 수 없다는 것을 잘 알고 있다.
　어떻게 지켜온 가정이고 나라인가? 경제성장이란 타깃을 내걸고 자연을 파괴하고 가정을 파괴하고 물질만능주의를 선호하고 가고 있어서 인류에 재앙이 닥치고 있다. 결국은 시어머니와 며느리가 싸우고 있을 때 다른 이들은 아무 잘못도 없는 며느리를 나쁜 사람 만들면서 다른 길을 택해서 가고 있다. 자신들의 이로움 앞에서 옳고 그름을 파괴하면서 이 다양한 세상에서 본성적인 것에만 묶여서 고집하고 있을 때 우리는 많은 것을 잃어버리고 말 것이다.
　시집살이란 무엇이겠는가? 자신들의 이익 앞에서 며느리의 기를 꺾고 자신들이 만들어 놓은 문화만을 고집하고 색깔이 다른 것은 받아들일 수 없다는 것은 머리위에서 군림하겠다는 공고한 위치 싸움이라고 생각한다. 며느리도 몰라보는 무지함과 어리석음은 한 집안의 종말을 예견하기도 하는 무서운 일이다. 효라는 명분 아래 세상을 퇴색하게 하는 집단적인 무례함은 자신들의 무지를 증명했고 교육조차 받지 못한 공유할 수 없는 이기적인 생각을 마치 혼자만이 옳은거라는 독선을 주입시키려 들고 따르지 않을 때에는 무단으로 가족집단이 행패를 부리고 왕따를 시키면서 협박을 했다. 협박에도 굴하지 않으니 기어코 이혼을 시켰다.

전통적으로 내려오는 이 시집살이는 끝나지 않고 지금도 진행중이니 끝이 날 수 있을지 불확실한 미래이다. 마치 며느리를 그 집안의 노예처럼 경조사때나 집안일은 앞장을 세워서 일만하게 만들어 놓은 구조는 지금이나 예나 다를 바가 없다.

남편들은 돈을 버는 기계로 전락되어서 돈을 버는 액수에 따라 사람의 가치가 매겨졌고 집안에서는 무슨 일이 벌어지는 줄도 모르고 사회에서 돈 많이 벌어서 대접받는 사람이 되고 모든 에너지를 다 쏟아 승진도 하고 직장에서의 위치도 확고하게 다져 나갔다. 그러나 정년퇴직 후 좋은 결과와는 멀어지는 경우도 너무 많이 보아왔다. 노력하지도 않고 얻어지는 결과는 아무것도 없다. 아무 무의미한 말 한마디에 모든 것을 의존하는 것은 바보들이 하는 행동이다. 자신의 분열이 되어있는데 어떻게 다른 사람을 감정적으로 변화를 줄 수 있겠는가?

자신이 누구인지도 모르면서 이 혹독한 시집살이가 여기서부터 시작되는 것이다. 언제나 핏줄이라는 이유로 남편이라는 사람까지도 합세를 했고 알지 못하는 이유로 구타로 시작해서 언어폭력까지 정말 끔찍했다.

그 결과가 지금 현대판 시집살이가 생긴 것이다. 반대로 요즈음은 오히려 시어머니들이 며느리들한테 시집살이를 당하고 있다는 것이다. 이런 현상은 어찌보면 자업자득인 것 같다. 그 죄 값은 고스란히 부모세대에게 전가 되었다. 그런데도 당당한 것은 경제적인 이유 때문에 자식들 앞에서 부끄러움을 잊어버렸다.

몸으로 때우면서 열심히 살아왔다는 자부심 때문에 결과를 놓고 피해가고 있는거다. 그것만으로는 해명하기가 어려워지고 마음이 무거워진다. 부모세대들은 대리만족으로 자식들을 최소한 전문대까지는 교육을 시켰다. 나라도 교육의 나라로 바꾸어 놓아 살기가 편해졌는지도 모르지만 공장에서 일할 사람이 없고 농사를 지을 사람이 없는 실정이다.

산업혁명 이후로는 외국의 인력이 그 자리를 메꾸어가고 있고 정녕 정신을 못 차리고 이런 상황이 지속된다면 서민들의 일자리는 외부 인력에게 양보해야만 되는 웃지 못할 헤프닝이 벌어진다면 가장 기본이 되는 바탕이 또 한번 요동을 칠 것이다. 다른 사람의 잘못으로 눈물을 흘리고 살아야만 했던 인고의 세월, 시집살이는 누구를 위한 것인지 때로는 혼란스럽고 때로는 시댁식구들에게 이익에 부흥했다면 어떤 경우에는 내 자신이 어리석어 보이고 증오스럽기도 하지만 혼자서 가만히 위로를 한다. 어떻게 자식을 두고 내 할말 다하고 살고 위 아래도 없이 모든 것을 절제하지 못했다면 나는 이 세상에서 육신도 이미 땅속에 묻혔을 것이다. 결과만을 놓고 공리주의자들 처럼 판단을 한다면 다른 사람의 억울함과 아픔은 다 묻어버리고 무시해 버리고 만다. 일을 하고 싶어도 시어머니의 이간질과 모함이 한곳에서 정규직으로 일을 할 수 없게 만들고 여기저기 떠돌아 다니게 했고 마치 내가 큰 잘못을 해서 죄를 받는다고 생각하면서 선과 악의 기준도 상실해 버린 그들은 마치 굶주린 맹수들처럼 나를 할퀴고 괴롭혔다. 가정의 평화를 위해서 참아 주면 더욱 더 바보 취급을 하면서 비웃어 댔지만 나 역시 그런 말은 마음에 담지 않고 살았지만 8남매와 남편도 합세를 할 때면 하늘이 먹구름만 보이고 청명한 날은 별로 없었다. 마음에 골이 패이고 상처가 깊어서 웃고 싶지 않을 때도 그들을 이해해 주었다. 위 아래도 모르고 떠들어대도 그들도 살다보면 철이 들겠지 생각했지만 끝내 무의미한 자신들의 이기적인 것에만 치우쳐 배려하는 마음은 상실해 버렸다. 나를 비웃느라 깔깔대고 웃어대는 것은 시댁식구들뿐이 아니었다. 친정을 가도 왕따, 시댁을 가도 왕따, 참 기가 막히는 일이 너무 많았다. 그런 어리석은 그들을 보면서 너무 마음이 아팠고 그래서 무료하고 지친 날들을 벗어 나고자 늦게 시작한 공부 때문에 그런 시간 낭비하는 일에 신경을 쓰고 살 시간이 없어서 참으로 행복했다. 누구하나 도와주는 이도 없는 깜깜한 세상에 홀로 외롭게 살아가는 현실은 그나마 아들 때문에 늘 위안이 되었다. 이런 시집살이의 영향이 어디를 가든지 내게 미쳤고, 직장에서도 한곳에 머물 수 없게 만들었고 떠돌아 다니게 했다. 그 고통스런 세월은 어디에도 마음 붙일 곳이 없었고 시어머니의 저주와 이간질 모함은 끊이질 않았다.

진짜가 아닌 다른 가족

　사람이 살 수 있는 환경은 어디에도 없었다. 세상의 잣대는 모든 것이 물질이 되어 있었고 힘 없고 돈 없는 사람은 사람 취급도 받지 못하는 웃을 수 없는 일도 비일비제했다. 그래서 자신의 가치를 자신이 잘 가꾸어야 된다고 생각한다. 위 아래도 알지 못하는 젊은 세대 너무 많다. 환대하면서 어서 오시라고 할 줄 알았지만 돌아오는 것은 냉랭한 그들의 시선과 마음, 그들 세대들은 너무 많은 것을 직접 목격했기 때문에 하나의 방어책이라는 생각이 든다. 갈등은 골이 깊어 메꾸어질 줄 모르고 거짓과 위선으로 서로의 눈치만 살피고 겉치레적인 말만 하다가 집으로 돌아오는 경우가 너무나 많다. 돈 없는 부모는 자식들 앞에서 죄인이고 무슨 짓을 해서 번 돈인지도 모르는 돈은 후한 대접을 받는다. 황혼 들녘에 서있는 우리들은 어쩌면 천둥벌거숭이 인지도 모른다. 사회에서도 외형적으로도 그럴 듯 하면 함부로 하지 않은 물질만능주의 때문에 도덕성도 천륜도 땅에 떨어진지 오래다. 인간들의 본질을 찾아야 참된 사람의 모습을 갖추지만 불필요한 사리사욕에만 욕심을 부린다면 진정한 행복은 찾을 길이 없을 것이다.
　힘 있는 사람은 힘없는 사람의 것을 착취하고 농간을 부린다면 가진

자들의 횡포와 권력있는 자들의 오만함은 누가 감히 막을 수 있겠는가? 마치 절대자의 자리에서 서슬이 퍼런 칼날을 휘둘러대고 잘되는 것을 시기해서 협박과 모함을 하고 옛부터 우리는 사돈이 땅을 사면 아무 이유 없이 배가 아팠다. 그런 민족이니 민족성도 그리 좋지 못하다.

언제부터인지 부끄러움을 모르는 사람들이 되었고 얼굴을 뻔뻔하게 들고 다녔다. 철판을 몇개씩 깔고 감히 누가 나에게 맞서냐 하면서 짓밟고 억누르면서 못할 짓이 없었다. 시어머니도 그랬으니까. 아무도 보는 사람 없는데 어떠냐 하면서 양심도 물질 앞에서는 아무 힘이 못되고 무용지물이었다. 지금은 역지사지해서 생각해야 한다.

어둠속에만 갇혀 사는 영혼들은 빛을 싫어한다. 마치 흡혈귀처럼 물론 시어머니도 가지 많은 나무 바람 잘날 없었으니 한편 여자 입장으로서는 여자의 몸으로는 버겁겠지만 그렇다고 8남매의 큰며느리인 나를 눈에 가시처럼 여겼으니 그 인고의 세월은 눈물이 마를 날이 없었다. 그렇다고 부모에게 효도를 안 한것도 아닌데 더구나 형제애를 거스른 것도 아닌데 그렇다고 바람을 피우거나 재산상에 피해를 준것도 아닌데 크게 잘못한 일도 없이 학대와 폭행을 일삼았으니 단지 생각이 같지 않다는 이유로 시작한 시집살이는 계속해서 진행되었고 끝내는 아들 며느리 이혼까지 강요했으니 더는 할 말이 없다.

흉기를 들지 않고 사람을 죽이는 것이 바로 이런 것이구나. 대가족에 맏며느리였으니 온갖 궂은일을 다했건만 돌아오는 것은 모진 시집살이였다. 위자료를 한푼도 받지 못하고 어린 아들 손잡고 그 집 문턱을 넘어설때도 비참함과 절박함은 이루 말할 수 없는 고통으로 이어졌고 하루도 쉬지 않고 노동을 해서 아들과 먹고 살아야 했으니 어둠앞에서 두려움이란 나에게는 사치였다. 이성적이지도 못하면서 편견을 갖고 헐뜯고 힐난하면서 거의 죽음상태까지 직면했을 때도 형제들간에 우애라는 포장으로 왕따를 시키는 것이 보통이었다. 따뜻한 말 한마디 할 줄 모르는 자기들만의 이기적인 요람속에서 인색한 삶을 만끽하고 즐거움이고 행복이라고 생각하고 사는 사람들의 망상 때문에 시집살이인지 괴로움인지 혼란속에 사로잡혀서 어느 것 하나 제대로 된 상태가 아니라는 것은 외적인 풍요로움 때문에 자신들을 잃어버리고 껍데기 삶을 전염시켰다. 배부르면 모든것이 해결되는 시대라 생각했지만 욕심없이 사는 것에는 익숙하지 않았고 물질에서 자유롭지 못할때는 끊임없이 욕구가 꿈틀대고 더 높은 곳을 향하여 나가게 했었다.

 지금은 그 인고의 긴 외로움을 이겨냈지만 항상 내 머리 꼭대기에서 잘났다고 떠들어 댄 문제들 때문에 골치가 지끈거린다. 이혼서류에 도장을 찍고 쫓겨나서 월셋방부터 전전해 끼니를 굶지 않고 건강하게 잘 살고 있다. 세월은 흐르는 물처럼 빨라 지금은 70을 바라보는 나이가 되었지만 다른 사람을 괴롭히지 않으면 살 수 없는 시집살이 황량한 벌판에서 그 한파를 혼자 몸으로 다 맞았지만 그래도 지금은 양심에 꺼리낌이 없으니 마음은 풍요롭다. 배부르고 등 따뜻하면 다 잊어버린다고 하지만 지금은 조선시대가 아닌 21세기를 살아가고 있다.

 산업혁명을 거쳐 외적인 풍요로움 때문에 많은 것을 망각하고 기만한 체 그런 자신들이 불쌍한 줄도 모르고 살고 있고 본능적인 존재들이 되어버린 것도 모르면서 내면에 정서는 아주 메말라 자신과 색깔이 좀 다르면 받아들이지도 못하고 아예 대화 자체를 거부해 버리는 핏줄 이기주의, 항상 남의 머리위에서 군림만 하려드는 낯선 사람이 어떻게 다른 사람에게 배려를 하면서 살아 가겠는가? 상대방이 아파서 소리를 질러도 귀를 막고 들으려 하지 않은 마치 광대의 모습처럼, 연극을 하면서 자신의 진짜 인생은 감추고 가짜 인생을 사는 것처럼 말이다. 물질만능주의에 중독이 되어서 형제도 모르고 부모도 모르는 세대가 열심히 산다고 박수 쳐 주니까 기고만장해서 살아가고 있다. 결국은 모래위에 집을 짓고 혼자만의 착각 속에서 요람속에 방울같은 존재가 되어서 부끄러운 줄도 모르고 꿈속에서 헤매고 있는 것 같다.

곡식을 추수할 때도 쭉정이와 알곡이 걸러지고 불에 태워지는 아픔을 안고 살아 간다. 어디에 가든 알곡은 귀하게 지켜진다. 사람도 그와 똑같다. 속이 꽉꽉차서 실속이 있는 사람은 많은 사람들에게 존경을 받는다.

70년대 이후 경제성장이란 이유로 자연을 많이 훼손했다. 우려의 목소리도 컸지만 어쨌든 뒤로한 체 많은 경제성장을 했다. 그러나 빈부격차는 별로 해소된 것이 없다. 힘없는 사람들은 착취의 대상이 되었고 필요할 때만 쓰이는 묘한 도구들이 되었지만 누구하나 말을 하는 사람은 없다.

가진자들의 배만 잔뜩 불려주는 꼴이 참 우습다. 배고픔은 쓰라린 아픔이다. 지주들의 독식에서 벗어났는가 하지만 그대로 아무것도 달라진 것이 없다. 지금은 기득권층의 횡포를 받아들이면서 노예화가 되고 있다. 법 무서운 줄 모르고 나라를 기만하면서 더 많이 가지려고 보이지 않은 전쟁터처럼 인정받지 못한 존재들은 의미에 부합되지 않은 여정의 길에서 피 터지게 싸우는 것만 배웠다. 나 역시 친정이 잘 살지도 못하고 형제간에 우애가 돈독한 것도 아니니 홀로서기란 하늘에 별따기 만큼 어렵다. 그 이유는 세대차이를 느끼는 부분에는 답을 하지 않았기 때문에 더욱 더 힘들어야 했다. 그래도 후회하지는 않는다.

내 선택의 판단을 난 항상 믿었기 때문에 앞으로 항상 앞을 보고 걸어가야 하니까.

정치상황이란 무엇인가?

　65년이란 군사독재 지배속에서 꿈틀거리는 잔재들이 추악한 모습으로 실체를 드러내도 부끄러워 할 줄 모르는 낯설은 광경은 참 후손들에게 낯 뜨거운 광경이다. 이용해 먹기 위해서 편한 상대를 찾고 아부와 독선으로 가득 채워진 자들을 곁에 두고 진실은 항상 왜곡한 체 자신들에 잘못은 만만한 사람에게 떠넘기고 남을 억울하게 하는 졸부에 지나지 않지만 과장된 모순 앞에서 자신을 과대평가하는 사람들, 이것이 권력을 가진자들의 진정한 모습이다. 뻔뻔스러움을 빼면 아무것도 남지 않는 일그러진 모습들, 정말 에덴동산의 타락한 모습을 모방할 것인지 궁금하고 호기심이 동반된다. 돈만 있으면 살인도 면할수 있는 시대에서 살았으니 소공동체인 가정도 몸살을 앓았다. 60년대 가난한 시절을 벗어나기 위해서는 물불을 가리지 않았다. 이익에만 눈이 멀어 다른 사람은 죽어도 상관없다는 개인주의가 성행했고, 혈연관계 이기주의까지도 한 몫을 거들었다. 일말의 양심조차도 소멸상태다. 자신과 관계되는 일이 아니면 무관심했던 개인주의, 서로의 관계속에 응어리 진채 풀리지 않는 고질병 이런 부패된 현상 앞에서 썩은 냄새 때문에 역겹다. 역지사지다.

옛말에 윗물이 맑아야 아래물이 맑다는 속담은 그냥 한 얘기가 아닌 것 같다. 삼척동자도 다 아는 일이지만 아는 것에 그치고 행함을 함께 하지 않았기 때문에 그런 가치있는 행동으로 인정받지 못했다. 시어머니의 거짓말 한마디에 8남매가 왕따를 시키고 나를 몰아 부칠때는 대적할 힘도 없어서 말없이 침묵으로 일관했다. 그러기를 한 30년 그 인고의 세월은 나의 억울함이었다. 예수님이 말씀하셨듯이 깨어서 기도하고 살아라 하신 말씀이 항상 귓전에서 맴돌았고 그 말에 따라 행하면서 살 수 밖에 없다는 것을 알아야 했다. 한가지 한가지 알아갈 때마다 가슴이 아파서 견딜수가 없었다. 후회와 반성이 눈물로 뒤범벅이 된 채 하루종일 겉으론 웃었지만 마음은 항상 울고 살았으니 눈이 짓물러서 누구의 말도 상대방도 정면으로 볼 수 없는 인생을 살았다. 비참하게 일그러진 나 자신이 싫었지만 자살을 할 수도 없었다. 어린 아들이 초롱초롱한 눈으로 엄마만 쳐다보니 극단적인 방법은 생각 할 수도 없었다. 나 역시 쳐다 볼 사람은 아들 한사람 밖에 없으니 얼마나 외롭고 고독한 삶이었는지 피같이 진한 눈물이 앞을 가리면서 흘러 내릴때는 주체할 수가 없었다. 그래도 난 항상 감사했다. 목숨 거두어 가지 않고 힘겨운 생활이었지만 왜냐하면 엄마만 쳐다보고 사는 아들 때문에 모든 것을 절제할 수밖에 없는 현실이 나를 살려 주었고 생각을 바꾸면서 살게 했으니 희망을 갖고 앞날에 미래를 두었기 때문에 짐승같은 모습에 삶을 환골탈퇴를 하면서 사람의 모습으로 진화해 갔으니까.

일등이라는 경쟁의 우물안에서 세상밖에는 귀막고 눈가리고 내 자식만 잘되면 그만이라는 개인주의들은 위화감을 조성하고 빈부격차만 부추기는 희귀한 열풍속에서 경쟁의식만 키웠고 가진자들의 탐욕스런 치부를 들어 낼 때도 내 돈 내 마음대로 쓰는데 니들이 무슨 말이 많으냐 고 무시하면서 비웃을 때도 너무 당당했으니 할말을 잃어 버린거다. 얼굴색 하나 변하지 않고 조그마한 배려도 인색한 영혼은 영혼이 병들게 마련이고 마치 특권인 것처럼 당연시 한다. 개인 과외라 하여 가난한 사람들은 공부도 많이 할 수 없는 현실은 상상만 해도 소름이 돋는 기막힌 횡포속에서 길들여져 갔고 어디를 가든 마찬가지였으니 작은 돌멩이에도 맞아 죽는 꼴이 되었으니 그들이 볼 때는 참 우스운 모양 세속에서 같이 진흙탕에 휩쓸려간 거다. 사회의 무관심과 멸시 속에서 자라지 못하게 하는 편견이 묶어 놔 버린것이다. 눈물을 흘리면서 호소를 해도 애원을 해도 본체만체하는 혈연주의는 두려움에 대상이 되어버린 소금기둥이고 구약성경에서 소돔을 멸할 때 뒤를 돌아보지 말고 높은 산으로 도망을 가라했다. 그 말을 듣지 않고 뒤를 돌아봤을 때 소금기둥이 되어 버린 것이다. 이 방식에게 미련을 두지마라 하는 하느님의 경고다. 종교 지도자들은 자신들의 쇄신에는 별 문제가 없다고 생각한다. 온갖 악한 모습으로 마음속은 가득 채우고 누가 보지도 않는데 하면서 양심을 속이고 주변사람들은 속이고 사는 모양이 가증스럽다. 서로 잘났다고 신경전을 벌이면서 아귀다툼을 하고 싸우고 있을 때 시간은 정말 아깝다. 욕심과 집착을 버리지 못하고 나머지 것을 채우기 위해서 끝없이 착취를 하면서 간다. 한 칸을 가진 가난한 자의 소유를 백칸을 채우기 위해서 빼앗고 짓밟아 버린다. 난 까만 밤을 한숨도 자지 못한채 하얗게 새어버린 날이면 졸음과도 싸워야 하고 나를 저주했던 자들의 증오심과도 싸워야 하니 얼마나 힘이 들었는지 모른다.

하지만 그것은 잠깐 일터로 학원으로 눈코뜰새 없이 바빴으니 누구를 원망하고 싸우면서 갈 시간도 없었다. 인생을 더 이상 낭비할 시간적 여유가 없었다.

내 생명의 불이 꺼지지 않은 한 죽을 힘을 다했으면 내게 주어진 일은 언제나 성실하게 최선을 다했다. 언제나 나와 같은 사람들을 위해서 살겠다고 맹세를 했다. 혼자만의 약속이었지만 자신과도 약속을 잘 지켜냈던 것 같다.

우리나라의 시집살이 역사를 본다면 오유월에 서릿발이다. 난 그들의 고통속에서 눈물을 보았고, 한 맺힌 그들의 한숨을 보았다. 시대에 순응하면서 살아는 갔지만 마음속에 차곡차곡 쌓인 억압된 감정들을 나름대로 위로받고 해소하면서 가지만 자유를 잃어 버린채 용서하지 못하고 응어리는 그대로 떠안고 가고 있다. 난 그래도 시어머니를 용서하고 싶지만 정말 어려운 일이 아닐 수 없다.

살아있을 때 화해도 제대로 못하고 문전박대하면서 나를 쫓아낼 때 위자료 한푼 달라는 얘기도 못했다. 아니 할 수가 없는 상황으로 그들은 나를 밀쳐 버렸다. 과연 그들만의 잘못일까 의문이 간다. 같은 여자지만 용서하고픈 마음이 조금도 안 생긴다. 똑같은 일을 어머니 세대에도 겪었다. 그런데도 그들은 과거에 전철을 그대로 밟으면서 아무런 미안한 마음도 없다. 모든것은 거짓으로 포장된 가식적인 것이었다. 아무 진심도 없는 용서가 어떻게 받아들여 지겠는가? 교육도 제대로 받지 못한 세대이니 이해를 해준다는 것도 너무 일방적이어서 아무런 의미가 없다. 사람으로 살기를 거부한다. 사람이라면 사람답게 살자고 얘기하고 싶었다. 본능적인 것에만 치우치지 말고 생명을 나에게 부여한 하늘의 뜻을 따라서 고통을 느끼고 아픔을 알면서 사람의 형상으로 살기를 생각해 보았다. 어느 책을 보니까 여자들은 짐승처럼 생각해 왔고 그 한줄이 나를 또 얼마나 울게 했는지 현대사회로 들어서면서 조금은 덜 한다고 하지만 기성세대들의 무관심 때문에 부부싸움을 크게 하고도 칼로 물베기라면서 웃고 넘어갔던 일들이 지금은 얼마나 힘든 고비를 안고 있는지 돈만 있으면 모든 일이 다 해결된다고 생각하는 물질만능주의가 아무 생각하지 않고 여기까지 온것은 경제성장만을 위주로 왔지만 그래서 밥 먹고 사는 것은 해결되었다. 그러나 근본적인 것들은 그대로 남아서 괴롭히고 진짜 성숙한 모습은 찾아보기가 힘들다 전통적인 것 때문에 남편에게 맞아서 온몸에 피명이 들어 있어도 부부지간에 문제로만 생각하고 웃고 넘어갔던 기성세대들 내 핏줄이 아니면 상관없다고 생각해 버리고 못 본 체 했던 사람들 현대사회에 들어서면서 많은것이 변하고 있다고는 하지만 곪은 상처는 아직도 피고름이 흐르고 있다. 알면서도 닦아줄 사람이 하나도 없다. 진실된 마음이 없고 사랑이 없기 때문이다. 안타까운 심정을 무엇으로도 표현할 수가 없다.

편견과 이기주의는 더욱더 갈등을 부추겼고 골이 너무 깊으니 메꾸어 가기란 쉽지가 않다. 개선이 필요한 시점에 도착했으나 상대에게 배려하는 작은 성의도 진심은 보기가 힘들다. 말 바꾸기를 실천의 덕목으로 알고 진짜는 다 버리고 가짜가 판치는 세상이 되어버렸다.

안으로 굽은 팔은 밖을 향해 펼수 없는 곤배팔이 되어 버렸으니 밖을 향할 때가 있을지 의문이다. 이혼을 하고 두 식구의 가장이 되어서 허리가 휘도록 안해 본 일이 없다. 예전처럼 이혼을 부정적으로는 생각은 안하지만 그 따가운 시선은 거북하기 짝이 없다. 굳어버린 심장처럼 피를 나눈 형제들이지만 우애라고는 찾을수가 없는 형제들, 자신들밖에 모르는 육남매의 형제들, 생각이 같지 않고 반문을 하려 들면 서슴치 않고 왕따를 시키는 파렴치하고 잔인한 형제들, 그 인고의 세월은 형벌 중에도 가장 가혹한 형벌이었다. 참고 참아도 저 밑바닥에서 뜨겁게 끓어오르는 눈물은 주체할 수 없었고, 이 눈물은 이 고통속에서 가슴 저 미도록 차곡차곡 쌓아둔 나에 한이 맺힌 인생살이에서 나온 맵디매운 8남매의 시집살이에서도 말 한마디 못하게 하는 남편의 언어폭력과 육신폭력이 모질게 나를 지배하고 모든 것을 앗아갔다.

 인두껍을 쓰고서는 도저히 할 수 없는 일을 아무 꺼리낌 없이 자행했다. 미안한 마음을 조금도 갖지 않고 당연한 것처럼 황폐해진 마음과 삭막해진 마음에 행여라는 말 한마디도 기대할 수 없는 희망마저 꺾어버린 군사독재와 지역감정이겠다. 시댁에서도 난 부모에게 할 도리도 다했고 형제간에 우애도 손상 시킨일이 없었다. 그런데도 나쁜 사람이란 오명을 씌워놓고 세상에 온갖 손가락질을 나에게 다 집합시키고 그들의 통쾌한 웃음은 가만이 있어도 구역질 나게 했다.

 시어머니의 끊임없는 보복은 멈출 줄을 몰랐고 나에게 피를 토하는 모진 세월을 살게 했으니 그들은 참 즐거운 인생을 보란듯이 살고 조금의 양심의 가책도 느끼지 않았다.

 처음 시집을 갔을 때 막내 시동생이 초등학교 3학년이었다. 무명 이불 소창에는 수없이 지도가 그려진 오줌 냄새에 찌든 그런 것이었고, 시어머니로서 가정에 불성실한 행동은 술이나 먹고 사는 농사일이나 하는 그런 평범하지 못한 아낙네에 불과했다. 입만 열면 며느리 험담이었고 흉이었다.

 피를 말리는 마음에 고통이었고 경제적인 고통도 말을 할 수가 없었다. 뭐하나 순조로운게 없었고 가족들 모두가 생계까지 목을 조여왔다. 타락한 인종들의 표본이었고 남편까지도 모친과 한통속인 마마보이에 불과했다. 내 가정 처자식에 대한 선은 분명하지 않았고 의식도 분명하지 못했다. 남편의 수입도 전부 시어머니 주머니로 들어갔고 난 빨래를 해주고 밥해 주는 그저 그 집에 머슴 수준에 머물렀으니 아무 존재가치도 없고 인권의 사각지대에서 누구에게 아무런 도움도 받지 못하고 어둠과 맞서서 항상 혼자 싸워야 했으니 인간의 도리는 지켜야 하는 것이기 때문에 지키고 살아가는 나를 시어머니는 여자가 똑똑해서 어디에 쓰느냐고 비웃어 댔고 친정을 업신여겼다.

 난 부모님에게 배운 가정교육을 지키고 살았을 뿐인데 증오심으로 나의 모든 역할을 시어머니가 대신했다. 난 그 집에 머슴이었을 뿐 8남매의 큰 며느리가 아니었다. 말로는 표현할 수 없는 그 횡포는 생각만 해도 꿈에 보인다. 허수아비 같은 내 인생은 비참하기 이를 데 없었고 말 한마디 할 수 없는 노예와 같은 신세였으니까 난 항상 주눅이 들어서 목에서 나오는 개미같은 목소리 그런 것이 여자의 미덕이라고 알고 사는 우리 기성세대들의 가르침이었다. 그런것을 거역하면 당장에 나오는 말이 여자 목소리는 담장을 넘으면 집안이 망한다는 낭설로 여자들을 묶어 놓았다.

 봉건적인 사고방식에서 벗어날 수 없게 만들고 내 나름대로의 생각은 입 밖으로 나올수가 없게 만들고 벙어리 3년의 시집살이 이런 상황들이 나를 침묵하게 만들었고 새로운 인생살이에 걸음마를 배우면서 아파해야 했다. 아직도 그 눈물의 얼룩 자욱이 지워지지 않아서 눈 가장자리가 가렵고 아프다. 혼자서 닦아야 하는 눈가에 이슬은 모래사막에서 물 한모금 마실수 없는 황폐함은 울면서 애원해도 물 한모금 주지 않은 인생관과 오만함 그들은 나에게 거침없이 행사했다. 잊을래야 잊을 수 없는 고통의 발자욱은 나를 돌아보게 한다. 똑같은 실수를 범하지 말라는 뜻에서 다시 일어나 외치고 싶다. 악몽 같은 사실을 아니 그 현실들을 왜 바보처럼 살았느냐고 묻는다면 난 아무할 말이 없다. 바보가 되지 않았다면 남편의 폭력에 맞아 죽었을 것이다. 피도 눈물도 없이 잔인했던 간교함은 세월이 흐른 지금에도 잊을수가 없다. 엄마만 쳐다보는 어린 아들을 두고 절대 저 세상으로 갈수 없었으니까. 희생하는 것을 최고의 덕목처럼 생각하는 386세대에 휩쓸려서 나도 그렇게 살면 되는 것일 줄 알았지만 시대가 변천하면서 이혼은 큰 허물이 되지 않았지만 그래도 이혼녀라는 따가운 눈총은 어쩔 수 없었다. 여자들도 조금의 자유를 누리게 되었지만 성 개방으로 인해 무질서한 성은 노예가 되어 버렸다.

남성들의 시대

사회 현실은 성 상대가 되어주지 않으면 아무것도 이룰수가 없었고 남성우월주의에다 경제적인 풍요로움 속에 방탕한 남성주의자들은 일부다처제인 첩을 두고 살면서 마치 자신에 능력인양 당연시해왔다. 자신들의 욕망과 권력을 손에 움켜쥔 채 자신보다 못한 사람은 짓밟고 무시하면서 성 개방의 시대를 악용해 왔다.

현대시대는 내연의 처, 내연의 남자, 이런 것이 부끄러운 시대가 아니다. 그렇지만 무분별한 성 개방은 자신들의 가치를 하락시킬 뿐이다. 조선시대에 살다 왔느냐고 비난할지는 모르지만 분별할 수 있는 능력은 자신들의 가치를 상승시키는데 큰 기여를 할거라 생각한다. 가정생활이 극단적으로 치닫는 것은 경제성장이란 이유로 힘 있는자의 배 속을 채워주는 욕심에 죄악이다. 급변하는 시대에 경제성장은 큰 축복이라 생각했지만 그로 인한 자연파괴와 양극화 현상은 극단적으로 치달았고 결과는 근본적인 문제는 다 덮어놓고 눈으로 보이는 것에만 치중했다. 이제는 배고픈 시대를 면했기 때문에 밖으로도 눈을 돌릴거라 생각했지만 우물 안 개구리들은 이끼만 끼어있는 우물 안이 제일 넓어 자신들만의 놀이터가 되었고 정신적인 성장은 퇴보했다. 산업혁명 이후로 경제는 많이 성장했지만 엉뚱한 쪽으로 흘러가 버렸고 이제는 허리 좀 펴고 쉬어가면서 살자는 슬로건이 걸린 것이다. 그러니 이제는 인생도 즐기면서 살자는 이중생활이 시작되고 야금야금 먹어 들어가면서 가정에서도 많은 부패가 시작되었고 갈등하는 가정은 지금도 목적지를 잃고 표류중이고 키를 잡은 선장이 자격이 없었던 배는 산으로 가고 있다. 무슨말이냐고 하겠지만 한 가정에 두집, 이혼을 할래도 할수 없는 상황이 되다보니 한 집안에서 별거중이였다. 남편이 아닌 외간 남자와 정조개념도 이미 파괴되어 버린 요상스런 부부사이, 자신의 양심을 속이고 가족을 속이면서 본능적인 것은 이중생활이고 남들은 다하고 사는 것을 못하고 사는 난 언제나 바보 취급을 받았다. 하지만 억울하지 않았다. 내 자신에 선택이었으니까.

이중생활이 즐거움이라고 살아가는 사람들은 인생에 있어서 자신의 발전을 위해서 다양하게 사는 것이라고 부끄러워하지 않으니까 자신의 사생활이라고 치부해 버리는 이 시대의 비극이니 좋은 처방이 없다.

나는 늦각이 만학도였다. 순간순간이 너무 바쁘다보니 고통스런 상황도 잠시 일시적으로는 잊어졌다. 하지만 밤에는 눈물로 밤을 새는 일이 허다했다. 공부는 나에게 고통의 시간을 잊게 하는 달콤한 처방전이다. 부어오른 눈을 부비고 세수를 하고 일터로 갔다가 끝나고 학원으로 가면 강의를 다 놓쳐버리고 꾸벅꾸벅 졸고 있는 자신에 모습에도 즐거웠다.

내일이 있었기에 누구를 미워하고 원망할 시간도 없이 그렇게 바쁘게 살았다. 이제는 65년이란 세월이 어느새 훌쩍 흘러가 버렸다. 머리에 염색을 하지 않으면 엄마를 닮아서 백발이 되어버린 세월의 흔적을 누가 이길수가 있겠는가? 그래도 열심히 살아온 흔적이 눈물을 닦아준다. 난 그래도 나를 미워하고 상처를 주었던 그 사람들은 어렵고 힘들지만 용서하고 싶다. 잘될 수 있을지 몰라도 항상 기도를 한다. 용서라는 말을 마음 깊은 곳에서 우러나는 용서를 하지만 내 마음에 상처는 허락하지 않는다.

깊은 어둠 때문에 얼마나 깊이 패인 상처인가 여기저기 너덜너덜해져서 껴안고 가지 않으면 정신이 나간 사람처럼 실성할까봐 남의 시선 의식하면서 두발을 딛고 버티고 이겨내려고 얼마나 발버둥 치면서 십자가를 붙들고 기도했는지 언제나 고통은 마음에 묻어둔 채 체념하면서 침묵을 했고 멀리 뛸 수 있는 연습을 게을리 하지 않았다.

어머니 세대들이 그랬듯이 시집살이는 되물림이 되었고 마치 우월한 사람이 시집살이를 시킨다는 착각속에서 당연한 것처럼 생각하고 가혹한 형벌을 거리낌 없이 자행했다.

지금은 2023년 우리네 60대들이 가장 어려운 고비를 넘기면서 많이 근절되었다고 보지만 세대가 바뀌면서 역지사지가 되었다. 신종 시집살이를 하는 시어머니들은 며느리 눈치를 보고 살아야 한다. 가고 싶어도 마음대로 갈수도 없는 그런 입장이 되었다. 신종 시집살이에 마음 아파하는 시어머니들이 우후죽순처럼 생겨나고 부끄러운 과거로 인해 가슴앓이를 해야 하는 웃지 못 할 일들이다. 희생에 산물인 미덕이 이제는 사라지기를 바랄 뿐이다. 그 끝은 어딘지 아무도 가늠할 수 없다. 친정엄마의 시집살이는 베틀에 차려 놓은 모시베를 할머니가 잘라 버렸다고 했다.

아픈 과거를 지워버리지도 못하고 아파하는 모습을 종종 보았다. 그 이야기를 되새기면서 남모르게 눈물짓는 모습은 동병상련 같은 병을 앓았기 때문에 지금은 엄마를 통해서 이해할 수 있는 나 자신이 되었고 같이 아파했다. 그 당시에 여자들은 인권의 사각지대에서 사람대접도 받지 못하고 여자들의 활동도 거의 없는 상태이니 여자 목소리가 담장을 넘으며 집안이 망한다는 말로 발을 묶어놓고 손을 묶어놓은 생각과 감정을 묶어놓고 꼼작할 수 없게 했었다. 인권의 사각지대 사람대접도 받지 못한채 아무것도 할 수 없는 내 자신이 원망스럽고 미웠다. 시집살이 앞에서 무기력했던 자신 조차도 혐오스러워 어떻게 할 수 없었던 나는 엄마를 생각했다. 육남매를 남기고 돌아가신 아버지 대신 굶기지 않았던것도 대단한 것이다.

보릿고개 시절이 조금 지난 때이다. 먹거리가 없어도 여자들은 밖에 나가서 일 할 수가 없었던 그 시절 상상이 가고도 남는다. 현대사회는 몸만 건강하면 여자들도 얼마든지 먹고 살 수 있는 시대다. 모진 세월에 가난을 이겨보려고 무던히도 몸부림 치면서 살아왔던 친정엄마, 지금은 하늘나라로 가시고 안계시지만 그리울때면 떠올려 보는 엄마다. 지주시대를 거치고 나서도 땅 한평이 없는 친정은 도지를 붙였고 돌아오는 곡식이 별로 없는 신분제 시절도 얼마나 가진자의 착취가 성행했는지 알수 있다. 아무 죄도 없이 가난하게 살아야 했던 것이 죄가 많아서 못사는 줄 알고 있다.

큰 착각이다. 근본적인 문제는 뒷전이고 그저 눈에 보이는 것만 믿고 보이지 않은 생각은 천시했기 때문에 물질만능주의만 극심했다. 모든 것을 돈으로 해결할 수 있다는 부패한 생각때문에 법치주의는 멀어져 갔다. 결국은 파멸의 길을 가게되었던 것이 눈앞에 펼쳐져 엎치락 뒤치락 해도 해결이 안된다. 때로는 권력과 돈으로 해결할 수 있다는 것은 씻을수 없는 부패를 만들어 냈고 그 속에서 허우적 대고 있는 꼴은 너무 추악하다. 부모가 재산이 없으면 자신도 가난해야 된다는 고정관념은 전통사회에서 자리매김이 된 것 같아 너무 속상하다. 나 또한 아들과 먹고 살기 위해 안 해본 일이 없다. 밤낮으로 이리 뛰고 저리 뛰어도 병든 몸을 갖고 칼날처럼 매서운 세월의 풍파는 나를 떠날 줄 몰랐다. 마치 꼬리표처럼 붙어서 나와 함께 했다. 차라리 체념하는 게 마음이 편했다. 남편 복도 없고 형제간의 복도 없는 찌질이 못난 인간이 바로 나였으니까. 그래도 가혹한 현실을 부정하지 않고 긍정사고로 살다보니 나중에는 재만 남았고 시커멓게 타버린 가슴을 혼자 위로하며 살다보니 지금은 60이 넘은 나이가 되었다. 아픔을 겪었기에 남은 시간 요긴하게 쓰고 싶다. 눈물의 시간들이 헛되지 않고 쓰임이 있는 사람으로 살고 왕따 당하지 않은 사람으로 살고 싶다. 얼마나 외롭고 괴로운 시간이라는 것을 몸속에 피가 마르는 것 같은 고통을! 그 상대방들을 언제 그랬냐는 듯이 희희낙락 하면서 살고 있다. 그래도 난 미워하는 마음을 너무 오래가지고 있고 싶지 않다. 병든 내 영혼의 악취를 맡고 싶지 않으니까. 기둥처럼 굳어버린 고정관념의 틀을 깨버리고 마음의 짐을 내려놓고 홀가분하게 살고 싶다. 가난해도 다른 이에게 비굴하게 손 벌리지 않고 열심히 살았다. 나 또한 아들과 먹고 살기 위해서 안해본 일이 없이 살았지만 부끄럽지 않다.

내가 가진것이라고는 병든 육신 뿐이었으니까 힘겨운 고비고비를 넘기면서 칼날처럼 매서운 한파와도 싸워야 했고 정말 떠날줄을 몰랐다. 마치 꼬리표처럼 딱 붙어 다니면서 나를 괴롭혔다. 난 차라리 체념하는 것이 편할 것 같아 바보처럼 그렇게 살았다. 그래도 누구하나에게나 뿌리깊은 증오심을 갖고 싶지 않았다. 그래도 난 창조주의 작품이니까 남보다 더 가혹한 현실을 부정하지 않고 긍정적인 생각으로 살았으니 다 태우고 난 아픔은 끈끈한 현실이었다. 세월이 흐르니 잊혀져 가는 것이 많으니 그 세월속에서 손을 꼭 잡고 뜨거운 눈물을 흘리면서 화해를 하고 싶지만 큰 용기도 필요하다. 네게 주어진 시간은 얼마나 남았는지 모르지만 남은 시간은 요긴하게 다른이에게 필요한 사람이 되고 싶다. 그 눈물의 시간들이 헛되지 않고 작은 이로 쓰임 받으면서 살고 싶다. 누구든지 왕따를 당해본 사람은 그 입장을 잘 이해할거라 생각한다. 애원하고 부르짖어 봤지만 그 편견과 이기주의는 안으로 굽은 팔을 펼 줄 몰랐다. 그리고 받을려고만 했다. 절실할 때 주지 못하는 것은 때를 놓치는 것이라 여겨진다. 그런것은 칠흙같은 어둠일 뿐이라 생각해 본다. 세상에 빛을 좋아하지 않은 사람은 없을거라 믿는다. 손뼉도 마주쳐야 소리가 나고 억지로 손뼉을 치게 해 놨으니 그 다음은 불을 보듯 훤하다. 모함과 이간질 뿐이다. 공평함을 이미 잃어버렸다면 그 결과는 이미 상대방에게서 웃음을 빼앗아 가버린 것 인간대접을 받는다는 것은 희박한 일이라 생각한다. 절절하게 애원할 때는 과시욕에 빠져서 멸시하던 사람이 입장이 바뀌고 나니 달라지는 모습을 참 이해할 수없는 모양새가 참 통쾌하고 가슴 후련했지만 그 또한 피붙이니 언제까지 그렇게 살수는 없다. 옛말에 여자팔자 뒤움박 팔자라 하지만 우물 안 개구리였을 때 말이지 아무나 할 수 있는 일은 아니니까. 꼬이고 꼬인 사이에는 관계개선이 필요하지만 너무 깊은 골은 메우기가 쉽지 않다. 그저 난 순리에 순응하는 법을 터득하고 살아간다면 아무리 매운 시집살이도 견딜 수 있으련만 일방적으로 상대에게도 요구만 한다면 참을 수 없는 희생만이 존재할 뿐이고 개선이 되지 않았다. 난 그래도 항상 당당함을 잃지 않았고 비굴하게 살지 않으려고 언제나 노력을 했다. 남보다 두배 세배 노력을 했다. 그 바람에 그 고통스런 시집살이와 외로움을 견디어 낼수 있었다. 나는 배려를 해도 상대방은 요구만 할 뿐 조그만 진심된 관심을 보이지 않았다. 오랜 세월이 지나도 피붙이들도 똑같았으니 혼자만 지킨다고해서 되는 것도 아니니 그래도 내 아들이 세상에 태어나 자라고 있으니 미래에 희망을 둘 수밖에는 아무 할일이 없었다. 시어머니의 독선과 이기주의가 매서운 한파로 강타를 할 때도 참고 인내하는 법을 배웠다. 누가 알아주지도 않고 대접해 주지 않았어도 대접받는 법을 스스로 체득하면서 부끄럼이 없이 살려고 남들은 편하고 안주할 때 거친 세파와 맞섰다. 더욱더 괴로운 것은 감추어 놓은 시어머니의 표독스런 마음이었다. 겉으로는 순한 양처럼 행동하고 며느리인 나를 나쁜 사람 만들때는 정말 억울했다. 거짓과 위선이 눈앞에서 교차를 할 때면 보이지 않은 눈물로 밤새 내 잠자리를 적셨다.

    60대 중반인 지금도 내집 한칸도 없이 전세임대에 살고 있다. 8남매의 맏며느리는 간도 쓸개도 다 빼주어야 그들은 만족하니까. 나는 지금까지 기쁜 일이 별로 없었다. 그렇다고 항상 구름낀 얼굴은 더더욱 아니었으니까. 색깔이 다르다고해서 항상 무시당하고 배척당하고 사고가 성장할 수 없게 만든다. 그리고 모방 본능은 어디를 가든 잠재되어 있다. 그 시집살이의 위력은 대단했고 참인지 거짓인지는 따지지도 않고 시어머니의 말 한마디는 나를 바보천치로 만들고도 남았다. 남들처럼 행복하게 살고 싶은 작은 소망도 무너져 버렸다. 그렇다고 희망이 없는 것은 아니니 아픔도 고통도 가슴에 묻고 미래라는 열쇠를 가슴에 새기면서 좌절하지 않았다. 요즈음 젊은 세대들은 참으로 부럽다. 자기 소신껏 표현할 수 있는 표현의 자유를 우리 부모 세대보다는 많이 누리고 사는 것이 기죽지 않고 당당하게 사는 것이 참으로 부럽다. 희생을 덕목으로 삼았던 우리 세대와는 너무나 다른 면이 많다. 이런것이 세대차이 인가보다 서로를 깊이 잘 이해하지 못하기 때문에 세대간의 갈등은 더욱더 양극화되었는지 모른다. 서로의 주장들은 놓고 대화의 물꼬을 트지 못한 채 덮어버리고 겉으로 보기에는 아무 일 없는 듯이 가식적인 행위에는 분노를 감추고 증오심을 감추고 남의 복을 야금야금 빼앗아 먹는 마치 벌레와 같은 존재들이 되어 버렸다. 허리가 휘도록 노동을 해서 자식들을 공부를 시켰다. 그러나 그들은 희생했던 이들을 향해서 고개를 숙일 줄 모른다. 벼는 익을수록 고개를 숙인다고 했다. 그 말이 무색하다.

겉만 보고 늙었다는 이유로 맹목적인 무시는 참으로 견디기 힘들다. 지나던 길에 젊은이들이 하는 이야기를 들은 적이 있다. 그 때 이런 얘기를 들었다. 자기들은 밖에 나가서 할 짓 못할 짓 다하고 다니면서 보이는 데서는 자식들에게 훈계를 한다니 신뢰할 수 없다는 말을 들었다. 잘났든 못났든 자식들은 공부 많이 해서 뼈 아픈 노동을 안 시키려고 허리가 휘도록 노동 일을 했다. 어쨋든 그 마음부터 이해를 해야 한다고 생각한다. 부모님들은 자식들이 경제적으로나 인성적으로나 잘 살기를 바란다. 산업혁명시대가 막을 내리고 아이티시대에 접어 들면서 인간들의 몫을 컴퓨터가 많이 하고 있기 때문에 젊은이들의 일자리를 컴퓨터한테 빼앗겼다.

일자리 창출이다 뭐다하면서 떠들어 대지만 별로 실효성 없는 비정규직만 잔뜩 늘려 놨다. 그리 쉬워 보이지 않는다. 어쩌면 육신이 편한 쪽을 선택하다 보니 노동은 등한시 한다. 적자인생을 살아도 힘든 일은 하기 싫은 것이다. 지금은 젊은 세대들은 지식이 넘치는 시대다. 그렇지만 그들이 배운 지식을 마음껏 발휘할 수 없다. 많치 않은 자식이다 보니 과잉보호에다 뭐다해서 멀리 뛰는 법을 가르키지 않았고 시야도 좁으니 깊이도 낮아졌기 때문이다. 서로간에 간격을 좁히기 위해서는 많은 대화가 필요하지만 군사독재는 오히려 대화의 폭을 좁혀 놨다. 앞만 보고 경제성장이란 프랑카드만 내걸고 옆도 보지 못하게 했기 때문이다. 그것만이 아니다. 대화시간을 빼앗은 것은 컴퓨터도 크게 한 몫을 했다. 사람들은 단순한 것을 좋아한다.

　사랑을 해본 사람만이 사랑할 줄 안다. 사랑의 결핍에서 오는 메마름은 무엇으로 빈자리를 메꿀 수 있을까? 그래도 희생은 겸손을 가르친다. 나는 바보처럼 살아온 세월이 나에게 낮아지는 법을 가르쳤고 말을 할 줄 아는 지혜를 가르쳤다. 누구를 위해서가 아니다 바로 나 자신을 위해서다. 나의 일그러진 모습을 곧게 하려고 다른이에게 인정받게 하려고 바보처럼 무던히 참을 줄만 아는 맹순이가 되지 않게 하려고 그 속에서 안타까운 세월을 나누게 하려고 그 고통의 댓가는 세월이 흐른후에 단 열매로 보상해주기 위해서 또 다른 시선은 병신같이 참는다고 혐오스럽게 생각한 사람도 많았다. 그런 시선도 훗날을 생각하면서 죽을 수 없어서 인내했던 나날도 모든 것이 내 허물 투성이었지만 눈만 감으면 시체와 같은 나 자신도 조용히 눈을 감고 살기 위해서 안간힘을 썼던 그 부끄러운 세월이 가장 내 마음을 아프게 한 것은 친정엄마였다. 무던히도 그 눈에서 눈물을 쏟게 했던 나, 뒤돌아 보면 그 발자욱에 눈물이 가득가득 고여 있다. 난 그때 생각했다. 어떤 사람이 되었건 도움이 필요한 사람에게 적절한 물 한방울이라도 제때에 주는 것이 다른에게 쓰임을 받는다는 것을 깨닫고 나는 꼭 편견을 갖지 않고 배려하면서 살리라 마음 먹었다. 아니 사랑할 줄 아는 사람으로 살리라 수없이 다짐을 했다.

빈 껍데기 인생은 사랑받을 자격도 없는 것 같았다. 무슨 큰 죄인 취급을 하면서 넘쳐도 제 손에 들어가면 제것이 아닌 줄도 몰랐다. 욕심을 가득 메운 채로 그런것을 바라보면서 속이 새까맣게 타 들어가도록 애원했다. 따뜻하게 건네는 물 한방울만이라도 내게 먹을것을 달라고 하지만 그 편견과 위선은 동정심도 이미 상실한 뒤였다. 세월은 마치 시간이 흐른뒤에 보상해 줄 것처럼 포장은 굉장히 화려했지만 그 포장안에는 아무것도 들어있지 않았다. 동정어린 시선조차도 인색한 그들은 사람들의 약한 마음을 너무 잘 이용했고 악용했다. 더욱 안타까운 것은 감추어진 추악한 마음이 진실인 것처럼 자신을 속이는 사람은 아무것도 기댈것이 없었다. 비록 형제지간 일지라도. 이미 형제의 우애보다는 물질만능주의가 우위를 점하고 있는데 더 갖고 살기 위해서 피를 나누었다 할지라도 짓밟고 으스러뜨리면서 고소해 했다. 고통스러울 때 선한 일은 30배 60배로 갚아 주신다고 성경에서 말하고 있다. 남의 티를 보고도 헐뜯지 않고 저주하지 않고 사랑으로 감싸준다면 그 따스함으로 인해 풍요로운 삶이 보장된다면 얼마나 주렁주렁 달린것이 많겠는가?

난 시집살이를 하면서 숨도 크게 쉬어보지 못했다. 그렇게 살아온 나

날들을 비난한다면 너무 엉뚱하고 내가 아닌 다른 사람의 삶을 나에게 씌워 놓는다면 얼마나 내가 억울하겠는가? 그 세월이 내 목숨을 요구했더라도 굴복하지 않았던 나는 거짓을 말하기를 바란 그들은 한치의 양심도 없이 살아가고 있다. 혹독한 시집살이를 견디기 위해 하지 못했던 공부를 시작했고 그래서 새로운 세상을 접했으니 고통속에서 즐거움을 찾고 기쁨을 찾았다. 때로는 하염없이 흐르는 눈물을 주체할 수 없었다. 그까짓 것 이혼하면 그만이지 해도 그 뒤에 따라오는 고통의 짐은 쉽지 않았다. 남들은 쉽게 사는데 살아온 날을 뒤돌아봐도 쉬운것은 하나도 없었다. 난 20년이 지난 지금도 그때를 생각하면 잠이 오질 않고 뜬 눈으로 밤을 새운다. 왜 아니겠는가? 그 시어머니의 이간질과 모함은 분노에 치를 떨었고 사람으로서 할 수 없는 언행은 나의 뇌리에 박혀서 괴롭혔고 잊고 살고 싶고 용서하면서 살고 싶다. 모진 마음 먹고 참아보리라 마음먹으면서 바보 취급을 받는 것은 다반사였다. 이제는 분노와 증오심에서 해방되고 싶다. 감추어 놓고 나 자신을 속이면서 거짓 인생을 살고 싶지 않다. 이제는 욕심도 생겨서 아들 장가가는 것도 보고 싶고 손주들 재롱도 보면서 허락한 시간만큼 행복하게 살고 싶고 상처로 깊이 패인 그곳에서 새 살이 돋아나서 함박웃음 짖고 살날을 기대해 본다. 내게 주어진 시간과 날들을 살면서 남을 해치지 않고 살았건만 그렇게 모진 시어머니를 만나서 어둠속에 살았는지 참으로 이해할 수 없는 현실이 나를 괴롭혔고 죽음의 문턱을 혼자 넘나 들때도 비웃음과 조소가 더욱 나를 비참하게 만들었다. 난 그때도 미래가 있음을 명심했다. 자식때문에 참았고, 다 엉켜버린 내 인생 때문에도 참았다. 더 나은 미래를 꿈꾸면서 참았고, 희망이 있기에 참았고, 정신적인 노예로 살기 싫어 참았고, 그렇게 살아온 세월이 나에게는 힘이 되어 가진 돈은 많지 않지만 기죽지 않고 당당하게 사는 법을 배웠다.

그들 입장에서만 본다면 어찌 나만 잘했다고 볼수 있겠는가? 서로의 부족한 점을 인정할 줄 모른다면 아무하고도 화합이란 없다. 그래도 어쨌든 용서를 받고 싶고 그들을 용서하고 싶다. 부끄러운 줄 모르고 자신을 속이고 상대방을 속이고 살아가는 그들도 어쩌면 존재의 소중함을 모르고 살아가는 그들도 생명의 소중함을 인식했으면 좋겠다. 봉건적인 가치관에서 벗어나지도 못하고 21세기를 살아가는 그들과 맞서 싸워야 했던 외롭고 쓸쓸한 뒷편에서 누군가에 따뜻함을 기다리는 나의 모습은 비참했으니까.

가정에는 쌀 한 톨이 없어 먹을거리를 걱정할 때도 있었지만 말이 부부다. 아무 바람막이도 되어 주지 못한 허술한 울타리였다. 마음을 터놓고 대화할 수 있는 상황도 되지 못했다. 쌀 한톨이 왠 말이냐고 하겠지만 농사를 지었기 때문에 먹고도 남았지만 가식적인 그들의 행동 때문에 너무 역겨운 나머지 제가 받아먹지 않았다. 결혼이란 것은 한낱 사치에 불과했고 겉치레였다.

사회의 문턱에서

지역감정이 팽배해서 정치적으로 전라도 사람들이 좋지 못한 상황일 때 이래저래 시댁에서 찬밥신세를 면치 못했다. 남편 조차도 마마보이였으니 따뜻한 손을 내민 사람은 하나도 없었다. 그렇게 차가운 냉대로 나를 심판했던 사람들은 지금도 역지사지다. 내 일생을 그들이 파놓은 함정에서 헤어나지 못하고 허덕이면서 살아야 했던 악몽은 너무 오랜 세월을 영양가 없이 도움이 되지 못했다. 그들은 지금도 얼굴색 하나 변하지 않고 살아가고 있다. 그런 사람들이 가족들이었다. 폐쇄된 그들의 낙원은 너무 타락과 죄악으로 부패해 있었다. 생명의 근원인 사랑은 이미 오래전에 타락해 있었고 듣기 좋은 말만이 가치선상에 올라서 대접받고 있었다. 그 뻔뻔스러움은 난 아직도 고개를 들수가 없다. 부끄러워서 온갖 존경을 다 받는 사람들 앞에서 난 냄새를 풍길수가 없어서 그들 앞에 가지도 못했다.

빈부에 격차는 더욱 심해져 갈등의 골이 깊었다. 참 걱정이 되지 않을 수 없다. 지도자들의 사리사욕 때문에 아무 존재 가치를 인정하지 않은 가난하고 힘없는 사람들은 살길이 막연하기 때문에 가진 자 앞에 비굴하게 무릎을 꿇을 수 밖에 없다. 참 부패한 냄새가 코를 찌른다. 가정이

나 사회도 먹거리 해결은 이제 되었다 하지만 그것만이 다는 아니다. 욕심이 아닌 발전해 나가는 모습을 진정으로 해맑은 미소로 답하면서 살아가고 싶다. 어쩌면 인생의 전환점이 교체 되어야 살수 있다는 확신이 우리도 마음에 아니 내 마음에 뿌리를 깊이 내렸으면 한다. 힘없는 자의 것을 빼앗고 고소해하는 악한 본성을 몰래 감추어 두었다가 결정적인 계기에 낚아채고 자신들의 실체를 들키고 마는 실수를 범한다. 버려진 양심들은 아무도 챙기려 들지 않고 수없이 변화해 온 역사속에서 군사독재니 민주주의니 하면서 격동의 아픈 상처를 너무 많이 남겼다. 앞으로 풀어나갈 과제는 쉽지 않다. 단지 남의 목숨 빼앗고 어부지리가 된 곳도 있다. 그 일로 인해서 속이 숯덩이처럼 타버린 사람들의 마음은 어떨지 상상히 가지 않는다. 내면 깊은 곳에 아픈 상처를 꽁꽁 묶어 싸매고 가고 있다. 아무 죄도 없이 민주주의란 이유때문에 또한 우리들의 아픈 역사는 많은 사람의 염원이 담겨있는 통일이다. 젊은 세대들 애타는 필요성을 느끼지 않는다. 그로 인해서 많은 문제들이 야기되고 있다. 언제나 침략의 불안감을 떨칠수가 없고 극단적인 공산주의는 핵무기 남침이라는 자신들이 우월하다고 과시하는 것도 하루이틀이 아니다. 우리는 거기에 민감해야 하지만 둔해져 있다. 통일은 해도 그만 안해도 그만이라는 청소년들의 생각은 더욱더 위험해 보인다. 그들은 빈곤으로 인해 겉보기와는 달리 경제에 대한 혼란을 겪고 있다. 아이티 시대를 겪으면서 컴퓨터에게 일자리를 빼앗긴 안타까운 세대들이다. 교육수준은 높아졌지만 마음껏 일할 수 있는 일터가 없다. 예전같으면 식당 일은 젊은 사람들 거들떠 보지도 않았다. 그러나 지금은 젊은 사람들이 먹고 살기 위해 여자친구 커플링을 사주기 위해서 타임 알바도 많이 하고 있다.

이 변화의 물결은 아이티 시대가 바꾸어 놓았다. 일자리를 빼앗기고 미래가 보장되지 않은 알바에다 계약직에다 열심히 돌아가고 있지만 속은 검게 타버려 없을거라 의심하지 않는다 안정된 삶이 없는 어두운 그림자는 이미 드리워져 버렸다. 그러나 희망의 꿈을 붙들고 동방의 작은 나라 태양이 떠 오르는 나라니 어둠을 헤치고 밝은 곳으로 행해 나가리라 믿어본다. 자신들에게 유리하면 말없던 자들이 조금 불리하면 과거에 연연하지 말자고 외치면서 물불을 가리지 않는다. 부끄러운 줄을 모르고 당연하다는 식이다. 내가 그렇게 시집살이를 당하면서 내 인생이 송두리채 상실했을 때도 그들은 당연한 것처럼 누구하나 관심갖은 적 없었다. 이 이기적인 사람들 때문에 많은 것이 멈춰섰다. 역겨운 냄새를 풍기면서도 자신의 악취는 향기다. 그리고 상대방의 악취는 역겹다고 떳떳하게 말하는 그들이다 조금도 자신것이 아니어도 양보하지 않고 맞서서 싸우는 것은 다른 이들의 눈살을 찌뿌리게 한다. 긴 발톱을 감추고 있다가 이익앞에서 실체를 드러내는 이중잣대를 가진 자들이 다 소돔과 고무라가 멸망할 때도 구원 받을자는 구원을 받았지만 세상의 거짓과 한 덩어리가 된 사람은 구원의 대열에 들지 못했다. 무리들이 앞에 섰던 사람들도 몇 사람 외엔 멸망의 길로 치달았다. 너무 부패했던 도시는 구원받지 못했다. 왜곡하고 거짓투성이인 그들만의 천국은 지옥으로 판명되어 멸망했던 일들은 성서 나온 이야기지만 간담을 서늘케하는 일들이다. 오늘날 현대시대에도 소돔과 고무라는 존재하지만 세상은 그것을 천국이라 한다. 권력에 눈이 먼 사람들은 이익만 있다면 다른 이를 멸망시켜도 된다고 생각한다. 하지만 그런 권리는 그들에게는 없다. 사람을 상하게 했던 독재는 더욱더 생명에 대한 최소한에 권리도 존중하지 않앗다. 정의는 살아있지 않고 죽어 있었다. 혐오감을 느끼고 다른 사람의 자유를 빼앗아 버리고 짓밟은 결과는 지금 우리가 그 댓가를 치르느라 고통스럽다. 힘없는 사람들의 것을 함부로 하고 생명의 존엄성 앞에서 짓밟힌 그들은 가치관에 혼란속에서 힘겨워 한다. 먹고 사는데 급급해서 사람다움은 다 잊어버리고 산다. 재산 상속도 미운 자식에게는 꼭 차별을 한다. 공평함도 이미 멀어진 현실이다. 이런 현상들은 보통 가정에서 일어나는 일들이다 보니 뉴스를 보다보면 대기업에서도 종종 일어나는 가슴 아픈 일이다. 이혼하고 양육비를 떼어 먹는 씁쓸한 모습도 우리 사회 결함을 드러내는 아픔 이야기다. 너무 모든것이 남자들에게만 유리했던 지난날의 과거도 이제는 대장간을 거쳐야 할 때가 되었다. 작은 가정공동체도 지금은 너무 부패했다. 그래서 나와 같은 혹독한 시집살이도 아무렇지 않게 생각하고 오히려 같은 여자인데도 큰 죄인을 취급을 하는 억울한 일도 자주 있다. 어떤 상황이든 시댁식구들은 전체가 합세를 해서 한 사람을 괴롭힐 권리는 없다. 나쁜사람을 만들고 좋은 상황이든 나쁜 상황이든 전부 다 잘못으로 몰아 부치고 모든 것을 빼앗아 버린다. 이것은 내가 직접 다 겪을 일이니 반문할 여지도 없다. 자기들 마음에 들지 않는다 해서 다 나쁜사람은 아닌데 재산상속도 꺼리는 이 편견은 가정이 너무 부패했다는 것이다. 이런 가정에 끼어든 것은 너무 많다. 내연남 내연녀 이런것도 가정에서 한몫들을 챙겼다. 얼굴을 들수 없을 만큼 부끄러운 일도 뻔뻔스럽게 고개를 들고 더 큰 소리를 치고 산다. 이런 쓰레기 같은 존재들도 너무 많다. 겉모습은 너무 순한 양의 형태를 갖추고 사람들을 속인다. 하지만 난 양육비란 단어조차도 들어본 적 없이 나 혼자서 다 걸머지고 무거워서 허리도 제대로 한번 펴보지 못하면서 살았다. 그래도 누구를 원망하면서 살고 싶지 않아 묵묵히 침묵의 세월로 남들앞에 드러내지 않고 인내했다. 그 쓰라인 내 상처를 곪아 터져서 냄새가 나도 지금도 두 눈을 적시는 눈물은 나의 신세 한탄도 아니었다. 두 어깨에 걸머진 짐을 진 나를 보고 비웃음으로 조소를 보내는 것은 남자들보다 여자들이었다. 여자로서 행복이란 것을 상실하고 산지는 이미 오랜 세월이 흘렀다. 8남매의 맏며느리지만 참으로 말처럼 쉬운 자리가 아니다. 정말 진퇴양난의 집안이었다. 물러설수도 앞으로 나아갈 수도 없는 천태만상 다양한 집안이었지만 그들의 일방적임과 완고한 마음은 가정적으로는 이미 패쇄된 집안이고 마음으로는 이미 닫힌 사람들이었으니 무엇하나 소통이 되는 게 없었다. 그들을 대신해서 돌팔매를 내가 맞았으니 이게 엄동설한의 한파였다. 지금은 21세기를 가고 있다. 각자의 자리에서 열심히 살고 있다. 어떤일을 하든 자신이 잘할수 있는 일을 찾아서 두각을 나타내면서 어두웠던 그늘을 참고 인내하면서 미래를 향한 발걸음을 내딛고 살얼음 판을 걷는 불안함과 조바심을 해소하면서 의기소침한 부분도 있지만 조심스레들 잘가고 있다. 그 증오심과 분노는 나 혼자 감당할 수 없었던 8남매 맏며느리의 시집살이는 수십년의 기나긴 악몽이었다. 벗어나려고 해도 벗어날 수 없었던 냉혹한 과거에 어두웠던 그림자, 서로 이해해주고 공감하면서 가물었던 땅에 단비가 내리는 행운의 순간이 찾아오기를 학수고대 한다. 말만하고 행동하지 않은 사람이 되지 않기를 다짐해 본다. 성숙한 사람으로 내 자리에서 내가 할일을 하면서 대답하는 사람으로 살아가련다. 벙어리 삼년 귀머거리 삼년 장님 3년 그 세월이 모든 것을 앗아가 버린 장본인이다. 자신들의 모든 잘못은 회피하면서 구구절절 헐뜯는 내 인생의 인과 응보는 오랫동안 끊어지지 않고 괴롭혔고 일방적인 학대는 내 목숨을 경각에 올려놓은 체 조롱을 했다. 모든것을 포기해 버렸더니 마음은 편하고 갈길이 보였다. 어쨌든 새로운 삶을 개척하면서 살아가는 것도 큰 기쁨이 되어 내 인생에 횃불을 찾을 수 있었다.

  내 자신의 분열된 비참한 모습을 보면서 인생에 눈물겨운 희노애락을 겪어야 했던 내자신의 행로에서 내 자신과의 싸움이 나를 성숙한 한 인격체로 만들었고 비로서 인간의 대접을 받을 수 있는 사람다운 모습으로 고개를 들고 살수 있는 사람으로 환골탈퇴를 했다. 내 비참했던 몰골이 다른 사람 눈에 그렇게 우습게 보였기 때문에 차마 볼 수 없는 몰골이 그들을 등을 돌리게 했다. 그래도 먼 산 바라보면서 한숨 안쉬고 있을 수 없었기에 많은 그릇됨과 싸웠고 승리를 했다. 모든 것을 재는 것은 꼭 세상의 잣대만 있는게 아니었으니 다양한 문화속에서 복잡하게 살아가는 우리 비움이 부족했기 때문이라 생각해본다. 지금 21세기는 경제적으로 많이 풍요로워 보릿고개 시절을 잊고 산다. 그 대신 정신적인 것이 많이 퇴보해 풍요로우면서도 한편으로는 궁핍하다. 이런 일상 속에서 우리는 부끄러움을 잊었다. 자신들의 가치만 대단하게 여기는 개인주의가 사회 곳곳에서 팽배하다. 조그마한 배려도 인색하니 서로 얼굴을 붉히는 일도 감정을 상하는 일도 많다. 나를 아프게 했던 사람들도 난 용서하고 싶다. 용서란 단어만 떠올려도 눈물이 앞을 가린다. 그만큼 상처투성이가 된 나 자신을 달랠 수가 없다. 아픔에 찌들어 힘겨워하는 나 자신과 맞딱드릴 용기도 없다. 무엇을 어떻게 해야 하나 생각하다가 글로서 옮기는 일을 하기로 했다. 대단한 삶도 아닌 내가 큰 작가를 꿈꾸는 것도 아닌 내가 용기를 내어 이렇게 지면을 메꾸어 가기를 꿈꾼것은 오래된 일이다. 그렇다고 누구에게 복수를 하기 위한 것은 더더욱 아니다. 같은 경험과 고통을 겪은 사람들에게 서로의 아픔을 공감할 수 있을까 해서 내 마음을 열어놓은 것이다, 부끄러운 지난 날을 조금이나마 속죄하는 마음에서 무엇하나 큰 소리칠 수 있는 것도 없는 내가 눈에는 항상 눈물이 열매가 주렁주렁 열려 눈이 짓물러서 상대방을 똑바로 바라볼 수도 없는 내 자신 항상 자신들이 잘났다고 밟아대는 그들을 난 바라 볼수도 없는 바보가 되어 항상 집중하지 못하고 먼산을 멍하니 바라보고 서 있는 자신에 초라함 때문에 쥐구멍을 찾았던 시집살이 고향 사람들이나 나를 아는 사람 앞에서는 떳떳치 못해서 얼굴 한번 제대로 들고 살지 못했던 힘겨웠던 시간들을 이제는 조금이나마 맑은 하늘을 바라볼 수가 있다. 참으로 얼마만인지 손을 꼽아서 셀수가 없다. 내 죄가 많아서 혹독한 시집살이를 하나 보다 해서 침묵으로 일관했던 인고의 세월은 너무나 비참하게 일그러진 추한 모습을 드러내고 다닐수가 없었다. 어떤날은 밤잠을 이루지 못하고 증오와 분노심에 사시나무 떨듯 밤잠을 설친 날이 수도 없는 밤이다. 눈물로 꼬박 밤을 세고 일터로 향할 때면 핏기 없는 나의 몰골은 참으로 부끄러웠다. 부끄러움을 알게 된 것도 사람답게 사는 걸음마를 나도 배우고 있었다. 나는 지난날 조상들의 전철을 밟고 싶지 않다. 똑같은 행동으로 누군가를 또 괴롭힐 테니까. 그럴때면 자신에 대한 믿음에 확신이 없기 때문에 아예 나 자신에게서 싹부터 자라내는 아픔은 어디에다 비할 수가 없었다. 남편을 시어머니가 당신 수족을 만들기 위해서 나를 괴롭혔던 시간들은 이미 그들은 잊고 산다. 당하고 살았던 나는 평생을 어둠속에서 울어야 했다. 가난도 되물림이었다.

친정어머니의 충고

친정어머니에 한마디는 내 평생을 좌우했다. 어디에든 가서 말조심을 하라고 당부했던 그 한마디 난 그말을 그때는 잘 몰랐다 살아가면서 인생의 경험이 무서운 현실로 다가올 줄 몰랐으니까. 살아가면서 나는 다른 사람 앞에서 떳떳하게 말 한마디 할수 없었던 인고의 세월은 나에게 가장 큰 형벌이었다. 할수만 있으면 하고 살고 싶었다. 말을 하루종일 입에서는 악취가 나는 것을 다른 사람에 들키지 않으려고 침묵했던 세월 나는 어느새 또 눈물이 앞을 가린다. 잔인했던 시집살이는 나를 평생 괴롭혔다. 이 몇글자 위에 눈물이 또 흐르고 있다. 난 동정심 같은 것을 바라지도 않는다. 하지만 이렇게 부족한 글이지만 글을 써서라도 남기고 싶다. 내마음에 위로라도 받고 싶기 때문이다. 무너져 버린 내 자신을 깨져버린 항아리처럼 부어도 부어도 차 오르지 않은 나 자신을 갈망하고 애가 타도록 울부짖어도 누구 하나 들어줄 이 없는 외로운 인생길에서 바라도 보고 묵묵히 갈수 있었던 것은 내 아들 서형이다. 죄 없이 태어난 아들의 인생을 망치고 싶지 않았기 때문이다. 뼈가 부서지도록 평생을 일만 했던 나, 누구도 원망하고 싶지도 않다. 참고 인내했던 시간들을 헛되게 할수 없기 때문이다. 쪽박까지 깨버리는 그들의 횡포는 아직도 귀에 쟁쟁하다. 수십년이 흘렀지만 횡포이다. 다 타버리고 재만 남은 내 마음 아니 나의 고된 인생길이다. 수 십년이 흘렀지만 아무리 생각치 않으려고 해도 그 상처에 깊이 만큼 치유 받는데도 시간은 많이 걸린다. 간교한 그들의 입은 하루에도 수십번씩 나를 죽였다. 황폐하고 무지함속에 살아남을 자가 누구인가 나는 자신이 없었고 두려움에 떨때도 있었지만 그 모든것을 떨치고 일어나는 순간 순간들 뿌듯하고 즐거움도 있었다. 그런 시간들은 잠시 잠깐이었다. 과거를 믿고사는 미신론자들인 시댁식구들에게는 현실은 없었다. 미래도 없었다. 시어머니 행위에 좌지우지하는 꼭두각시에 불과한 가족들이었다. 돌 무덤속에서 사는 것 같이 끔찍했던 시집살이 며느리가 핏줄이 아니라는 이유로 맏며느리인 나를 말 한번 할수있는 자유도 허락되지 않았다. 내가 왜 세상에 태어났을까 저주스러울 때도 그 굴욕감을 다 참아야 했다. 어쩔때는 나를 비난거리로 만들어놓고 깔깔대고 웃어대는 그들은 그렇게 즐거워했다. 그렇게 하면서 내 가슴에 대못을 박았다. 그런 괴로움은 밤낮으로 나를 힘들게 했다. 자신들에 대해서는 한번도 생각해 보지 않고 자신이 누군지도 모르는 분열상태에서 며느리에 대한 태도와 행동은 가족이라는 굴레를 벗어나 있었다. 나를 며느리로 인정하지도 않고 집에 머슴하나 더 들어 오는 것으로 아주 위험한 착각속에서 폭력으로 함부로 대하는 그 가족을 보고 난 기절할 뻔 한 적도 한 두 번이 아니었다. 똑똑하지 않아도 다 알수있는 것을 왜 그들은 알지 못하고 이해하지도 못하고 폭언을 일삼았는지 알수 없다. 그렇다고 개선할 수 있는 그런 사람들도 아니어다. 그래서 포기했지만 21세기인 지금까지 그들은 아무것도 달라진게 없다. 그냥 본능적으로 먹고 마시는 것 외엔 아무것 없었다. 흑백의 논리도 분별하지 않고 자신들이 검으면 검고 희면 희다는 대로 따르라는 것이었다. 그렇게 하지 않았기 때문에 아들 며느리를 이혼까지 시켰다. 그들의 악행은 어디까지인지 가늠이 가지 않았다. 더욱더 눈물을 흘릴 수밖에 없었던 것은 위자료 한푼도 주지 않고 그들이 즐거워 했던 그 모습. 지금도 나의 뇌리속에서 나를 괴롭힌다. 간담이 서늘했고 다 쪼그라 들었었다. 배경도 없는 친정 가진것도 없었기에 나를 더욱더 우습게 만들었다. 부정적인 것 외엔 아무것 없고 말라버린 나무처럼 저주하는 것 밖엔 생각하는 것도 없었다. 그런것이 시댁식구들의 실체였다. 나의 고통을 위로해 줄수있는 것은 아무것도 없었다. 돈도 아니였다 사람이 숨쉬고 살아야 하는 것이 우선이었나 아부도 마음의 여유가 있을 때 하는 것이었다. 나에게 주어진 것은 저들의 증오심, 내 일생을 앗아간 증오심 그것을 유일하게 나한테 주었다. 내 인생을 엉망으로 만들어 버린 분노와 증오심. 난 아리스토텔레스에 모방을 가장 싫어한다. 형제간의 우애까지도 바닥을 보인 친정 형제들 자신들을 따라했다면 어떻게 했을까 난 가끔 생각해 본다. 그토록 인색하고 악했던 형제지간들을 그랬더라도 별반 달라지지 않았을 것이다. 자신들의 우월성과 욕심 때문에 부모님이 가난했기에 고스란히 물려 받았던 가난, 그 가난 때문에 엄마는 지식들 앞에 항상 죄인이었다. 죽을 때까지 큰 소리한번 치지 못했던 어머니, 많은 가지들 때문에 아파했던 친정엄마를 그리워 했지만 그 마저도 나에게는 여의치 않았다. 난 마음 편히 살아온 날도 그리 많지 않았다. 아들하고 끼니 굶지 않으려고 노동을 거의 쉬지 않고 일을 했다. 가진 재산이 없는 나는 이리 밀리고 저리 밀리면서 온갖 천대를 다 받았다. 옳고 그름보다는 판단기준이 돈이 되어 버린시대, 나를 그 어깨를 한번도 펴지 못하게 만들었다. 그들 앞에 내 모습은 바람앞에 등불이었을 것이다. 분배도 제대로 되지 않은 사회이다보니 난 언제나 빈곤속으로 곤두박질을 할 수밖에 없었다. 이런 상황을 견디고 침묵하면서 생활고에 시달렸고, 현실에 적응할 수 없었던 나는 곤혹스런 처지에 몰렸을 때도 많았다. 그럴때도 힘없고 빽없으니 어쩔 도리가 없었다. 가난의 울타리를 벗어나기 어려울 때도 다른 사람들을 향한 불평은 하지 않았다. 그저 열심히 살아가다 보면 서로 돕는 세상이 빨리 올 줄 알았지만 그 생각도 내 망상에 불과했다. 잘못 살았던 지난 날 때문에 난 혹독한 댓가를 치러야 했고 나 혼자 그저 외쳐 댈 뿐이었다. 남성들의 세상인 우리 사회는 여자들의 세상은 녹녹치 않았다. 여자 혼자서 충족하며 살기엔 가정이든 사회든 곱게 보아주지 않았다. 이혼이라는 내 인생에 실패는 혹독한 형벌이었다. 시대가 많이 변했다고 하지만 바라보는 현실은 따갑다. 무지할 만큼 따갑다. 돈이면 해결되지 않은 일이 없었고 독재 시절엔 사형수도 돈을 주면 나올 수 있었다고 하는 소리를 들은 적인 있다. 그런 세상에서 가난과 한판승부를 걸고 쉬는 날도 없이 일해야 했다. 돈 때문에 남의 가정을 깨는 것도 예사로 알고 내 욕심을 채우기 위해서 다른 사람 생각할 겨를이 없이 경제정책을 우선시 했다. 그 결과 밥먹고 사는 일은 이제 우리나라도 해결이 됐다. 그렇다고 모든 것이 해결된 것은 아니다. 시집살이의 풍토는 오래전부터 내려온 것. 재 조명을 할때가 되었다. 이런 어두운 시절의 전철을 성격은 조금 달라졌지만 그대로 가고 있다. 같은 여자의 횡포가 더 무섭다. 언젠가는 저 파란 하늘을 부끄러움없이 쳐다 봐야 할텐데, 그런기회도 놓쳐 버린게 아닌지 안타깝다. 혼인은 신성한 것이다. 겉으로 보기와는 너무 다른 세상이 전개될 수도 있다. 달콤한 사랑의 열매를 언제까지나 따먹을 수 있으면 좋으련만 사람이 먹을 수없는 쓴 열매는 다 버려지기 마련이다. 참으로 무섭다. 결혼을 하면 며느리는 그 집안의 손자 손녀까지 선물 해줘도 시집살이를 시키고 대문 없는 사릿문에서 혼자 바람을 맞게하는 냉정함은 참으로 비참하다. 옛말에 남의 눈에 눈물나게 하며 자신들의 눈에서는 피눈물 나게 한다는 말이 진리이다. 모든 것을 물질 만능주의가 좌지우지하는 세상이 되어 버린 세상, 마음은 공허와 황폐함으로 너무 익숙해져 있다. 사람을 낙후되게 만들고 포장지만 화려하다. 하지만 실익은 적다. 나만 편하면 되지 그렇게 인색한 개인주의는 조그마한 배려심도 없다. 이런 개인주의 때문에 시집살이도 독버섯처럼 자생하면서 지금까지 살아 남았는지도 모른다. 정신은 딴데 향하고 있는 그 사이에 모든것은 바닥을 향하고 갈길을 헤매고 있다. 자신들의 이익에만 혈안이 되어있는 지도자들, 누굴 믿고 선택을 해야할지도 판단 못하는 사람들 정말 우매하다 경기다 뭐다 제대로 가는게 없다. 시집살이를 겪고 이제는 그 고통에서 벗어나려나 했는데 벌써 내 나이가 70을 바라보고 있다. 이 나이에 내집 한칸도 없다. 부끄러울 것은 없지만 참으로 나 자신도 한심스럽다. 나의 증오심과 분노때문에 악에 노예가 되어버린 지난 날을 그래도 원망하면서 살고 싶지는 않다. 내 아들의 미래를 생각해야 하기 때문에 나 자신을 억누르고 살아야 했던 지난 날 과거라고 잊으면서 살라고 말들은 쉽게 하지만 그런 날들 때문에 인생을 송두리째 빼앗겨 버렸다. 정말 어둠에 노예가 되어서 누구한테 사랑받지 못하고 저주만 받고 산 세월이 내게 주어진 몫이 무용지물이 되어 버렸기 때문이다. 저 하늘을 떳떳히 바라보면서 살고싶다. 난 지금도 말하고 싶다. 다른 것은 엄마 말을 듣고 살았지만 한가지 만은 듣지 않고 내 생각대로 했던 것을 그로 인해 더 비참한 인생을 살았다해도 후회하지 않는다. 누구도 원망하지 않는다. 다만 그릇된 욕망으로 인해 나를 파렴치한 도구로 사용해서 이용을 당할까봐 마음이 편치 않다. 난 그런 권력싸움에는 끼고 싶지 않고 오직 권력만으로 모든것을 손안에 쥐려고 하는 그들의 농간에 휘말리고 싶지 않다. 난 집안 잔치도 참 중요한 일이라 생각한다. 군림하려고 하는 시댁 식구들 때문에 머리가 항상 아팠다. 지역 차별 때문에 더 힘들게 살았던 가족들의 무관심은 지금도 악몽을 꾸는 것 같다. 이 악몽이 언제나 지워질지 초점을 잃어버리고 먼산을 멍하니 바라보는 난 정말 바보스럽다. 그 동안 난 어부지리였다. 소통이 되지 않아서 싸우고 있을 때 엉뚱한 사람들이 다 추수해 버렸다. 씨도 뿌리지도 않았던 자들이 하늘 아래 머리를 들고 다닌다. 뻔뻔스러움은 뒤로 한채 거만한 자들의 세상이 되어버렸다. 내 자신이 자꾸 부끄럽다는 생각이 든다.

권력이란 골리앗이다

　일제 36년의 지배도 당파싸움과 신분제로 키재기를 하면서 싸우고 있을 때 잠식해 버렸던 것이다. 그들은 검을 들고 싸울때 우리는 낫과 곡괭이를 들고 대항했지만 그들을 몰아낼 수가 없었다. 아무 자유도 없는 노예와 같은 생활, 그 세월이 아무 의미없는 시간들은 아니었다. 강해지기 위해서는 서로 화해해야 되지만 모든 것을 뒤로하고 가야한다. 엇그제같은 그 일들을 우리나라의 의견은 다 무시된 채 비핵화 되어버린 현실 과거에 묶인 나라가 되어있다. 아직도 과거의 그늘에서 벗어나지 못했다. 마치 시집살이가 되물림 된 것처럼 마치 살얼음판을 걷는 것 같은 위험이 닥쳐올 때도 때거리를 걱정해야 할 북한도 위협하기는 마찬가지다. 핵이니 뭐니하면서 강대국의 대열에 들어가려고 하고 있다. 어림도 없는 일이지만, 난 운명을 믿지 않았다. 그저 열심히 살다 보면 바뀔 수 있을 거라 믿었다. 안방 건너방 기싸움이 아니다 시댁이란 가정에 액땜을 시집살이에다 몰아부쳐 나의 인생을 허덕이면서 살게 했던 것 그 굴레에서 벗어나려고 가진애를 썼던 나는 지금은 바늘구멍만한 빛이 나를 비춰주었고 칠흙같은 어둠에서 조금이나마 벗어나고 있다. 아무것도 할수 없었던 나, 노동밖에는 할 수 있는 일이 없었고 먹고살기 위해서는 하루도 불안해서 마음 편히 쉴 수 없었던게 내게 주어진 상황이었다. 나를 이해해주는 사람은 친정 형제도 아니고 남편도 아니었다. 가장 만만한 사람한테 행동으로 진 빚을 다 떠 넘겼고 손가락질하면서 웃어댔던 그 사람들 나에게 악몽으로 다가올 때도 많다. 다른 사람을 이해해 주기란 쉬운 일이 아니다. 그냥 무시해 버리고 지나간 일들이 지금은 발등에 불이 되었다. 옳고 그름을 따진 인성은 참 보기 드물다. 거추장 스러워 한다. 지금 이 시대는 어디로 가고 있는지 방향 감각을 잃었다. 엉뚱한 사람이 나서서 앞에 가겠다고 야단이다. 이미 폐쇄되어 버린 가정에서는 무슨 일이든 못하겠다. 극치에 다다른 이상한 상황들 몰래 감추어 놓은 각 가정들 우애란 이름하에 효도란 미명 아래 뒤죽박죽이 되어버린 웃을 수 없는 일들 미래는 보이지 않는다. 그냥 먼지 속에 묻혀 버리고 말 것이 너무나 많다. 간학한 시집살이를 무엇인지도 모르고 모방하는 그들은 조용히 묻히고 말기를 바라지만 억울함을 겪고 당한 사람의 입장은 그렇게 밟혔던 자욱을 지우고 싶어 한다. 아무런 이유도 없이 피해를 봤기 때문이다. 선한 얼굴을 하고 뒤에서는 몽둥이로 후려치는 그들은 자신들의 치부를 감추기 위해서 늑대와 같은 본성을 감추고 겉모습에는 무리를 할 만큼 치장을 한다. 속절없는 그들의 어두움은 그칠 줄 모르고 모든 것이 마지막이 되어 버린다. 추악한 몰골을 그동안 잘도 감추고 살았다. 이미 인성을 감추고 인간이기를 포기해 버리는 행동은 말로서 모든것을 대신한다. 되돌아 오지 못한 것들은 이미 땅은 황폐해져 추수철이 되어도 소출이 나지 않은 것을 원망하기엔 이미 늦어버린 것을 거짓이 생활화되어 버린 지도자들, 되돌아 올수 없는 강을 건너 유턴하기에는 너무 무리다. 그런 화풀이가 엉뚱한 사람에게 돌아가지 않기를 빌고 빌 뿐이다. 모든것은 자신들의 잘못인데 애꿎은 며느리한테 뒤집어 씌워놓고 며느리 잘못 들어와서 집안이 안된다는 애먼 소리로 집안의 흉허물을 다 들추어내고 끄집어 내서 며느리를 괴롭하는 것이 시집살이다. 그것이 그들의 무지의 한계였다. 난 약자였고 엉뚱한 사람들 다 챙겨 정작 본인에게는 돌아오는 것이 없었다. 웃음꽃이 그칠 날이 없던 그들은 지금은 반대가 되었다. 정당한 분배도 한번 제대로 이루어지지 못했던 현실들 가꾸고 다듬어서 기름진 옥토가 되었으면 하지만 고집과 아집은 그들의 내면을 지배하고 원활한 소통이 이루어질 때가 언제가 될지 암담한다. 갈등은 너무 깊다. 8남매의 시집살이는 너무 길고 어둡다 얼마나 그 긴 터널을 지나야 밝은 날이 올지 혹시나 나의 고집은 그들의 소유가 아닐까 생각을 해 보지만 흑과 백을 논하기에는 나의 모든것이 짧다. 이제는 나의 분노도 증오심도 가장 무거운 나의 짐이지만 이제는 내려 놓았다. 8남매의 시집살이 분노는 나를 지옥까지 끌어내리는 데 성공했다. 그 시어머니의 모함이 큰 몫을 했다. 원숭이처럼 잔 재주를 부리면서 깔깔대면 비웃어 대는 그들의 모습이 수없이 나를 괴롭히고 비웃었을 때 난 속죄하면서 미래를 향한 발걸음은 미숙하지만 걸음마를 배우면서 한발 한발 내딛기 시작했고 단단한 인내심으로 걱정과 근심을 비켜가기 시작했으면 용기와 희망을 미래의 도구로 삼고 버티고 살아가는데 조금이나마 자유스러웠다. 마치 산속에서 사는 사람처럼 쓸데없이 무거운 짐들을 하나씩 내려놓다 보니 자유스럽고 병들고 약했던 몸이 치유로 이어졌다. 현실속에서 생각은 있었지만 타협하지 못하고 손을 맞잡지 못했던 것이 경제적인 어려움으로 언제나 힘겨웠던 생활이 가난으로 이어졌고 형제간의 우애도 가난의 한몫을 단단히 한 셈이다. 욕심과 편견으로 자신들 밖에 모르는 친정 형제들, 내 마음은 그들의 악행 때문에 얼굴도 보기 싫다. 하지만 친정 엄마를 생각한다면 그렇게 할 수가 없다. 많은 날들을 내 잘못을 속죄하면서 사람의 형상을 갖추고 살아갈 수 있는 용기를 얻었으니까.

젊은 세대들의 빈곤

앞으로 청년들의 빈곤이 얼마나 계속될 지 알수 없다. 아이티 시대를 맞은 대가도 참 크다. 일자리들이 부족하니 이런 상황은 누구의 탓도 아니다. 세계적으로 모든 영향력을 미칠수 밖에는 사람의 생각은 별로 바뀌지 않은데 이런 시대의 흐름은 참으로 빠르게 왔다. 일자리는 없다고 하지만 아직도 공장의 일자리들은 외국인 노동자들이 대신하고 우리나라의 청소년들은 돌아보지 않고 화이트칼라들을 우러러보면서 빛깔만 좋은 개살구가 되는 것은 아닌지 걱정스럽다. 현실은 녹녹하지 않지만 아들을 보면서 느낀다. 열심히 살고 있다는 것을 새벽 여섯시에 일을 하러 나가는 아들을 보노라면 자신의 미래를 열심히 일구어가고 준비하고 있다는 것을 확신하고 자기 장래를 책임지고자 박차를 가하고 있다. 혼란스럽고 힘겨웠던 시간 들을 뒤로 하면서 자랑스런 내 아들이 자신에 인생을 책임지면서 가고 가진 것 없는 엄마를 원망하지 않을까 걱정했는데 어두움 없이 잘 가고 있다,

눈물로 뒤범벅이 된 내 인생을 닮으면 어떡하나 했지만 괜한 걱정이다. 그리고 청개천 개울물에 빨래를 하러 나온 여인들이 유학을 하고 투피스를 입고 원피스를 입은 여인들을 구경하러 나왔다고 한다. 난 그

속에 합류하는 여인이 되지 않기를 기대해 봤다. 나는 신 여성들의 용기에 가담하는 여자로 살고 싶었다. 자신의 혼란을 누구에게 맡기지 않고 책임지면서 살아왔다. 얼마나 절박한 삶 속에서 건져올린 인생의 지표는 사람으로 사는 것. 그 팻말이었다. 어두움에 뒤범벅이 된 그들을 피해가고 싶었다. 나의 인생은 마치 다윗과 골리앗 같은 고통스런 상황이었다. 온갖 것을 세상적으로 다 갖춘 골리앗을 돌멩이 하나로 부수어 버린 다윗 그 정통성은 오늘을 사는 우리에게는 교훈이다. 또한 세상을 살아갈 수 있는 능력이다. 뚝심을 과시했던 골리앗은 보잘것 없는 소년에게 참패를 당했다. 살아남기 위해서 다른이의 눈에 잘 띄지 않은 작은 자에 삶은 고통스러움 그 자체, 큰자가 되기보다는 숨소리도 크게 내지 못하는 가장 못난자로 살았다. 내 자신의 것은 아무것도 없이 나의 병든 육신과 황폐해져 버린 고기덩어리 같은 내 육신 나를 추스리는 것이 나에게는 가장 큰 과제였으니까. 진실을 말해도 믿어주지 않은 그런 풍토는 모든 저울추가 다 거짓이었다는 것을 나중에 깨달았다. 표현할 수 없는 희생을 하면서도 드러내지 못하고 죄인처럼 살아야 하는 것은 침묵이 나를 가르쳤다. 말할 필요가 없을 때 말을 해도 소용이 없을 때 온갖 희생을 미덕으로 알고 살아온 엄마의 세대들 나 역시 그들의 삶을 보고 살아왔다. 판박이처럼 같은 인고의 세월이다. 그것은 누구를 위해서가 아니고 내 가정과 가족들을 위해서다. 가혹한 현실을 껴안고 세월 속에 묻어두기에는 너무나 억울한 세월이다. 한 사람의 인생이 시집살이가 좌우지한다는 것은 너무나 이상한 상황이다. 살기 위한 사투의 몸부림은 맹수와 맞서 싸우는 것 같은 잔인한 순간들은 나를 잊어갈 만큼 죽음의 문턱을 넘나들었고 그런 나를 바라봐 주는 사람은 없었다. 다 떠나고 뒷 모습만을 남긴 사람들 그들이 가족들이었다. 그래도 승리하기 위한 한 발자국을 옮길 때마다 긍정에 침묵으로 상대방을 이해하면서 자신의 사람다움을 찾아갔고 남들은 나를 이해하지 못하지만 살아남기 위한 마지막 한 가닥을 그렇게 붙들고 인고에 세월을 간신히 버티면서 힘없이 다 내어 주었다. 마음은 홀가분했지만 가난은 이기지 못했고, 여자 혼자 사는 외로운 길은 자식도 채워주지 못했다. 누구에게 사랑을 구걸한 시간조차 주지 않은 시간이었다.

족쇄에서 자유들

　내일을 향한 밑거름이 된것은 바로 그런 시간들 세월속에 묻어두려 하지만 너무 아프다. 가족들이면서 잔인한 인색함으로 물 한방울 주지 않은 심판을 서슴없이 행사했다. 지금도 수십년의 세월이 흘렸지만 가족들 간에 그 왕따는 너무 깊이 페인 상처다. 그 상처는 나의 미래로 잊혀지는 아픔이 아니다. 숨막히는 순간들을 참고 살아 온 대가는 가난이다. 숯덩이가 되어버린 내 마음은 재가 되어서 남은 것이 없다. 많은 소출을 낼 수 있는 땅이 되었어도 나에게는 형벌이었다. 난 그들이 끝까지 행복하기를 빌어 본다. 자신들의 우월성으로 약자를 괴롭히는 것이 그들은 특권이었다. 그들이 자신들의 우월성을 드러내기 위한 시집살이는 나에게 족쇄가 되어 수많은 날을 자유를 상실하고 내 앞에 펼쳐진 현실을 자각하면서 망가진 내 인생을 조각조각 퍼즐로 맞춰보지만 얼마 남지 않은 시간들을 신중하게 여겨 본다. 과거만 존재했던 시집살이는 현대판 지옥이었다. 작은 존재였지만 다른 사람의 인생을 함부로 할 권리는 누구에게도 없는데 하물며 8남매의 맏며느리를 누구도 함부로 할 수 없는데 색깔이 다르다는 이유로 부모인 시어머니가 하늘이 정한다는 맏며느리를 모든 사실을 망각한 채 부수었던 일들은 그 가족들의 책임이다. 자신들이 누구인지도 모르는 험상궂은 몰골을 나에게만 유난히도 부각시키는 것은 자신들의 폭력성을 우월시했다. 과거에만 존재하고 미래의 존재성은 없는 양육강식의 먹이 사슬에만 집착하는 본능적인 욕구는 성숙하지 못한 신의 미완성 작품이다. 나의 결혼생활의 바램은 행복하게 사는 것이었다. 하지만 타의에 의해서 산산조각이 났다. 본인의 생각은 아무것에도 개입되지 않은 채 자신들이 내 인생을 자기네들 각본에 맞춰서 마음대로 이리저리 끌고 다녔다. 이제는 묵묵히 침묵했던 세월을 헛되게 보내고 싶지 않다. 한 걸음씩 나아가는 힘겨운 발걸음이 가벼워지기를 빌어본다. 어떻게 세상의 수레바퀴가 고장이 났는지 원인이 어디에 있는지를 생각하려 들지 않는다. 골치 아픈 일은 다른 사람에게 떠넘기고 탓을 돌리고 만다. 그 속에 답이 있는데도 더 나은 삶을 선택할 때는 도전이 기다리고 있지만 안주하고 마는 사람은 두려움 때문일 것이다. 저 푸르른 창공을 향해 뛰어 오를 용기도 없고 희망도 없는 미래의 패잔병들, 실패뿐인 인생을 끌어안고 눈물 흘리면서 끝나는 시간속에서 조용히 가야 하는 마지막길 불쌍한 마음에 남는 눈물 한방울을 떨어뜨려 보지만 지나간 날의 결과인 것을 돌이킬 수 없다. 인생은 끝이 있다는 것을 헤아릴 줄도 아는 사람으로 산다는 것은 비로소 사람답게 사는 법을 알아가는 것이다. 나 자신이 그랬으니까. 힘없고 가난한 사람을 짓밟고서야 직성이 풀리는 사람들, 친정이 경제적으로 못산다 싶으니 며느리를 짓밟아대는 천박한 사람들 며느리는 가족이다. 피가 섞이지 않았다고 뒷전인 것은 정말 이해 할 수 없는 상황이 더욱더 가슴 아팠다. 눈에서 피눈물이 시도 때도 없을 만큼 흘러 내릴 때도 침묵으로 일관해야 했고 바보처럼 그 현실들을 받아들여야 집안이 조용했다. 그런데 그것이 최선책이 아니었다. 집안에 평화를 지키기 위해 참아준 것이 그들에게는 기회인 것처럼 정작 잘못된 생각으로 바뀌었다. 빗나간 행동들은 멈출 줄 모르고 더욱 커져 갔고 아들 며느리를 멋대로 이혼을 시키는 극단적인 상황까지 몰고 갔다. 참으로 대단했다. 두 사람의 인생을 가벼히 여긴다는 것은 그 가족들의 치부였다. 난 그 사람들의 행동 때문에 내가 부끄러워서 얼굴을 들수가 없는 것은 무슨 경우인지 그들의 타락된 모습에 정말 환멸을 느끼고 이혼서류에 도장을 찍었다. 하지만 맏며느리로서 책임과 의무를 다했지만 돌아오는 것은 험담과 불평뿐이었다. 언제나 같은 생활이 반복되는 것은 지옥보다 더한 생활이었으니 그래도 내 인생을 함부로 살 수 없었기에 죽음에 문턱을 넘나들 수밖에 없었다. 그런 나를 바보 취급하면서 귀가 멍멍할 정도로 큰 소리를 질러대는 그들의 폭력은 종횡무진 앞으로 진보했다. 그 세월은 되돌릴 수 없다. 그렇다고 집착할 필요도 없다. 하지만 그 상처로 평생을 고통스럽게 살아야 했으니까 그 상처의 눈물자국은 아직도 괴롭힌다. 지금은 누가 뭐라든지 부끄럽지 않은 인생을 살고 있다. 경제적으로 많이 갖지 못했지만 떳떳함이 힘이 되어서 잘 살아가고 있다. 난 큰 것을 바란적도 없었다. 소박하고 작은 것에 지침을 두었지만 그 마저도 쪽박을 깨어 버렸다. 대화가 차단되어 버린 그 시댁, 폐쇄 시켜버리고 못할 일이 없었던 그들, 어떤 행동이든 말이든 하고 싶은 대로 다하고 살았다. 나에게 만큼은 소통을 하려고 아무리 애써도 노력하지 않고 가족이란 이름으로 기만하고 물고를 막아버리는 그들의 극단적인 행동을 폭력으로 이어지고 가치는 밑바닥까지 떨어져 쏟아버린 모든 것들 주워 담을 수도 없어서 혼자 꾹 참고 인내했던 쓰라림의 아픔들, 효에 가치도 추락해 버린 현실들 젊은 시절에 어떻게 살았느냐에 따라서 노후에 걸맞는 대가가 주어진다는 것은 다 알고 있다. 참으로 씁쓰레하다. 안타까운 마음도 들지만 그에 상응하는 심판을 받는 것 같다. 가족들에게서 냉대를 받는 그 모습은 지난날의 살아 온 모습이 많이 담겨져 있다. 유대관계나 가족들 관계에서 융합하지 못하고 혼자만의 고집스런 생각을 부각시키고 경제적인 것도 낭비해 버리는 자신의 차단된 행동 때문에 노년이 평탄치 못한 사람들 고통은 누구든지 싫어한다. 한때 젊음을 믿고 절제하지 못했던 일상들 고생했던 날들을 보상 받을 기회도 놓쳐 버렸다. 가족들과의 사이에 높은 장벽이 가로 놓여버린 소통되지 못한 가슴 아픈 사연들, 나 역시 힘겨운 시간들 이었으니까. 우리는 독재가 시작되면서 대화로 해결하는 습관이 점차 줄어들고 힘쎈자만이 권위적인 위치를 차지하고 가난하고 힘없는 자들은 말 한마디도 할 수 없었던 입장들, 더구나 가정에서는 혈연관계, 이기주의가 지배적이었고 융합할 수 없는 보이지 않는 높은 장벽으로 굳게 자리를 잡고 머리위에서 군림했다. 어떻게 보면 시대적인 불운을 겪으면서 그렇게 된것을 이해는 하지만 그런 요소들 때문에 삐거덕 거리는 가정들은 정말 살아남을 수 있을까 걱정이 앞선다. 마치 무엇에 중독된 것 같다. 보이지 않은 알 수 없는 것들에 중병을 앓고 있는 것처럼 처방전은 누가 내야 되는지 혼란스럽다. 무디어진 자아들. 참인지 아닌지 판별이 안된다. 가지런히 정렬되어 있었던 것들이 편애나 이기주의로 흩어져 버렸다. 6.25전쟁과 일제강점기 36년을 겪다보니 그 시절에는 최선책이었지만 지금은 몸살을 앓고 많이들 아파하고 있다. 혈연 이기주의가 중증이 되어버렸다.

욕심이란?

　폐허의 전쟁속에서 마음이 너무 황폐해 돌아보지 못한 사람들, 욕심의 원인이 되어 버렸다. 난 가족들에게 버려진 희생자다 남편이란 사람도 마마보이였고, 가정을 지키지 못한 크나 큰 실수 때문에 본인의 인생은 엉망진창이었고 끝날때까지 고통스런 삶으로 웃음을 잃어버린 사람이 되었다. 내 남편이 아니었고 아들의 아버지가 아니었다. 이성적이지 못한 나약함 때문에 많은 것을 잃고도 정신을 차리지 못한 것 같다. 지금은 먹는 것이 없어 굶은 사람은 없지만 많은 것을 가지려 하기 때문에 언제나 아귀다툼이 끝나지 않는다. 60년대 보릿고개를 벗어나려고 우리는 허리띠를 졸라맨 덕분에 여기까지 왔지만 갈 길은 멀다. 또 다른 미래를 향해서 무거운 발걸음을 뚜벅뚜벅 옮겨야 한다. 지금까지의 편견 빈부갈등, 가진자들의 배만 불려주었던, 힘 없는 사람들에게 성의없는 찬밥 한덩어리를 던져주고 그것을 소화시킬 틈도 없이 몰아쳤던 그 자들이다. 배고픔을 달랠길 없고 실속없이 발만 바쁜 고달픔, 언제까지 이런 갈증에서 시달려야 한단 말인가? 진정함을 모르고 서산에 해가 뉘엇뉘엇 지고 있다. 막다른 골목길인지도 모른다. 여전히 기득권층의 특권의식은 변할줄 모르고 마치 그들만의 국가인냥 기세등등했던 사람들 균형감각을 잃은채 한발로 물구나무를 서고 있다. 참 흉하다 돌처럼 굳어버린 고정관념 속에서 주춧돌이 되어 버린 모래위에 집을 짓는 자가 없기를 바랄 뿐이다. 우리 54년생과 이전 부모세대에서 우리까지 남편한테 맞아 죽어도 부부지간에 일이라고 부부싸움은 칼로 물 베기라고 하면서 관심을 두지 않았던 가정의 일들, 내 일이 아니면 그만이라고 오히려 돌을 던졌던 여자들, 난 그들의 피해자지만 마치 내가 가해자 인양 지탄을 받을때도 한마디 할 수 없었던 시대상의 아픔이다. 참 납득할 수 없는 일들이 너무도 많았다. 같은 여자인데도 같은 일을 겪은 사람도 너무 많은데 집안일이라면서 쉬쉬하고 묻어 두었던 일, 시간이 지나면 해결될 것이라고 여겼던 일들이 큰 갈등으로 이어져 결국은 이혼에 이르는 웃지 못할 부분들, 다 잘 될거라 생각했지만 심리적인 불안과 압박 등으로 표면적으로는 다 좋아 보이지만 내면의 상처는 그리 쉽게 아물지 않는다. 지금시대에 젊은 사람들은 당장 이혼한다는 제의를 하고 일을 착수해 나갈 것이다. 지금은 부모세대들이 쩔쩔매면서 피해가고 있다. 어쩌면 말없이 묵묵히 겪어왔던 세월을 다시 그 짐이 다시 되돌아 왔는지도 모른다. 하지만 누구하나 나서서 말할 수 있는 용기가 없다. 그저 아무탈없이 잘 살아주기를 빌고 또 빈다. 부끄러운 과거를 아무도 보지 않았다고 생각하고 묻으려 들고 있지만 깊이 패인 내분의 골은 쉽게 메워지지 않는다. 참된 마음 담겨 있지 않은 갈등은 아무런 위로도 되지 못하고 거짓에 행복은 탄로가 날 것이다. 서로가 조금씩 달라지는 모습으로 다가선다면 호적으로 끝난 사이라도 마음의 화해를 한다면 그것이 진정한 화해라고 생각한다. 지금 생각해 보면 엄청난 폭풍속을 동행하는 이 하나없이 혼자 묵묵히 걸어왔던 시집살이는 끝이나련가 해도 30년이란 세월을 혼자 껴안고 왔던 큰 골짜기 같은 폐허는 메울 수가 없다. 찢어지고 찢기고 아팠던 것은 기억을 조금씩 기억속에서 버려가고 있지만 내 평생을 걸려야 하는 지난날의 그림자는 험난한 세대를 용서해 가면서 나도 그들의 용서를 받고 싶다. 지금도 작은 시련이 다가오면 힘이 솟는다. 이 정도 쯤이야 하고 용기를 내어 본다. 조금씩 어둠이 교차되면서 파란하늘 속에 나라는 존재를 그림처럼 그려 본다. 모든 시집살이에 어둠속을 나 혼자 헤집고 나올 때도 나를 바라보는 시선들이 곱지 않을때도 부끄러움 없이 살기 위한 내 자신을 수없이 다짐했고 순수한 마음가짐을 갖고 끝없는 망망대해를 가고 있는 수평선 없는 바다와 같이 아무것도 버릴 것 없는 삶으로 살고파 혼자 끝없는 인내와 싸워야 했다. 가족들로부터 버림을 받았다는 것은 피를 토하게 하는 고통이었지만 어린아들 때문에 살아야 되겠다는 일념 하나로 아들의 버팀목이 되어야 부모로서의 역할을 어느정도하는 것이라고 생각하고 그저 내 생명이 다하는 날까지 모든것이 내 몫이라고 생각하고 불평하지 않은 진실된 사람으로 살기를 작은 소망안에 담아서 닫힌 마음을 하나씩 열어가면서 살고 싶다. 진실한 마음이 담긴 언행일치는 상대방을 웃게 한다. 계산적이고 이기적인 마음은 화를 불렀지만 조금씩 조금씩 시련을 이겨내는 방법은 화합에 길로 들어서게 했고 요란한 꽹과리 소리와 같은 사람은 흩어지는 길로 갔다. 내 눈으로 똑똑히 봤으니까 거짓말이라고는 할 수 없는 참된 것이다. 열매가 없는 나무는 잎사귀만 무성하지만 열매가 많은 나무는 잎이 많지 않다. 당연히 귀히 대접을 받는다. 그 주인에게서 인권에 사각지대였던 시댁은 나는 그저 머슴에 불과한 아무 존재가치도 없었던 또 다른 삶을 받아들이기에는 너무 노예화된 그저 시댁식구들 뒷바라지 잘하면 그만 이지 그들의 목소리들이 아직도 내 귀전에서 맴돌면 눈물이 앞을 가린 다. 왜 하필 내가 그 모든것을 치뤄야 했는지는 지금도 해명이 안된다. 편안함과 안락함만을 추구했던 가족들 그 어느것에도 불평불만이 괴롭 혔던 사람들 당연히 자기들은 잘못이 아니고 당연한 것이라고 여겼던 그들 앞에 주눅이든 나는 누렇게 뜬 내 몰골이 참으로 송장처럼 악취가 났고 그런 모습을 남앞에 보이기 싫어 허공을 주시했던 아무것도 인식 하지 못했던 그때 난 눈물로 세월을 흘러가는 물처럼 무의미하게 본능 적인 것 그것 마저도 해결할 수 없는 그런 기막힌 상황앞에서 말하는것 도 속에서만 웅얼거리고 마는 입 밖에는 낼수도 없는 혹독한 한파앞에 서 견뎌야 했던 그들의 시집살이 친정엄마 눈에서도 마를 날이 없는 눈 물을 친정에만 가면 보게 되었다. 철이 덜든 나는 그 마음 헤아리지 못 했지만 언제부터인가 그런 엄마의 마음을 알고는 끝없이 남 모르게 눈 물을 흘리면서 속죄를 했다. 엄마의 한마디는 나에게 큰 교훈을 주었고 내 마음을 움직였다. 그래서 사람으로 살고자 했고 사람의 형상을 갖 추기 위해서 밤낮으로 노력하면서 열심히 살았다. 불평할 시간도 없이 이스라엘 백성들이 가나안 땅으로 향할 때 그들은 노예살이로 본능적 인 것 이외에는 누리지 못했지만 황폐한 자신들의 모습은 잘 보지 못하 고 어려움 앞에 섰을 때 옛날을 그리워하는 그들의 길들여진 그 노예근 성과 불만들 생각할 줄도 모르고 꿈도 꿀줄 모르는 무지한 사람들 사람 들은 새로운 것 앞에서 두려움을 갖는다. 과감하게 탈피할 수 있는 용 기가 없기 때문이다. 지금은 너나 할 것 없이 용기를 내고 함께 가야 한 다. 자신의 욕심을 채우기 위해서 흩어버렸던 가족들은 따스한 손을 내

밀고 손잡고 속삭이면서 잘난 것 못난 것 따지지 않고 그대로의 모습을 바라봐 주면서 지난날의 전철을 밟지 않고 함께 해주기를 가족들에게 바랄 뿐이다. 시대는 바뀌어서 많은 것을 요구하지만 같이 가지를 못한다. 언행일치가 어렵기 때문이다 실천하지 못하는 행동양식에 장애를 안고 목소리 높이는 풍토는 아직도 독재시대의 근성을 버리지 못한다. 아날로그 시대에서 디지털 시대로 접어든 것도 불과 여러해 되지 않았다. 디지털 시대는 빠르게 가고 있다. 남의 눈치 보지말고 소신있게 행동하는 것이 생산성 있는 행동과 연결이 된다. 소신있는 행동은 다른 사람에게 신뢰를 받지만 눈치를 살피는 행동은 신뢰감을 상실하고 아부나 하는 삶으로 전락한다. 하루살이 인생은 하루만 살뿐이지만 내일도 모레도 생각해야 하는 것이 사람이 사는 미래다. 지금 우리는 산업혁명을 거치면서 물자가 풍부해 졌다. 너무나 많은 것이 낭비되고 있고 아낄 줄 모른다. 그리고 난 나의 희생으로 잃었던 모든 것을 되찾고 나의 자리로 돌아 왔다. 내 자리까지 빼았았던 시집살이는 시어머니의 독선이었다. 아들까지 희생자로 만들었던 고집스런 성격은 막무가내 였기 때문에 말릴수도 없었다. 뻔뻔함은 극치를 치달았다 난 아픔을 되새김질 하면서 이런 전철을 다시는 밟지 않으려고 수없이 다짐했다. 교육은 문턱에도 가보지 못한 그 시어머니 가정 교육도 사치스런 것이다.

철이 든다는 것은

　사람은 누구나 필요한 자리에서 쓰임을 받지만 상대방에게 고통을 주기 위해 자신에 역할을 하는 것은 아니다. 정말 상상도 할 수 없는 고통 앞에서 할말을 잃은 난 모든 것을 잊어버렸고 대화로 풀수 있는 상황도 아니다 보니 충격이 너무 커서 모든 것을 뒤로 한채 물러설 수밖에는 아무런 대책이 서지 않았다. 짓눌려서 할 말을 잇지 못했던 뼈아픈 경험이 다른 사람을 함부로 속단하는 경솔한 사람이 되지 않기를 마음속에 다 염원을 담아 보았다. 끝없는 시모님의 폭행속에 생 잇몸이 짓물러서 멀쩡했던 이가 쏟아져 내릴때도 속수무책으로 원망 한번 하지 못했던 나의 바보같은 삶은 이제는 끝이 보인다. 잇몸이 짓물러서 피고름이 흘러 내릴때도 그렇게 아픈데 가족들에게 아야소리 한번 크게 내지 못하고 남몰래 쏟았던 눈물 그 시간들은 영원히 내맘속에서 잠재되어야 있었다. 위로 한번 받지 못한 생지옥같은 현실은 비몽사몽 꿈같은 깨지 못하는 꿈을 놓기가 그렇게 힘이 들었으니까. 이혼해 버리지 무엇하러 사느냐고 쉽게 말들 했지만 결코 쉬운 일이 아니었다. 바보취급을 받으면서 왕따를 당하는 일은 비일비재했고 내 의사를 무시하는 것은 아주 당연한 것이었다. 비참한 내 몰골은 입에서 나는 악취가 대신했다. 천대와 멸시는 눈물이 눈에서 마를날이 없게 했고 누구를 원망하는 것도 사치였다. 생명을 유지하고 사는 것이 더 급선무인 피눈물로 대신했던 인고의 세월, 지금 이글을 쓰는 동안은 너무 쉬운 것 처럼 느껴진다. 지나간 고통이었기에 앞으로 전진만이 살길이 있었던 그 순간들을 어찌 쉽게 잊어지겠는가? 안해 본 일이 없이 별의별 일을 다하면서 공부를 해야 했고 학비를 스스로 충당해야 했으니 하루도 집에서 마음 편하게 쉬는 날이 없었다. 엎친데 덮친 격으로 아들은 태어날 때 선천성 심장판막증이라는 신체의 결함을 갖고 태어나 내 죄 때문인 것 같아 마음이 편치 않았다. 그리고 엄마를 더 많이 울게 했었다. 지금은 수술을 해서 건강도 예전보다 더 좋아졌다. 이제는 직장에도 다니고 일도 많이 한다. 큰 부자는 아니지만 먹고 사는데는 지장이 없다. 이제는 나이도 34살 되었다. 결혼도 해서 아들 딸 낳고 잘 살기를 기대해 본다. 큰 아들 내외 가정을 산산조각으로 부셔놓고 뒤에서 비웃어 대는 소리는 아직도 귀에 쟁쟁 울려서 가슴이 미어지고 아파오는 이 고통을 죽음의 신음소리와 함께 인내할 때는 뼈속이 녹아내렸다. 모든것은 나의 인내심을 시험하는 것 같은 참담함이 꼭 미로 속 같아서 저리고 아파옴을 몸으로 다 해결해야 했으니 몸은 성한데가 없이 아프고 쑤셨지만 밥을 굶지 않고 살아야 해서 그런 몸을 추스리고 일터로 향하는 발걸음은 무거웠지만 시어머니와 똑같은 사람되지 않기 위해서 누렇게 뜬 얼굴을 억지로 나오는 웃음으로 방패를 삼아 하루하루 살아갈 때는 생지옥 그자체 였다. 어느날 하루아침에 나쁜 며느리로 전락해 버린 나는 말로 표현할 수 없는 고통의 극치는 그들의 웃음거리 그 자체였고, 참으로 영화에나 나오는 스토리 같은 이야기다. 그 집의 장자를 혼자 떠돌다 간경화라는 병으로 죽게 만들어 놨으니 이 모든 것들이 시집살이 실체였다. 며느리는 떠나면 남이라는 혈연관계, 이기주의는 며느리를 거부했고 끝내는 이혼을 시키는 자신들이 바라던 대로 모든 것을 강행했다. 아직도 이해가 가지 않는다. 한 가정에 가장인 사람이 마마보이 였다는 사실이 지금도 믿기지 않은 현실, 좋은 땅에 뿌린씨는 좋은 열매로 주인을 기쁘게 하지만 좋은 열매는 그림속에 떡이었다. 겉으로 보기에 인간의 형상을 하고 있었지만 내면의 생각은 욕설이나 폭력으로 담겨져 있었으니 부부라는 사이도 유지해 갈수 있는 방법이 도저히 없었다. 어쩌면 부부라는 단어도 사치에 불과했다. 형제간에 우애라는 명목아래 나 하나를 혓바닥으로 난도질을 하고 즐거워하고, 기뻐하는 모습엔 아연실색할 수 밖에 없었다. 기절하지 않은 것만도 하늘이 도왔다고 생각했다. 생활비 한 푼 주지 않는 가정생활은 유지될 수 없었다. 처와 자식에게는 관심조차 두지 않고 모든 것을 8남매 가족들에게 돌리고 그것을 우애라고 생각하는 가족들은 못할 것이 없었다. 한달에 반은 본가에서 생활을 했고 빈 손으로 돌아와서 옷만 갈아입고 잠만 자는 아무 의미없는 가정생활은 유지되지 않고 평생 용서받지 못할 그런 사람이였다. 제 식구앞에서는 폭군으로 군림하고 본가에만 가면 가장 선한 얼굴의 이중성 역겨워서 구역질이 날 때가 한 두번이 아니었다. 결혼이라는 것은 서로 부족한 사람끼리 만나서 부족한 것을 같이 채워가는 게 부부다. 작은 것이나 큰 것이 이런 것들이 채워지지 충족되지 않을 때 불평과 불만이 쌓이는데 노력도 하지 않고 어느 한쪽이 일방통행을 한다면 어느 한쪽은 이유 없는 희생을 감내해야 된다. 그 고통스런 일들을 진심도 통하지 않는다면 그들은 사람으로 사는 것을 포기하는 사람들이다. 사사건건 생트집과 간섭으로 사람을 괴롭혔고 짓밟고 서는 것은 다반수 였다. 빈말이라도 칭찬 한번 한적이 없는 그들, 마치 맹수들 같았다. 욕심으로 가득찬 그들은 굶주린 맹수와 같았고 틈만 보이면 허물을 잡아서 헐뜯은 그 가족들, 감사의 마음보다는 항상 만족스럽지 못한 불평이 그들의 일상에서 뺄수가 없었으니 가슴 아픈 일이였다. 맏며느리란 그 집안에 얼굴인데 깎아내려서 우습게 만들고 모든 것을 무시해 버리는 이 상황이 계속 진행되었다. 자신들의 만족을 채우기 위해서 내 존재까지 부정해 버리는 큰 오류를 범하고 내 가치관까지도 흔들어 대는 참지 못할 일들은 큰 아픔의 응어리들, 그 시어머니의 이간질은 부부사이를 깨뜨렸고 종말에 이르게 했다. 큰 잘못이라도 했다면 그들 손에 맞아 죽었을 것이다. 언어폭력과 육신폭력까지 겸비한 남편이란 사람, 가족들에게 인정받을 수 없었다. 그 증오심과 분노는 나의 모든 것을 빼앗아 갔다. 큰며느리로서의 자리 역할까지도 시어머니가 다 빼앗아 갔다. 거짓된 삶이란 삽시간에 큰 눈덩이처럼 불어났고, 내 집안에서는 내 맘대로라는 대단한 위력앞에서 주눅이 든 나는 말 한마디도 할수 없는 고양이 앞에 쥐같은 신세가 되어 무기력 했고 그 비참함은 평생을 좌우했다. 큰 소리내서 말할 수 있는 자신감도 상실한 체 험난한 여정을 아무것도 할수 없는 인생의 막바지에서 할 수있는 것은 노동밖에는 없었다. 그것도 건강이 전제 되었을때 할 수 있는 일 이었다. 그러나 먹고 살기 위해서는 마음 편히 쉴 수 있는 날도 주어지지 않은 것은 마치 노예와 같은 삶이었다. 참도 거짓으로 바꾸는 대단한 가족들 아들의 인생은 뒷전이고 시어머니의 독선은 이혼을 시키기까지 이르는 참담한 상황에 모든것을 내려놓을 수 밖에는 답이 없었다. 난 말 한마디 할 수 없는 자유를 잃었고 소신대로 행동할 수 있는 권한을 상실했다. 그래서 침묵이 생활화 되어 버렸고 그 침묵의 세월, 인고의 세월을 보잘 것 없지만 글로 쓰는 것이 허락되었다. 가슴 답답하고 쓰라렸던 세월이 나를 만들었던 것이다.

낮은자의 소신

　잔인했던 세월은 나를 철들게 했고 새로이 태어나게 했다. 죽음의 사선을 넘나들 때도 살려달라고 비참한 인생 앞에서 끊지 못하는 목숨은 어린 아들 때문이다. 아무것도 없는 엄마의 손을 잡은 자식을 마지막으로 뿌리치지 못해서 목숨을 이어갔고 그런 고난의 세월이 겸손한 사람으로 나를 이끌었고 소신대로 살아갈 수 있는 용기를 배웠다. 두려움 앞에서는 내것도 내것이 아닌 바보처럼 살아야 하는 억눌림은 짓밟혀도 아픈 줄 모르는 무딘 감각이나 터지고 깨져도 아프다고 표현할 수 없고 명령하면 복종해야 하는 기계처럼 사슬에 묶인 개처럼 한번 짖어 보지도 못하고 맏며느리란 소임 때문에 가정에 평화를 위해서 끌려 다녀야 했고, 가정생활이란 공간에서 작은 행복도 허락되지 않은 나 혼자만의 독백은 외롭고 고통스런 처절한 몸부림 그 자체였다.

　만족할 줄 모르는 그들의 성정은 온갖 불평속에서 모욕과 멸시를 서슴치 않았다. 시집을 간게 아니라 그 집안에 노예와 같은 맏며느리의 위치는 온갖 궂은 일을 다 시키는 그 집 머슴에 불과한 천한 사람에 불과했고, 위치에 합당한 대접은 받아본 적이 없었다. 숱한 세월속에 농번기 때도 경조사 때도 수도 없이 불러내려 가정생활을 유지할 수 없을 만큼 시도 때도 없었다. 경계선은 이미 없어진지가 오래되었다. 가정이라는 굴레는 아무에게도 보이지 않은 폐쇄된 집안이었기에 모진 학대도 서슴없이 행했던 것이다. 여자로서의 삶은 꿈도 꾸지 못한채 며느리도 아닌 애매모호한 거치른 세상에서 살 수밖에 없었던 나의 생은 항상 두팔을 걷어 부치고 먹고사는 일에 일밖에 할 줄 모르는 누구하나 돌아보지 않은 쓸쓸한 뒤안길에서 내 자신의 분노와 싸웠고 증오와 싸웠다. 그런 최악의 조건에서 죽지 않고 살아있다는 것은 기적이다.

　지금은 두 어깨를 펼 수 있다. 경제적으로 잘 살지는 못해도 자유스런 영혼과 함께 잘 살고 있고 주어진 삶에 무게도 감당하면서 작은것에 행복하면서 미래의 꿈을 아름다운 무지개처럼 내 마음에 수를 놓아 본다. 우물안 개구리들은 최고라고 과시하면서 밖으로의 세상을 나와 보려고도 하지 않는다. 마음껏 활개를 펼치고 살아 보려고 그 개구리는 노력도 하지 않는다. 그렇다고 만족한 것도 아니고 남의 것을 넘보면서 적당히 타협하고 조금은 유치한 인생을 살아가면서 남의 시선은 아랑곳하지 않고 자신들의 욕심만 채우면 그만이라는 안주하는 삶을 행복이라 느끼면서 잘 산다고 스스로를 외치면서 살아 간다. 남에게 피해주지 않으면 된다고 생각하면서 나 혼자 무거운 발걸음을 옮길때도 누구하나 위로해 줄 사람 없는 적막한 인생길에서도 내 정체성과 자존심을 지켰다. 만족은 언제나 먼발치에 있었지만 작은 것에 충실하고 욕심내지 않으니 맑은 하늘이 선명하게 보였다. 사회의 관행대로 살았다면 나의 가정은 만신창이가 되었겠지만 내 소신대로 지킨 작은 가정 행복하다. 돈이 많다고 행복을 찾은 것은 아니니까.

　가진 것 없다고 비웃어도 아랑곳하지 않은 나의 마음은 가볍다. 내

의사와는 무관하게 소유가 되어 있는 내 자신은 작은 결정권 하나도 마음대로 할 수 없었던 시집살이는 억울함을 호소해도 누구하나 귀담아 듣지 않은 풍습은 같은 여자들이 더했으니 같은 색깔이 아니면 부정적인 악습관들은 절대 고치지 않고 그렇다고 설명할 수 있는 기회도 절대 주지 않고 무조건 무시하는 것은 봉건주의 사상에 가부장적인 관습은 뿌리가 정말 깊었다. 그래서 빈곤을 탈출한다는 것은 참으로 그림의 떡이었다. 모든것이 남성을 중심으로 향해있고 가진 자들의 잔치 앞에서 나처럼 힘없는 여자는 생사의 갈림길에서도 선택권도 없었다. 지금은 많은 것이 근절되고 바뀌는 것도 많지만 54년생의 시절은 참으로 한으로 남아 있다. 그러나 한때는 처참한 내 몰골을 나 자신도 역겨웠다. 생지옥 같은 시집살이는 생사의 문턱을 넘나들때도 꼭 살아야 한다는 몸부림이 강하게 꿈틀거리고 혹독한 세월속에서도 아들을 쳐다보면서 기대었고 내 삶을 지탱해 준 지표였다. 궁핍함은 고통이 아니였다. 정신적으로는 풍요로웠고 나름대로 남들이 뭐라하든 내 존재의 가치를 인식했으니까. 힘들게 했던 것은 시어머니의 눈속임 괴롭힘이었다. 마치 유황불에 지글지글 타는 생지옥이었고 시어머니의 이간질은 피를 말려 죽이려는 듯, 맹수처럼 달려드는 포악성 앞에서 무슨말을 할 수 있었겠는가? 그런 인고의 세월을 견디게 해 주는 것은 늦게 시작한 공부였다. 검정고시를 거쳐 대학에 들어갔고 많은 어려움 끝에 졸업을 했다. 내 나이 65세 사회에서 써먹을 수도 없지만 나의 자부심이다 어려운 공부를 홀로 해냈다는 것은 자신감이고 당당함이다. 몸이 편하게 사는 것은 기대해 보지도 않았다. 내 스스로가 노동을 선택했기 때문이기도 하고 노동의 댓가는 솔직하기에 믿을 수가 있다. 결혼을 했어도 생활비가 집으로 한푼도 들어오지 않았고 시모님 주머니로 다 들어갔다. 8남매 맏며느리는 허울뿐이고 아무 실속 없는 빈 쭉정이 뿐이었다. 너무나 충격이 연속이다 보니 이래도 저래도 살길이 막막했다. 이런 일로 뭐 책까지 쓰느냐고 핀잔을 받을 수도 있지만 용기를 내어 본다. 지금은 우리 세대가 며느리 시집살이를 해야 한다니 웃을 수도 없다. 그렇다고 포기할 수 있는 일은 더욱 아닌 것 같다. 쉽게 생각한다고 할지 모르나 친딸처럼 대해준다면 갈등은 어느 정도 축소가 될 것이다. 시자만 들어도 보기 싫다는 말은 어제 오늘 일이 아니고 공감하는 바이다. 겉은 그럴 듯 해보이지만 숨어있는 내면의 얼굴은 너무나 험상 굳고 갈등의 골은 너무나 깊다. 그런 모습을 보고 산 것도 21년이란 세월을 그냥 본능에만 충실할 수 밖에는 아무것도 할 수 없고 해서 먹고 사는 일 밖에는 할것이 없었다. 피를 말리는 고통은 혼자 견디어 내기에는 너무 버거운 무서운 형벌 자체였지만 내 스스로 나름대로 너그러운 마음을 갖고 긍정적인 생각으로 대할때는 마음이 편해졌다. 그리고 견딜 수 있는 힘이 되었다. 나는 가정교육이 중요하다는 것을 그때서야 알았다. 인성교육과 가정교육이 짝을 이룬다면 확신한건데 반드시 좋은 결과가 될 거라 생각한다. 아무리 좋은 대학을 다녔어도 인성이 결여된다면 그리 좋은 열매가 열리지 못할 것이다. 상대방에 대한 배려도 존중도 없는 삭막한 생활은 일방적인 희생을 요구할 뿐 모든 것을 망각한 채 자신의 우월성만을 과시하면서 극단적인 이기주의로 치닫는 것을 수 없이 보아 왔다. 그들에 대한 동정심도 있었지만 그것은 일시적인 것이지 이해와는 거리가 멀었다. 교육 한번도 제대로 받지 못한 시어머니를 보면서 나는 생각을 바꾸는 전환점을 마련했지만 그들은 죽는 그날까지 빛바랜 똑같은 색깔로 자신을 주장하면서 살아갈 것이다. 시어머니의 시대 여자들은 남성들에게 의탁하지 않으면 살 수 없는 시대였기에 그런 교육을 받고 자란 세대들을 나무랄 수만은 없지만 시대는 변해가도 미치지 못하는 수준을 억지로 다그칠 수는 없다. 봉건적이고 가부장적인 것을 여자들은 많은 것이 제한이 되는 철저한 남성 중심사회에서 그동안 많은 것이 희생이었다. 난 복도 운도 지질이도 없었다. 평생을 고난의 길에서 벗어날 수 없었으니 아들만큼은 그런 길이 아니길 바라는 마음에서 언제나 기도하는 마음으로 겸손되이 삶을 꾸려 주변 사람들을 아프게 하지 않으려고 무진 애를 썼다. 참으로 세상은 공평하지 않았다. 뭐 하나 원만한 것이 없었으니 세상을 향한 분노도 시집살이를 향한 분노도 혼자서 가만히 삭혀야 주변에 모든 사람들 편안할 수 있었기 때문에 이런것들이 다 나의 미래라는 것을 인식해야 했다. 아들은 엄마 아빠의 순탄치 못한 생활때문에 일찍이 철이 들었다. 나이에 걸맞지 않게 제 갈 길을 찾아서 잘 가고 있는 아들이 대견하다 하지만 그 험한 세월속에서 아들의 찢기어진 마음을 보고 있다 보면 피와 같은 눈물이 하염없이 쏟아져 내린다. 그래도 나의 미래가 되어준 아들, 나의 빛이 되어준 아들, 그런 아들의 미래를 생각하면서 조용히 증오심을 인내해야 했던, 길고 외로운 날들 고개를 들지 못하고 먼 산을 바라보는 나의 초점 잃은 눈 한없이 부끄러웠다. 세상 사람들의 비웃음을 피하기 위해서는 온갖 노력을 다했다. 언제나 용감하고 씩씩한 사람이 되어 모서리나 귀퉁이에 다른 사람이 다치지 않게 하려고 얼마나 배려에 삶을 살았는지 목에서 피가 넘어오는 고통을 혼자 견디어 내면서 나는 아들의 엄마니까.

아들의 장래를 위해서는 참아야 한다고 다짐했다. 언제나 마음속으로 한번만이라도 돌아봐 달라고 애원해보고 애원해도 들어주는 이 하나 없었다. 고개를 숙이고 아부하는 것은 참 쉽고 필요한 것을 구하는 데는 요긴하게 쓰였지만 차마 그런 행동을 용납하지 못해 빈손으로 돌아서야 할때는 마음에서는 끝없이 흘러내리는 눈물을 주체할 수 없었고 차디찬 냉대는 끝날 줄을 몰랐다. 내가 누군지 조차도 모르고 왜 사는지도 모르는 모든것이 뒤범벅이 되어 앞이 보이지 않을 때는 아들의 미래를 붙잡고 자신을 추스렸고 엉망진창이 된 늪과 같은 곳에서 발버둥을 치면서 길을 찾아 나왔었다. 내 영혼의 악취는 양파껍질을 벗기듯이 한 커플 한 커플 벗겨져 나가면서 숨을 쉴 수가 있었고 다른 이에게 추악한 냄새를 풍길까봐 곁에 다가설 수도 없었던 시간들은 형용할 수 없는 구차한 내 목숨을 구걸하였는지도 모른다. 살을 도려내는 주어진 날들을 어린 아들을 쳐다보면서 내 목숨은 내 것만이 아니라는 것을 알았기 때문에 가혹한 형벌 앞에서 마치 곡예사처럼 울고 웃으면서 함께 묻어 왔다. 시집을 왔으면 그 집안의 소유된 노예처럼 주인의 말을 잘 들으면서 살기를 바랐고 죽으라면 죽어야 했던 시집살이는 그런 것을 받아들이지 않으니 결국은 이혼까지 시키는 시어머니의 이기적인 생각은 그칠 줄 모르고 언제까지 자행되었다.

빛이 바랜 소신

　시대를 거꾸로 거슬러서 뒤로 밀쳐지고 집안이 망한다는 볼멘 소리에 그냥 힘없이 주저앉고 했다. 자유를 구속하고 정신을 묶어놓은 고통스런 삶은 그 집안을 위해서 자식이나 생산하면 그만이라는 생각에 멈춰버린 짐승같은 삶에 만족하라는 것 그들의 삶이었고 난 동조할 수 없다고 하자 이혼이라는 철퇴로 나를 내리치고 가정을 파괴했다.
　부모님 세대들은 일을 하고 싶어도 일자리가 없어 애태운 시절이라서 무어라 말 할수 없지만 여자는 새로운 세상에 나가면 안 된다는 경계선은 분명했다. 자식을 낳지 못하면 쫓아내도 할 말이 없었던 시절이었고 외국문화를 접해보지 못하고 받아들이지도 못했던 그때의 실정은 참으로 암담했던 시기였다. 인성교육을 잘 받았던 그 좋은 가정문화는 다 소실이 되어 버렸다. 다듬고 가꾸어서 인격을 성장시키고 인성을 부각 시켰으면 더 나은 내일로 가는 길에 밑거름이 됐을 것이다. 희생을 최고의 덕목으로 생각했던 부모님 세대들 인권의 사각지대에서 자신 의사와는 상관없이 대를 잇지 못했다는 이유로 버림을 받고 내쳐지는 그 시대의 본인만이 실감할 수 있었을 것이다. 많은 여자들이 전통적인 교육에 중심에서 희생양이 되었던 시대의 대물림이 종식되기를 바랄 뿐이다. 더욱 시집살이를 부추긴 것도 여자들이다. 그들의 전철을 우리는 밟지 않아야 한다. 같은 여자이니까.

　마음에서는 애써 말하지만 입술을 통해서 하지 못한 말들 지금은 이렇게 글로 표현하고 있다. 누구도 이제는 원망하지 않고 떳떳한 삶의 인생을 담담하게 요란스럽지 않게 하고 싶은 말하면서 담대하게 살아가련다. 자유를 구속하고 온갖 희생을 강요했던 시절도 그것이 행복인 것처럼 만족했던 시절이 지금은 거추장스런 옷처럼 왜 이렇게 불편한지 이제는 아날로그 시대가 아닌 디지털시대다. 그에 맞게 짜집기도 해야 한다. 낯설고 서툴러도 익숙한 때까지 어미 닭이 병아리를 품듯이 서로에게 사심없이 기댈 수 있는 믿음직한 사회가 되고 가정이 되었으면 얼마나 따뜻할까 생각해 본다. 겉 모습만 그럴듯한 그런 것이 아니고 마음으로 전해주는 사랑에 흔적들을 전할 수 있다면 변화되는 더 나은 삶을 살려고 애쓰면서 살 것이다. 욕심이 개입하지 않는다면 아니 절제할 수 있다면 다른 사람의 몫을 넘보지 않을 것을 끼리끼리가 아닌 다른 색깔을 지닌 사람도 서로 마주 보고 어우러진다면 가족들에 우애도 돈독해지고 함께 걷는 길이 될 것이라고 믿어 본다. 눈길 한번 주지 않은 냉소는 많은 것을 차단해 어둠만이 존재하고 본능적인 것을 최고의 가치로 자리매김하지 않은 인생길에 오류가 범해지지 않기를 바란다. 어려운 시기에 직면해 있을 때도 마음이 열려있는 사람이라면 따뜻함으로 채우기 위해 무진 애를 쓰면서 인생의 쓴 물을 단물로 바꿀 것이다. 쉬운 일은 아니지만 어쩔때면 분노로 인해서 밤잠을 이루지 못한 고통스런 밤과 싸우다 보면 부정적인 것이 고개를 들고 기진맥진이 되어 머리속에 박혀서 떠나려 하지 않았다. 모진 세월이 왜 그렇게 질긴 인연인지 호적상으로는 정리되었지만 마음의 상처는 낫지 않고 오랫동안 나를 괴롭혔다. 진정한 사람의 형상을 갖추는 것도 세월이 필요했다. 나의 모난 부분을 깎아내고 곪아서 감각이 없는 부분은 도려내고 모진 세월의 흔적과 한판 승부를 했다. 지금은 승리의 기쁨도 맛 볼수 있는 여유있는 밤이 행복하다. 뒷통수를 얻어 맞던 배신도 덤덤한 마음으로 그냥 그러려니 하니까 행복하다. 한걸음 한걸음 내딛는 발걸음이 자유를 누린다. 어느날 갑자기 찾아온 시집살이는 충격에 빠질 수밖에 없었고 내 자신이 살아남기 위해서는 가치관과 정체성을 바꿀수 밖에 없었던 기막힌 현실들 앞에서 혼자 감수해야 했던 작은 부분들도 혼자만의 기쁨으로 숨기고 살았던 그 시간들은 인생에 공부가 되어서 돈이 많지 않아도 누리고 사는 것은 전환점이 있었기에 가능했던 것이다. 경제적인 부자가 온갖 명예와 부를 갖고 있어도 그리 행복하지 않다. 절제된 사람만이 참 행복을 누리는 계기도 찾아들 것이다. 욕심을 조금씩 버리다보니 나의 세상은 완전히 다른 색깔로 변해 있었다. 마음의 풍요로움 때문에 다시 배워가는 희망이란 햇살을 붙잡고 아팠던 기억을 잊어 가면서 아들과 잘 살아가고 있다. 부럽지 않게 사랑으로 살기 위해서 박차를 가해 본다. 혈연관계주의는 그렇게 변화됨이 없이 팔이 안으로만 굽은 현상을 똑같이 갈 것이기 때문이다. 자신들끼리 똘똘뭉쳐서 형제간에 우애란 명목으로 사람을 괴롭히는 것이 우애는 아니었다. 효도도 아니었다. 자신들에 옳지 못한 판단들이 얼마나 많은 피해를 봐야 하는지는 훗날의 몫이다. 알맹이 없는 것을 화려한 포장에 불과했고 독식으로 비만이 된 이기주의는 밖으로 내밀 수 없는 곤배팔이 되어 착각 속으로 가고 마는 마치 미로 속에서 출구를 찾으려고 들지도 않고 안주하고 마는 주변 사람들을 기만하는 혼자만의 세상에서 혼자만의 비밀을 갖고 재미있어하는 사람들, 큰 자랑거리인 줄 알고 오해하면서 살아간다. 자신들의 삶의 형태는 어떤 모습인지 알지 못하면서 허영에 들떠서 비싼 옷과 비싼 음식만 먹고 살며 자신들의 가치는 최고치를 달린 것으로 생각하는 사람들이다. 건강한 영혼은 다른이의 희생을 강요하지 않지만 내실이 없는 사람은 다람쥐 쳇바퀴 돌듯 같은 자리에 머물고 만다. 자신들의 모난 부분을 감추기 위해서 합리화시켜버리는 시집살이의 실체들 며느리를 그것도 맏며느리를 조그마한 배려도 없이 억울함을 다 뒤집어 씌운 시어머니의 악행도 결국은 용서받지 못한 부분으로 남아서 고통을 받게 될 것이다. 8남매의 장남 며느리는 그냥 된 것이 아니다. 하늘이 선택한 거다. 시대적으로 퇴보한 그들의 한 가족의 일원으로 산다는 것은 죽음 자체고 두려움 그 자체였다. 기본적인 인성도 제대로 되어 있지 않는다는 것은 인간의 탈을 쓴 미물에 불과했다. 모든것을 속이고 위생개념도 제대로 되어 있지 않은 최악의 가정이었고 이러다보니 위계질서도 다 무너져버린 막다른 골목에 다다라 피할 곳 조차도 없는 그들의 막장이었다. 말 한마디에도 욕설이 섞이지 않으면 안되는 남편이란 존재, 그들만에 세상은 너무 다른 세상이고 핏줄이 아니면 공유할 수 없는 정신 수준이 너무나 저하된 상태다 보니 제대로 정착하지 못한 가정에 불안전성은 늘 웃을수 없는 헤프닝이었다. 그 잔인한 고통을 잊고 산다는 것은 쉽지 않다. 가족간의 착취도 너무 습관적으로 오래된 관행이다 보니 말 없는 피해자도 많다. 사람들은 남의 일이라고 너무 쉽게 말한다. 잊고 살라고, 난 신이 아니다. 인성을 지닌 인간이기에 신에 자리는 넘볼 수 없다. 상처난 자욱에 새살이 돋아 아픈 줄 모르고 살 수 있기를 바랄 뿐이다. 내게 유일한 버팀목은 아들이었다. 또한 늦깍이로 시작한 공부도 하나에 버팀목이 되어 자리를 잡아 순간순간 기쁨으로 연계되었고 공부에 도취되어서 웃을 수 있었던 행복들이었다. 가정에서 문제가 생기면 대화로 해결했으면 했지만 말 자체를 하지 못하게 입을 막고 귀를 막고 보지 못하게 된 것이 가장 큰 무기들이었고 극단적인 생각을 하지 않으려고 피해가는 길이면 꼭 나를 바보 취급한다는 것이 너무나 우스꽝스러워 진정한 웃음이 아닌 헛웃음으로 저 푸른 하늘을 주시해야 했다.

일방적인 것

　자식이 있는데 하루아침에 남이 되는 것도 쉬운 일 만은 아니니 다른 사람의 눈치를 살피는 것도 아픔의 연속이라 저주는 끝이 없고 멈출 줄을 몰랐다. 끝내는 아들을 죽음으로 몰아갔고 이혼을 시키기에 이르러 감당할 수 없을 만큼 아무런 책임감도 실감하지 못하는 마마보이에 불과했고, 성숙하지 못한 채 무거운 짐은 다 내 몫이 되어버린 꿈만 꾸는 남편과는 같은 길을 갈 수가 없었다. 가부장적인 것도 부족해 대가족제도로 가는 집안의 시집살이는 시누이들의 극성스런 입 방아질 때문에도 견딜 수 없는 폭력이었다. 요람에서 꿈을 꾸는 어린시절을 버리지 못한 채 순수성을 기만했다. 행여 달라질까 봐 기대하는 나 자신도 바보같은 삶이 무색하고 창피하고 했지만 미래를 향하는 발걸음이라 다소는 가벼웠지만 본능적인 욕구에만 충족하려는 그들의 미래에 동참하고 싶지 않았다. 종족이나 번식시키려는 의도적인 아무계획성도 없고 즉흥적인 가치없는 삶에 동참을 했다면 지금의 나는 이 세상에서 사라져 한줌의 흙으로 생을 마감했을 것이다. 지금 현대시대는 질적인 변화를 요구한다. 교육수준은 높아졌는데 정신수준은 16세기에 머물러 있다면 미래로 가는 길에도 장애가 될 수 있다는 것을 인식해야 만이 앞을 바라볼 수 있을 것이다. 우리는 먹고 사는 일에만 매달리고 급급해서 여유있는 마음으로 통찰하는 것도 이미 멀어져 있고 이웃들 간에 따뜻한 대화도 잃어 버릴 정도로 많은 것들이 변해 왔다. 이런 것들이 현 대시대를 반영한다. 지금은 유턴을 할 수 있는 여유있는 마음으로 또 다른 세상을 구축해 나가야 근절할 수 있는 능력도 생겨서 부러지는 권위주의를 휘어지는 삶으로 전환되는 축복받은 가정으로 되살아나 인정 받으면서 성숙한 미래의 주인공들이 될 수 있게 깊은 물에서 사는 물고기처럼 늠름한 자태를 보여주는 귀히 여기는 사람이 되기를 기대해 본다. 기회주의자들은 아부나 아첨이 중심이 되어서 다른 사람의 기회를 차지하고 마는 비열한 인간이 되어버린 거다. 그대도 인정받기를 바라지만 같은 물에서 노는 사람끼리 유유상종이 되어 메마름과 이기주의만 팽배해지고 진정함을 찾기가 힘든 우월주의만 인식하게 만든다. 자신들 만남 앞에서 큰 소리칠 수 있다는 그릇된 생각으로 자리매김이 되고 관습처럼 굳어져 버린다. 상대방을 통해서 자신들의 상대성을 체험하지만 굳어버린 마음에는 잔잔한 이슬비는 느끼지 못하고 거친 세상과 만나는 아주 위험한 고비에서 해결점을 찾지 못하는 나약한 인간으로 전락하고 마는 인간의 본성을 상실하고 마는 저하된 인간으로서 당당함을 잃고 방황하는 존재가 부끄러움을 모른 체 활보하면서 누구의 것을 빼앗을까 궁리를 하는 욕심쟁이가 되어서 힘없는 자의 것을 착취한다. 그 혹독한 인고에 세월을 혼자 겪을 때도 주변에 사람들은 아무런 힘이 되지 못한 나 자신에 대한 무관심만이 그들을 지배했다. 인간은 동물중에서 가장 영리한 동물이다. 뭐가 조금만 나아지는 기미가 보이면 좌충우돌이었다. 양심에 가책도 없이 무던히도 다른 사람을 괴롭히는 것을 많이 보았다.

 자기 욕구를 채우기 위해서는 당연한 것이 되어버린 얄팍한 속내를 들키고 마는 그 곁에서는 나 역시도 망쳐버리고 싶은 충동을 이길 수가 없다. 사람들은 잃어버린 것을 되찾으려고 하지 않는다. 귀하게 여겼던 것 소중하게 여겼던 것을 안타까워서 곁을 내주어도 자신들의 오류로 인해 멀어진 것들을 자신들의 이익 앞에서는 부끄러운 줄도 모르고 서슴없이 강탈해가는 비양심 앞에서 질색하면서 놀라지만 속수무책이다. 다른 사람이 보지 않는다고 해서 나를 혹독하게도 괴롭혔던 그 시댁식구들 그 모습조차도 생각하기 싫다. 죽는날까지 껴안고 살아야 하는 상처들은 어둠이다. 때론 나 역시도 분노를 이기지 못해 질서를 지키고 싶지 않을 때도 많다. 혼자 가까스로 진정을 하고 나면 긴 한숨과 눈물이 교차하는 무서운 순간들이 주마등처럼 스치고 지나간다. 멀리 보내고 싶어 혼자 애써보지만 시간만이 해결책이다. 난 지금도 남 듣기 좋은 말만하는 사람은 신뢰하지 않은 습관이 깊이 생겼다. 행여나 나쁜 것은 놓아 버리려나 생각해 봤지만 그런 것은 나의 큰 착각에 불과했고 그 인색하고 모진 행동은 더욱 골이 깊은 갈등에 개선이라는 단어 조차도 언급할 수 없었던 나약한 자신들 속에서만 옹알이처럼 웅얼거리는 생각들을 한번도 펼쳐 보이지 못하게 폭력으로 짓밟았던 그들의 만고에 악행은 누구를 위한 것이었는지 묻고 싶다. 말과 행동이 따로따로 인 이중성 앞에서 악의 없는 나의 변명도 다 무용지물이 되어 버린 것을 알면서도 바보가 되어 주었던 악의 없는 행동에도 저주는 그치지 않았다. 끝없이 이중삼중고로 차가운 시선은 나의 영혼까지 망가뜨리려는 기세로 야금야금 먹어 들어오는 고통은 살기 위해서 안간힘을 쓰는 나에게 이간질과 모함은 엄청난 충격이었다. 맏며느리란 입장은 그래도 온가족의 평화를 생각하지 않을 수 없었기에 얼음보다 더한 한파를 온몸으로 혼자 받아야 했다. 난 영혼이 함께하는 사람으로 살고파 참고 인내해야 했고 맞대응하지 못했다. 한때는 그런 그들을 증오도 해봤지만 아무런 소용없는 소귀에 경읽기에 불과했고 그 악순환이 아직도 끊어지지 않은 질긴 악연때문에 힘겨워하는 나 자신도 불쌍하기 그지 없다. 나 혼자만의 독백이다. 그래도 내면의 풍요로움이 있었기에 견딜수 있었고 이겨낼 수 있었던 긴 세월들 타는 듯한 갈증을 항상 혼자 조용히 삭혀야 했던 아픈마음, 마치 지옥을 연상케 하는 고통은 나를 짓눌렀고 그럴때면 삶을 포기하고 싶은 마음도 들었지만 내아들과 부모형제 때문에 참아야 했다. 그래서 혼자 침묵의 세월을 피하지 않고 받아들였다. 그 길만이 구차한 내 생명을 지키는 길이 되었고 어린 아들을 지켜줄 수 있는 유일한 방법이었다.

힘없는 자의 삶

　세상은 힘을 가진자 만이 부도 명예도 누릴 수 있으니 오래 동안 월세를 전전한 나로서는 아무것도 탐내지 못했다. 주어진 데로 열심히 앞만 보고 살았고 욕심 한번 부리지 못했던 시간들이지만 작은 것에 만족하다 보니 행복이 느껴졌다. 내 인생의 모든 것을 앗아간 시집살이는 유난히도 나의 색깔이 선명한 것도 장애가 되었다. 소신있는 행동에는 언제나 제재가 따랐고 비난이 함께였다. 그렇다고 무절제한 사람들의 책임없는 행동을 떠 맡을 수는 없었다. 험난한 삶의 여정이 항상 함께 따라 다녔다. 남들의 인생을 엿보면 대충 사는 길이 편했지만 난 어찌 이리 힘들게 살았는지 내 운명인가 생각해 본다. 내 짧은 생각으로는 알 수 없지만 톱니바퀴처럼 365일을 쉬지 않고 돌아가고 있는 저 우주와 같은 섭리속에서 작은 별이 되어 밤하늘을 빛내는, 아니 길 잃은 자의 작은 빛이 되는 행운이 돋아나 기회가 주어지기를 기원해 본다. 에디슨은 병아리를 품은 말도 안되는 기이한 행동을 했지만 7의 때 묻지 않은 생각과 순수함은 보잘 것 없는 작고 소박한 그 상상에 나래가 훗날에 과학자라는 큰 사람을 만들었다. 과거에 짙은 어두운 그림자를 떨쳐내고 묵묵히 남은 인생과제를 풀면서 겸손하게 살기를 나 자신에게 되뇌인다. 남에게 고통주지 않은 성숙한 여인이 되어서 의연하고 담담하게 뚜벅뚜벅 걸어 가련다. 주어진 항로를 이탈하지 않고 발 뿌리에 차이는 돌을 옆으로 가만히 치워놓고 손상시키지 않고 나의 길을 가련다. 억수같은 비가 오고 천둥이 쳐도 두려워하지 않으련다. 사랑의 작은 불씨를 품에 안고 그래도 나를 존재하게 했던 작은 사람들을 꼭 잊지 않고 그 인고의 세월을 뒤로하고 발길을 재촉해 보련다. 누가 돌아보지 않아도 용기를 갖고 두려움을 이긴체 눈에는 항상 마르지 않는 이슬을 의식하면서 내 존재의 가치를 찾고 발 뻗고 잠 한번 편히 자 본 기억도 없이 남은 인생을 잘 살아보기 위해 미래의 문턱을 넘어서 보련다. 때가 되면 열심히 살았던 만큼의 결과의 열매를 거둘 수 있기 때문이다. 난 함께했던 다른 이들의 노력도 믿는다. 내 나름의 신뢰속에서 상실했던 것을 되찾으면서 눈에 띠는 삶을 편안한 마음으로 살아갈 것이다. 다시는 내 존재를 부정하지 않으면서 미래의 희망이 한줌의 흙이 되어서 돌아갈 때까지 잃었던 정체성을 찾고 혼란을 극복한다면 자신의 자아에 분열을 막고 일치되는 삶을 사는 작은 소망의 불씨를 꺼뜨리지 않고 내 아들의 삶에 온기를 불어 넣어 줄 것이다. 이런 이야기들은 존재를 긍정하는 에너지원이기 때문이다. 우리 54년생들 시대에는 남편이 구타를 해도 집안 일이라고, 또한 칼로 물베기 부부싸움 이라고, 그 고통스런 광경을 보고도 지나쳤었다. 하루가 지나고 나면 언제 그랬냐는 듯 웃으면서 묻곤 했다. 그런 우리 세대의 고통을 자식들이 눈으로 확인하면서 함께 가족으로 살았다. 이유야 여러가지가 많겠지만 자식도 안 낳고 결혼도 안하는 솔로 시대가 열렸다. 어쨌든 물질적인 풍요로운 시대에 살고 자식들은 부모세대처럼 살지 않으려고 마음껏 날개를 펴려고 하지만 만만치 않은 미래다. 외로움에 지칠때 상한 마음을 달래줄 사람이 곁에 있다는 것은 행복한 것이다. 우리는 지금 프랑스에 전철을 밟고 있다. 모방족인가보다 난 많은 것을 참고 인내했다. 그냥 바라는 것이 없다. 밑거름이 되어서 당당하게 양성 평등시대를 맞이했으면 좋겠다. 그동안 많은것이 남성들의 특권이었고 일부다처제도도 그중 하나지만 경제권 역시 한손에 거머쥔 것은 여성이 아닌 남성들이다. 지난 시대를 거치면서 변천해 오고 있지만 아직도 낯설다. 희생이 덕목인 양 참고 사는 것도 서산에 지는 해가 되었다. 오랜 전통적인 사고 방식속에서 희생이 따르지 않으면 왕따라는 벌이 따랐다. 이상스런 구조속에서 당연한 것처럼 바라보는 여자들의 삶은 진열대위의 상품처럼 다른 사람의 자극을 필요로 했다. 현대에서는 많은 것이 변했지만 경제성장으로 인한 여자들의 목소리를 높이기 위한 내실없는 삶, 속은 곪아서 아파하는 영혼들의 고통의 잔치다. 이중적인 삶 속에 의례히 당연시되는 거짓들을 진실인 양 속이면서 여기까지 온 것이 상실의 길을 자초했다. 죽음의 삶 생각이 있어도 말하지 못하는 껍데기 삶 이런 것들이 악취를 풍기는 무덤 속처럼 되어버렸다. 개개인의 가치에도 경제적인 가치가 아니면 끼어들 수가 없었다. 그들의 겉포장이 너무 화려하기 때문에 가면을 쓴 모습에 진실로 여겨버리고 믿고 만다. 도덕성이니 뭐니하면서 떠들어 대지만 자신들의 양심은 이미 바닥을 보이고 깨져버린 양심은 다 새어 버렸다. 얼굴색도 변하지 않은 뻔뻔스러움은 마치 악마를 보는 느낌이다. 착각에 늪에 빠져 버렸다. 헤쳐나 올 수 없을 만큼 이런 무서운 실체는 시집살이다. 아직도 깨지 못한 잠에서 악몽을 꾸면서 헤매고 있다. 시어머니의 무차별 공격은 한 사람을 바보로 만들고 무능한 존재로 만들어서 지배를 받게 만들려는 그들의 계략은 언제나 점을 치듯이 짜깁기를 해서 어설프게 맞추어 놓았다. 마치 양육강식의 시대처럼 선한 얼굴을 하면서 나 자신이 낯이 뜨거울 정도로 다른 사람에 대한 인색함은 분노와 증오심만을 키웠고 겉으로 보기에는 잔잔한 물결이지만 거칠기 한량없는 그들의 내면은 타협을 찾을수가 없었다. 그래서 항상 슬펐고 괴로웠고 웃지 못 할 헤프닝에 삶이 관습처럼 굳어 버릴때도 값싸게 내 삶을 팔아 넘기지 못했다. 그래도 내 삶을 지키는 것이 위안을 얻고 존재의 가치에 자긍심을 지키면서 비굴하지 않게 살 수 있었으니까. 지나간 과거에 집착하지 않으려고 안간힘을 쓰고 에너지를 쏟아 부은 절정의 순간들은 지금도 못 잊는다. 밤낮으로 쉴 새 없이 일을 하니 잊어지고 생활이 유해지다 보니 잊어지기도 했지만 깊은 상처는 많은 시간을 소모했다. 진정한 기쁨이 무엇인지 느끼고 살기에는 아니 찾고 살기에는 아직도 내 마음이 황량한 벌판 같아서 누구의 도움도 요청하지 못하는 바보스런 나, 이것이 진정한 나이기에 곧은 성품으로 살기를 자청한다. 미로 속 같은 어둠속에서도 비굴하게 굽실거리지 못하는 나 자신이 때로는 원망스럽고 미웠지만 타고난 내 모습이다. 미래는 희망이었다. 끊임없이 움직일 수 있는 에너지원이었다. 어떤 사람은 유턴이 안되는 부러지는 삶을 헛된 웃음으로 감추려고 과장하지만 난 과장하는 그런 인생을 살기 싫어서 많은 것을 절제해야만 할 때도 덤덤하게 그렇게 했다. 인생의 끝자락에 서 본 사람만이 자신의 파멸이 얼마나 두려운 것인지 느낄 수 있다. 돈이 없어 파멸하는 것만 아니다. 자신감도 없고 용기가 없을 때에도 파멸이다. 부끄러움을 알고 새로운 인생길을 찾아 나갈때도 비로서 나 자신을 인생의 선상위에 올려놓고 용기를 찾아나가는 것이다. 지금은 21세기를 살아가고 있다. 부모에 효는 아무리 해도 지나친 것이 없다. 하지만 가정은 지키면서 하는 효도가 훨씬 큰 열매를 맺지 않을까 생각해 본다. 퇴색된 효는 가정에 불화만 조장했고 폭력만 난무했다. 이런 것들이 시집살이에 주된 원인이 되었고 가정을 파괴한 주된 요인이 되었기에 열거해 본다.

외길인생

　고집과 집착은 많은 것을 고정시켜 놓고 포커스를 맞추지만 결국은 와해되고 불평만이 그 자리에서 외톨이가 되어 외롭다. 생각을 바꾼다는 것은 참으로 쉽고도 어려운 일이다. 그래서 가치있는 일이다. 집착과 고집은 참으로 여러 사람을 불편하게 한다. 그렇지만 내 생각만 옳다고 주장할 수는 없는게 인간사에 일이라 한때 너무 괴로워서 써먹었던 방법이기도 하다. 귀를 막고 듣지 않으려고 해도 파고드는 고통은 죽음 같았다. 모래위에 집을 짓는 어리석음을 반복하면서 다른 이의 진정한 충고는 다 흘려보내 버리는 독선을 반복하면서 작은 공동체 가정에서도 공평이란 말은 들어보기조차 힘들다. 동방예의지국이었던 작은 나라는 지금 많은 것을 잃어버리고 여기까지 왔다. 어려운 국면을 맞은 것이 사실이다. 가정에서도 분배는 마음에 드는 자식과 장남에게만 많은 것을 주어버리는 하층민들, 아니면 마음에 들지 않는다고 해서 제쳐놔 버리는 일은 진정 많이 배운 사람은 아니라고 말할 수 없다. 천태만상이 되어버린 무질서를 우리는 남의 일이라고 쳐다보고 지나치고 구경만 했다. 우리는 많은 것을 무시하고 군화발로 짓밟고 법을 무시하는 군사시대에 퇴보해서 살아 왔다. 실체는 껍데기뿐이다. 비이성적으로 보이는 것만이 믿는 것이 전부인 군사 독재시절을 썰물과 밀물처럼 권력이 없는 자는 이리 밀리고 저리 밀리기를 반복하면서 의미 없이 살았다. 다만 한가지는 머릿수로 승패를 좌우하는 선거에만 이용되는 서민들은 그 때 뿐이었다. 말뿐인 실천이 없는 빈껍데기 뿐인 겉모습은 참으로 화려하다. 남을 속이기 위한 것은 분열을 조장할 뿐 일체를 파괴하고 우열을 가리는 참으로 비열한 짓이다. 옛말에 돌다리도 두들겨 보라는 말을 오랫동안 우리는 잊고 살았다고 해도 과언은 아니다. 서로의 신뢰성은 어디까지 인지도 그 높이를 알 수가 없이 되어 버린 것 같다. 개개인의 가치도 하락되어 버린 인생을 살면서도 그 늪속에서 살아남을 생각은 조금도 안했다. 돌아보는 인생도 근절할 수 있는 좋은 기회가 될 수도 있지만 지나간 일에 매달린다고 무서운 얼굴로 쏘아보지만 깊이 있게 생각할 줄 안다면 다양한 문화가 기다리고 있다는 것을 인식하는 선량한 사람이 될 수 있는 기회가 주어진다는 것도 우리는 알수 있다. 현대시대는 고급인력도 넘쳐나서 자신만의 독특한 차별화도 되어 있는 사람만이 다른 사람 눈에 띄기 쉽다. 색깔이 다르다고 해서 거부하고 받아들이지 않는다면 자신속에 자리잡은 근본적인 모습은 평생을 가도 발견하기 어렵고 변화하기 어렵다. 자만에 빠져서 어둠속에 있을 때에는 좋은 발전은 기대하기가 쉽지 않다. 그래서 더욱더 조심성을 발휘할 수밖에 없다. 내가 폐쇄된 공간에서 시집살이를 할 때는 눈을 아래로 깔고 못 본 체 하던 사람들이 손을 내민다. 난 쉽지 않다. 남의 일이라고 쉽게 생각하고 함부로 했던 사람들, 설령 형제간이라도 나도 눈을 아래로 깔고 싶다. 무뎌져버린 정체성 때문에 다른이의 아픔은 송두리째 무시하고 혐오스러워 혼자서 거들먹거리고 말할 수 없는 고통의 극치는 그들의 웃음꺼리였고 아무런 말과 행동을 취할 수 없게 만든것이 시어머니의 간악한 계략이었고 가족들의 공격성이었다. 나는 평범하게 사는 법을 배우려고 무진애를 썼지만 결국은 가족들의 냉대는 나를 시냇물 속에 몽돌처럼 이리 쏠리고 저리 쏠리면서 뾰족한 부분을 깎아내는 고통을 감수해야만 숨을 쉬는 인간으로 살 수 있다는 것을 알았을 때 안도의 한숨을 쉬기도 했지만 너무너무 고통이 소리없이 엄습해 왔다. 난 누구를 위해서 살아야 할까 내 작은 삶은 더 나은 삶으로 변화해서 살아남기 위해서다. 내가 깎이지 않는다면 돌팔매에 맞아 죽을수도 있었기 때문이다. 가장 가까운 가족인데 가장 멀었고 낯설은 사람들이었다. 시집살이를 할때는 언제나 한발은 대문 밖에 있었다. 그래도 마음은 편했다. 남들이 볼때는 바보와 같은 생활이었지만 지금은 오히려 떳떳하다 또한 당당하다. 그때의 그 굴욕과 비참함은 나를 더욱 단단하게 했고, 견고하게 일으켜 주었다. 부끄러운 줄 아는 사람으로 만들어 놨고 굳이 추악한 내 모습을 그대로 감추려고 하지 않은 자신감도 조금씩 생겨났다. 부담스럽지도 않았다. 어쩌면 난 나 자신을 손수 심판대에 세웠는지도 모른다. 때로는 돌팔매에 맞았고 때로는 옳지 못한 비난과 맞서기도 했지만 나의 잘못된 태도 때문이겠지 위로하면서 때로는 비난을 사랑으로 순화시키면서 나 자신의 교만과 싸웠는지도 모른다. 숨통이 막힐 것 같은 답답함을 혼자서 내려놓지 못하고 고통스런 밤을 지새운 때도 혼자 격려했다. 철석같이 믿은 남편은 언제나 가족들과 한통속이 되어서 폭력을 휘둘렀고 시어머니의 부추김은 활활 타는 불에 기름 역할을 서슴치 않았다. 그들은 단종류의 곤충배만 부르면 그만이었다. 자신이 누구인지도 모르면서 항상 남의 떡이 크다고 불평불만이었고 배려 할 줄 모르는 인색한 인간이 자신들만이 살 수 있는 요람에 가두어 버렸다. 그 소중한 자유를 빼앗겨 버려도 본능적인 것에 만족하는 단종류의 곤충들 자신들의 영혼까지도 다 팔아서 원하는 것을 샀는지 추악한 모습은 변함도 없다. 화려하게 치장하고 어깨를 으시대지만 어둠의 그림자는 그들을 떠나지 않았다. 양심은 껍데기 뿐이고 볼상이 사납다. 이웃이야 죽든지 말든지 많이 가져야 한다는 욕심때문에 자신들의 이익대상이 아니면 별로 관심갖지 않는다. 사람의 목숨은 하나뿐이다. 그 어떤 것 보다 더 귀한 것은 없다. 귀한 것 잘 지켜야 하고 아껴야 하는 것이다. 어떤이의 생명은 귀하고 어떤이의 생명은 천하다고 차별하면서 자신의 독선에 도취된 채 특권인양 함부로 자신의 이기적인 잣대를 함부로 쓰는 어리석음은 많은이의 마음을 아프게 한다. 핏줄끼리는 잘잘못을 가리지도 않고 똘똘 뭉쳐서 일치하는 모습을 형제간의 우애라고 오인하면서 가족끼리 위안을 삼고 살아가는 모습에 난 의심스러웠다. 지금의 우리부모님 세대들의 고통은 일제강점기 36년 6.25동란, 예고도 없이 찾아온 고통들 전통적인 틀속에서 정해진 대로 살아야 여성답다는 칭찬을 많이 들은 그들 맘속에는 변화의 씨는 없었다. 그래서 바보처럼 참고 인내해야 만 시간이 해결해 주었다.

한곳만을 바라본다는 것은

굴곡진 인생속에서도 당찬 삶을 영위할 수 있었다. 과거의 틀 속에서 벗어난다는 것도 크나큰 용기가 필요하고 힘찬 발걸음을 내딛고 아픔과 고통과 증오심을 뒤로 한 채 입으로만 하는 말이 아닌 행동으로 옮기는 진정한 마음이 자신을 용기있는 사람으로 인정받게 할 것이다. 힘겨운 21세기를 도약의 발판으로 밑거름이면 풍성한 가을 추수를 할수 있으리라 믿어진다. 인생은 짧고도 길다. 어떤 사람은 퇴보하고 어떤이는 풍성함에 싱글벙글 웃음꽃이 핀다. 다양한 모습을 그려보면서 다른 사람 덕에 웃음도 즐거움을 선사한다. 모진 고문과 같은 시집살이를 할 때도 피를 나눈 형제지만 끝도 없는 심판대에 세워놓고 내 인생을 단죄하면서 돌팔매질을 해 대던 고통스런 삶은 아직도 눈에서 눈물이 마르지 않은 이유중에 이유다. 모순된 내 인생의 댓가라고 생각하면서 체념했지만 그 억울함과 비참함을 어찌 눈물 몇 방울로 표현할 수 있을지 눈이 짓무르고 가슴이 미어지도록 쓰리고 아팠던 악몽같은 순간들을 짧은 순간에 잊을 수가 있을지 궁금하다. 인간은 유일하게 감정이 있는 동물이니 쉽게 잊을 수 없고 그 상처자국 때문에 아파서 견딜 수 없는 고통이 때론 나에게 약이 될 때도 있었다. 겸손으로 가는 길을 나에게 가르쳤고 인내를 배우게 했기 때문이다. 남들은 행복을 느끼면서 잘사는 결혼생활이 왜 그토록 모진 형벌이었는지 아무리 생각해 봐도 불공평하다. 그래서 억울한 것이다. 온갖 일들이 뇌리를 스칠때면 나도 모르는 사이에 뚝뚝 떨어지는 눈물, 누가 책임질 수 있는지 내 인생을 모함과 비난속에서 뒤돌아 봄 없이 살았다면 이미 한줌의 흙으로 돌아갔을 것이다. 무방비 상태였던 난 갈 길을 찾지 못하고 헤맬 때 허비한 시간이 많았다는 것을 공부를 하면서 깨달았고 후회의 눈물을 쏟아낼 수 있었기에 내 마음 안에서 새 생명이 싹이 크고 내 자신을 발견할 수 있었다는 귀중함을 알게 되었다. 난 첫 단추부터 잘못 끼워진 인생의 좋은 시기를 낭비하면서 살았다. 그렇다고 나쁜 일을 하면서 살았던 것도 아니다. 구체적이지 못한 내 삶이 이런 불행을 더 겪게 했는지도 모른다. 내 부족함 때문이라 생각하면서 누구원망하지 않고 사는 것도 나에게는 큰 짐이 되었고 에이듯 가슴이 아프다. 내 인생의 책임은 나한테도 있기 때문에 모진 책임을 내 자신이 질수 있었다. 친정 형제들의 곱지 못한 시선도 살갑지 않아서다. 그렇다고 끊임없는 저주나 왕따는 더더욱 아니다. 그렇기 때문에 아들과 나의 곤궁함은 끝이 보이지 않았다. 말로 형용할 수없는 어려움 속으로 여러 빈곤 곤두박질을 해서 떨어질 때도 그들은 박수치면서 좋아했고 내 것을 나누어 먹으면서도 통쾌하게 웃어댔던 그들, 지금은 무엇을 할까 복수하고 싶은 마음도 때론 생기지만 이제는 묵묵히 보아주는 길 밖에는 할일이 없는 것 같고 자신의 문제이기도 하다. 지금까지 나를 잊게 한 내 아들, 나의 버팀목이 된 아들, 나의 자유의사로 인해서 이런 인생을 선택했기에 후회한 적 없다. 때로는 재혼도 생각해 봤지만 그마저도 쉬운 일은 아니다. 본능적인 것에만 치우친다면 얼마든지 쉬운 일이지만 그 쉬운 일을 난 쉽게 해결하지 못했다. 그래서 참는 것이 미덕인 줄만 알았던 내가 바보인가 보다 사회의 흐름도 그랬다. 그 흐름을 수용하지 못하면 경제권을 거머쥐었던 남자들의 도움은 생각 할 수 조차도 없었다. 줄곧 비웃어 대던 그 시선도 지금까지도 잊을 수가 없다. 아무리 애원해도 비굴하지 않게 그 발 아래 엎드리지 않으면 또 성이 개입되지 않으면 공평을 무시한 채 아무것도 돌아오는 것은 없었다. 그런 경우를 몇 번 겪고 보니 사회에 대한 두려움 때문에 도살장에 끌려가는 소처럼 사회에 융합을 한다는 것은 참으로 쉬운 일이 아니었다. 일어서지도 앉지도 못하게 하는 그 벌은 내 눈물이 핏방울이 되어서 응고 되는 절절함은 사회생활에서도 드러났다. 성을 주지 않으면 관용은 생각할 수도 없는 냉정한 현실을 마주 대하는 것 조차도 싫었다. 여자 혼자서 자식을 키우고 산다는 것은 비 한방울 내리지 많은 가뭄에 맨땅에 헤딩하는 것과 마찬가지였다.

마음에 가뭄이 든 사람

　현실이 너무 난잡하다보니 관계개선은 먼 나라의 이야기였다. 물 한 방울 주지 않은 인색함을 그대로 드러냈고 성노예의 관습을 그대로 드러내는 남자들의 특권은 더욱 가슴 아팠다. 그런 상황이 싫으면 사회에서는 아웃이었다. 많이 달라졌다고는 하지만 별로 마음에 닿은 것은 없다. 경제권이 남성위주로 되어 있는 사회는 여자가 똑똑해서 뭐하느냐고 비웃어대던 시어머니의 그런 사회였다. 뒤통수를 치는 상황이 비일비재 했으니 그 속에서 희망을 찾아야 했다. 같은 여자끼리도 벽이 높고 이해라는 배려는 벽을 넘지 못했다. 같은 여자끼리 비난의 대상으로 삼는다는 것은 질서를 외면한 채 물질적인 것을 판단의 대상으로 삼았기 때문이다. 본질이 퇴색해 버린 불평등주의의 산물이기도 하다. 보릿고개를 살았던 부모님 세대들 이해할 수는 있지만 가난을 벗어나는 수단에서 그쳐야 한다. 존중할 수 있는 사회가 무너지고 인성이 무너져서 되는 것은 없다. 시집살이도 가부장적인 봉건사상에서 오는 성차별적인 행위라는 것을 우리는 잊어서는 안된다. 왕따라는 고질적인 병폐가 근절되기를 바랄뿐이다. 조건없는 따뜻한 가정과 사회가 서로에게 머문다면 천국으로 이어질거라 의심하지 않는다. 동방예의지국이란 말이 거추장스럽지 않고 몸에 잘 맞는 옷처럼 품위있는 자태를 귀하게 드러내는 날이 돌아올 날을 기다려 본다. 쉽게 말하고 가볍게 행동하는 삶은 상대방을 의식하지 않는 자만심이라고 생각한다. 이기적인 병이 깊었을 때는 내면에 평화도 없고 자신의 이익만을 위해서 반응하는 짜 맞추어진 사람이다. 때로는 다른 것을 바라볼 줄도 알고 도량도 넓은 사람으로 인생의 과녁도 제대로 바로 볼 줄 아는 좋은 사람들과 어깨를 나란히 해보고 싶다. 돈이 많고 적음을 떠나서 한판 승부를 용기에 다 걸어보고 싶을때 자신감이 샘솟는 것을 어째서 짜여진 틀에만 집착을 하는지 알수가 없다. 자유를 잃어버리고 도살장에 끌려가는 소처럼 발을 버둥기면서 가기 싫은 시댁에도 가정의 평화를 위해서 내 자신의 분노의 감정을 억누르면서 순종했던 것도 시간이 지나면 화해 할 수 있으리라 믿었는데 물거품처럼 사라지는 얼룩진 세월들, 난 아팠던 만큼 쉽게 잊어지지 않은 시어머니의 한마디가 나를 부서뜨리는 비수가 되고 내 인생을 망쳐놓은 결정타가 될 줄은 꿈에도 몰랐다. 왜 그렇게 고통의 가시는 깊이 박혀서 60평생이 넘도록 괴롭혔는지 떨치고 일어나려 애 썼지만 황혼에 문턱에서 하나씩 지워져가는 이것이 나에게 주어진 복인지 알 수가 없을 정도다. 나는 지금도 부끄럽다. 군데군데 남겨진 아픔의 상처 때문에 타의에 의해서 생긴 상처지만 내 자신의 부끄러운 부분 때문에 생긴 것이라고 누굴 원망해 보지 못했다. 그러나 마음속의 분노는 화신이 폭발한 것처럼 달랠 길이 없었다. 망망대해에서 풍랑을 만난 것처럼 오지도 가지도 못하는 난파선이 되어버린 내 자신을 무단히도 참고 인내하면 해결이 되겠지 했지만 꼬여버린 인생의 매듭은 쉽사리 풀리지 않았다. 풀어 주어야 할 사람들은 자신들의 이익만 추구했지 아랑곳 하지 않았다. 혹독한 인고의 세월은 나 자신부터 용서를 구하는 것이 순리였지만 역행하는 순리 앞에서 화해라는 것도 무의미했으니까. 선지처럼 굳어버린 내 자신이 쉽게 풀리지 않았다. 나의 비참해진 모습에 박수를 치면서 좋아했던 그들은 이제는 나를 바라봐 줄 수 있는 마음의 여유가 생겼는지 물어보고 싶다. 인생의 희로애락은 비열한 인간들의 얄팍한 속셈에서 만들어졌고 한 사람의 인생의 가치는 헌신짝처럼 농락당해야 했으니 억울하기 그지없는 한 맺힌 세월을 잊고서 살고 싶다. 기나긴 악몽의 터널을 빛을 떳떳히 바라보면서 당당하게 살고 싶다. 하지만 녹녹하지 않다. 나 자신을 때로는 원망해 본다. 왜 그리 지독한 어둠과 맞딱뜨려야 할 운명이었는지, 그 어둠을 지옥보다 더한 모든것을 집어삼킨 고래뱃속과 같은 것이었으니까. 희망이라는 작은 불씨를 들고 꼭 나와 같이 시집살이에 고통 받았던 그 사람들의 외침을 함께하고 싶다. 눈물을 흘렸던 세월만큼 성숙한 사람으로 작은 일에는 놀라지 않고 덤덤하게 그냥 지나갈 수 있는 그런 사람으로 살고 싶다. 평등하고 공평한 삶을 살아가는 겸손한 자가 되어서 칠흑같은 어둠 때문에 한치 앞을 볼 수 없는 자들과 함께 동승하면서 호롱불을 비춰주고 싶다. 시냇물 속에 몽돌처럼 이리저리 쓸려서 둥글둥글하게 깎여서 다른 이를 아프게 하지 않은 사람이 되어서 살아간다는 것은 그리 쉬운 일은 아니다. 혼자 삭히고 참아야 하는 인내는 다른 사람을 바라보게 했다. 내 것을 내 것이라고 챙길 수 없었던 삶은 거짓 때문에 생명의 위협이 내 곁에 도사리고 있었기 때문이다. 그래서 가진것은 없었지만 넉넉한 마음이 있었기 때문에 베풀수 있는 지혜를 터득하고 상대와 함께 기쁨을 나누는 것이 행복했다. 언제나 누굴 원망하고 싶지 않다. 역경은 나에게 스승이었으니까. 그리고 정착하지 못한 순례의 길이 내가 가야만 하는 고된 인생길이었으니 이 허망한 삶의 종지부를 찍기 바랐지만 내 마음대로 되는 것이 아니었다. 다른 사람에게 이해받지 못한 삶은 버려진 삶이나마 마찬가지였다. 시어머니의 횡포는 그 집안 일로 끝나지 않았다. 직장생활에서도 오래있을 수 없게 만들었고 모든 일이 어이지지 않고 토막토막을 만들어서 있을 수 없게 만드는 등 여러 가지 횡포가 증오심으로 이어져 나를 그냥 두지를 않고 내 삶에 끼어들어 방해를 놨다. 내가 무슨 큰 죄인이나 되는 것처럼 구경만 하는 주변사람들도 지금은 얼굴조차 대면하기 싫다. 하늘이 나에게 준 천벌이라 생각하고 순응했다. 하지만 끝이 없었다. 누구하나 돌아보지 않은 증오의 세월은 모든 것을 앗아 갔다. 나에게 준 내 몫까지도 착취해 가고 그것도 부족하여 이간질과 모함을 밥 먹듯이 했다. 마실을 가도 자식들 앞에서도 심지어는 내가 옆에 있어도 거침없이 멸시하고 천대하는 것은 참으로 견디기 힘들었다. 얼굴색 하나 변하지 않은 시어머니의 행동은 경악할 수밖에는 아무런 대책이 서질 않았다. 부모로서의 도리는 이미 다 잊어 버린지 오래였다. 그들의 횡포는 나를 사람으로 살게 했다. 먹고 사는데 찌들어서 몸살을 앓고 혼자 누워 있어도 따뜻한 물 한 모금 주지 않은 냉혹함은 겨울 한파와도 같았다. 겉으로는 눈물을 보이지 않았지만 까맣게 타버린 숯덩이 같은 내 마음은 오직 어린 아들을 향한 마음뿐이었다. 잘못도 없이 지탄을 받을 때에도 무방비상태로 방치되어 있는 나 자신을 볼 때면 쏟아지는 눈물을 주체할 수가 없었다. 겉포장만 화려한 그들은 빈껍데기 뿐 따뜻한 말 한마디로 격려해 주는 이 없었다. 난 8남매 맏며느리였다. 혼자 외로운 길 남편도 남편이 아닌 마마보이였다. 함께 걸어야 할 남편도 이탈한지 오래였다. 어린 아들과 나는 미신을 믿지 않는다는 이유로 항상 가족들간에 왕따를 당했다. 형제지간에도 이간질을 했고 도무지 누구하나 말벗이라도 하게 그냥두지 않았다, 시어머니의 농간이었다. 나는 맏며느리란 자리 때문에 가정에 평화를 위해서 침묵했지만 아무것도 그들의 눈엔 보이지 않은 것을 내가 알았을 때 너무 비참한 내 자신이 싫었다. 시어머니의 기만에 속고 사는 사람들은 가족들이 첫째 피해자였다. 지금도 깊이 패인 상처는 아물날이 언제인지도 모르겠다. 과거가 되었지만 아직도 나를 괴롭힌다. 다른 사람에게 상처주지 않으려고 인내하면서 8남매의 시집살이에 숨도 크게 쉬어보지 못한 시집살이를 가슴에 묻어둔 채 바보처럼 살아온 세월은 당도 높은 열매로 영글어 갔다. 쓴잔을 마셔도 자유를 갈망했기에 애절했기 때문에 주어진 사랑의 수확은 내면에 기쁨이었지만 한 사람의 돌팔매를 셀 수도 없이 맞으면서 따라서 던지는 돌팔매까지 감수해야 했다. 방어능력도 없는 절절히 쏟아지는 눈물을 길거리를 갈 때도 대중교통을 이용할 때도 누가 보아도 창피한 것도 모르고 눈물을 흘리면서 다녔다. 시도 때도 없이 괴롭히고 헐뜯었다. 시어머니의 시집살이는 나를 아무것도 할 수 없게 만들었고 잔인한 폭행이었다. 혀끝으로 뿜어내는 분노와 증오심은 아무 준비 없는 그들의 삶을 그대로 표현했다. 마치 짐승이 사람의 모습으로 환생한 것 같았다. 배고픈 맹수가 송곳이를 드러내고 달려드는 것 같은 약육강식에 힘겨루기는 처절하게 나를 물어 뜯었고 세상에서 환대받지 못한 열등감까지 나에게 전가했다. 처자식도 제대로 지키지 못한 남편은 결국은 간경화라는 지병으로 더욱더 자기 역할에 부실했고, 주먹과 욕설은 일상이 되어서 날아드는 웃지 못 할 괴로움은 내 영혼을 병들게 했다. 아무 발언권 조차도 없는 큰 며느리의 시집살이는 그 집을 떠난 것만으로 해결되지 않았다. 그 아픈 상처가 평생을 괴롭혔으니까.

말이 비수가 되다.

　무책임한 그들의 말 한마디는 나에게는 비수되어 꽂히고 아팠다. 마음이 병들고 육신이 병들어서 보잘 것 없는 나 자신으로 전락했을 때는 너무 비참한 현실이었다. 그렇다고 재산이 많은 것도 아니어서 경제적인 걱정은 언제나 버거웠다. 사람의 형상만 갖춘 대가족들의 향연은 대단했다. 한마디의 말에 8남매가 한꺼번에 달려드는 도저히 상상할 수 없는 광경이 벌어지고 간단하고 단순한 흑백논리에도 미치지 못하는 과거론자들 그들은 우물안 개구리들이었다. 그 우물안은 아무도 보는 사람이 없는 줄 알고 있었다. 손바닥으로 하늘을 가리고 하늘이 없다고 외치는 자들이었고 극단적으로 단순한 자들이 항상 위험이 도사리고 있어 벙어리 삼년을 침묵으로 인내했다. 여자는 집에서 살림이나 잘하면 된다는 여자들에 대한 봉건적인 생각은 바꿀 줄 모르고 올가무처럼 올가매는 묶여 있는 생각들은 여자들을 그냥 두지 않고 그런것들을 이용해서 괴롭히고 능력 발휘할 수 있는 기회를 빼앗아 버렸다. 말뿐인 실이 많은 빈껍데기 인생들을 살게 했고 경제권이 없는 그 집안의 관리권만 행사하다보니 눈에 보이는 것만 단순하게 믿는 모방적인 습성은 버리지 못했다. 전통적인 사고방식은 늘 여자들을 제자리 걸음을 하게 만들었고 조금은 똑똑하다 싶으면 이상스럽게 바라보는 따가운 시선은 눈을 뗄 줄 모르고 비웃어 댔고 같은 여자끼리도 이해할 줄 아는 법은 이미 멀어져 있었다. 그 이전에 청계천에는 빨래터였지만 여자들의 입에서 온갖 뉴스거리가 나오는 것도 그 장소였다. 유학을 다녀온 신여성들이 양장을 입고 거리에 나올 때면 구경거리가 되던 천변 풍경이 머리속에서 그림이 그려졌다. 지금은 그런 시대도 아니지만 퇴보해 있는 여성들에 생각은 겉치레가 더 우선이다. 화려한 옷차림에 고급차를 끌고 다니면서 가지지 못한 사람들을 기나 죽이는 천한 몰골을 참으로 추하다. 경제성장이 우선이었던 시대는 모든 것을 뒤로 한 채 하나의 목표에 매달려 목표를 달성했지만 많은 문제를 안고 가고 있는 사회는 책임지려고 하는 사람이 없다. 이제는 먹고 사는 문제는 해결됐다. 하지만 나라의 빚은 대추나무 연 걸렸다. 외적인 것은 많이 성장해 참 화려하다. 아직도 생각은 80년대에 퇴보해 있고 머물러 있으니 여자가 여자를 괴롭히는 일은 비일비재 하다. 눈앞에 보이는 경제적인 이익만 있으면 물 불을 가리지 않은 인간들의 천한 속성은 힘없는 자의 것을 착취하지 못하고 부패의 늪에서 헤어나지를 못하는 몰골들을 해골처럼 보기가 흉했다. 아직도 법하고는 거리가 먼 시댁식구들은 피도 안 섞인 며느리는 남이었다. 인권의 사각지대에서 가정교육도 제대로 되지 않은 시댁식구들의 폭언과 폭행은 너무 비참했다. 이런 것 저런 것 생각해서 참아주는 사람은 바보 취급 받았다. 참아주기를 십 수년 하다보니 다른 사람 앞에서 말하는 것 조차 어색했다. 물불 가리지 않고 나를 위협했던 행동들은 주눅이 들어서 나를 쪼그라들게 했고 말 한마디 할 수 없었던 고통스런 순간들은 나를 절망속에서 헤어날 수 없게 만들었다. 그 순간들이 내 앞을 가로막고 순간순간을 살아남기 위해서 피해야 했던 벙어리 삼년은 나의 도피처였다. 그 어두운 현실을 담담하게 침묵으로 이겨 내야 했다. 목을 축일 물 한방울 주지 않는 메마른 사람들과 함께 산다는 것은 현대판 지옥과 같았다. 그리고 죽음만이 존재했다. 난 이 글을 부족하지만 쓰게 된 것은 그들을 단죄하기 위해서가 아니다. 같은 여자인 여자가 그런 혹독한 시집살이를 시킨다는 것이 너무 이해가 되지 않았다. 다 자식을 기르고 양육한 부모들인데 여러명의 자식들을 앞에 두고 자신의 탯줄에서 나온 자식만 잘되기를 바란다면 그것은 크나큰 잘못을 저지르기 때문이다. 현실은 칠흙 같이 캄캄한 밤이었지만 부모님들의 따뜻했던 사랑을 생각하면서 참고 인내했던 세월들은 헛됨이 없을거라 믿는다. 또한 나 혼자만이라도 자신을 믿어본다. 아무도 믿어주지 않고 천벌이라도 받는 것 처럼 쉽게 버려버린 난 신앙 안에서 꿋꿋히 잘 견디면서 살아 냈다. 그래도 아들 밥 굶기지 않고 내 인생을 재조명하면서 피나는 나 자신의 노력으로 인내하면서 그 험한 인생을 살아냈다. 지금은 잃어버린 것도 없는 천둥벌거숭이로 마음 편하게 잘 살고 있다. 또 다른 사람에게 짐이 되기 싫어서 형제지간도 없고 부모도 없다. 마음의 짐까지도 그들에게 지우기 싫어 집밖으로 함부로 나다니지도 않고 두문불출 했다. 그래도 나를 부정하면서 괴롭혔던 사람들 그들의 입에 오르기 싫어 스스로 머리를 조아리며 낮아질 수밖에 없었던 지난 날들이 아직도 눈물이 되어서 흐느낀다. 살아야 하는데 살길이 보이지 않았던 순간들은 아들이 눈앞에서 아롱거려 죽을수도 없었다. 이혼을 할 때에도 10원짜리 하나 받지 못하고 아들 손을 잡고 그 집 대문 밖을 나설 때에도 굶어 죽지 않고 살아야 되겠다는 일념

하나로 다른 이들의 비웃음을 뒤로 할 수 밖에 없었다. 나를 보고 뻔뻔스럽다고 해도 어쩔 수 없다. 자식이 있는 어미였기 때문에 자식의 양육을 위해서는 그 모진 미래의 끈을 놓을 수가 없었다. 멸망의 땅 그 시댁에서 나올 때에는 한 가닥의 희망이 나에게 빛을 비추었다. 씨도 종자도 없어져 버린 그 땅은 나에게 큰 상처와 아픔과 고통만 안겼고 다른 이들은 쉽게 편하게 살려고만 안주할 때 난 쉽게 살 수 없었다. 지금은 오히려 힘들었던 삶이 나의 발걸음을 가볍게 해준다. 누구도 원망하지 않는다. 마음의 상처나 아픔을 혼자 다독여가면서 잘 살고 있다. 물질만능시대에 기대할 것은 없었고 조그마한 배려에도 인색한 사람들에게 그 끔직한 이기적인 사랑에 돌처럼 굳어버린 마음에는 가뭄에 논바닥 갈라지듯이 메마른 마음들 아무런 가책도 생각도 하지 않았다. 다 지나간 일이라고 당연한 것처럼 여기면서 아는 사람이 아니면 가벼운 아침 인사 한마디에도 인색한 사람들 참 은근히 제약을 많이 받는 문화 속에서 산다는 것을 스스로 느껴진다. 학연주의니 뭐니 하면서도 세상의 물고를 막아버리는 심성은 많은 차별을 만들어 냈고 분열을 만들어 냈다. 팔은 안으로만 굽었고 밖을 향해서는 펼 줄 모르는 곰배팔이 되어버린 장애자가 되어 버린 것이다. 많이 가지지 않았어도 따뜻함을 줄 줄 안다면 세상의 인심은 훈훈할 것이다. 힘들어 하는 사람앞에서 따뜻한 말 한마디의 동정심도 베풀지 못하는 사람들 앞에서 시집살이는 남의 집 일이니 상관할 바 아니라는 차가운 냉대와 한 겨울 같은 한파는 혼자 감당하기에는 너무 힘들고 어려웠다. 시들어 버리는 야채처럼 힘없이 느려져 있고 지쳐서 말 한마디 크게 할 수 없는 내 앞에는 어떻게든 나를 쓸어 뜨리려는 강한자들 짐승들 뿐이었으니까. 떼거지로 공격을 퍼붓는 시댁식구들의 논리는 누가 만들었는지 알 수 없었다. 감추고 다니는 살쾡이의 발톱은 모두 주변사람들을 속이고 약한 자 앞에서는 더욱 더 난폭한 행동에 난 이미 할 말을 잊고 아연 실색한 상태니 할 말을 잊지 못하는 나를 바보라 칭했다. 나를 왕따시키는 일은 아주 쉬웠다. 바람 따라 떠도는 인생들인 진실과 가식에는 신경 쓰지도 않았고 관심 없었다. 그저 물질적인데 얽매여서 먹고 마시는데 만 최고의 관심사였으니 나 같은 시집살이 인생에서 숨 한번 돌리지 못한 처참한 인생을 사는 나에게 눈길 한번 주지 않은 버림받은 인생살이에서 허덕이는 내 꼴이 너무 우스웠기에 그런 것을 알고 있는 나였기에 침묵으로 일관할 수 밖에 없었던 혼란스런 시집살이를 몸으로 겪고 때우는 나를 누가 사람처럼 대했겠는가? 빈말이라도 위로해 주는 이 하나 없는 비참하고 처참하게 일그러진 내 모습에서 훗날의 미래가 보였겠는가? 그래도 누구 원망하고픈 생각은 조금도 없다. 난 세상이 어떠하다는 것을 조금이나마 긍정했으니까? 그 이유는 그런 고통 속에서 내 아들이 반듯하게 성장했기 때문에 더 이상 누구에게도 부정하는 모습 보이고 싶지 않다. 복잡한 남의 가정사에 일일이 개입하여 남의 집 제사상에 감 놔라 대추 놔라 하는 것도 개인주의 때문에 갈 곳을 잃어버리고 설자리도 누구자리 인지도 모르는 혼란 상태에서 쓸데없는 말만 난무할 뿐 도움이 되어주지도 못하는 사람들, 정작 무슨 일이 닥치면 그 앞에서 무슨 말을 해주어야 되는지도 모르는 내가 피를 나눈 가족들 내 모습이 너무 부끄러워 고개를 들지도 못하고 일그러져 있을 때도 언제나 눈물이 앞을 가리고 두 뺨으로 비 오듯이 흐를 때도 마치 자기는 잘못이 없다는 식의 가식적인 모습은 미래의 단절이었다. 난 그 죽음의 눈물로 밤마다 베개

머리를 강물이 흐르는 것처럼 흘러 내릴 때도 내 양심에 속일수가 없어서 순응하면서 고통을 떠안고 아파서 우는 나를 누구 하나 자세히 들여다 봐주는 사람 하나 없어도 원망하고 싶지 않았다. 그것은 내게 주어진 내 몫이라고 체념했기 때문이다. 성숙한 사람이라면 내게 주어진 내 허물과 부족함을 짐이라고 여기지 않고 살았다. 뼈속까지 절절히 파고들었던 시집살이는 상처투성이인 나를 서서히 치유해 가고 있다. 누구를 원망하고 비난하고 싶지 않기 때문에 개인적으로는 거론하고 하는 것을 절제했다. 무절제한 나의 분노가 공평함을 깨뜨릴까봐 많이 걱정되었기 때문이다. 한때는 먹고 사는 일이 해결되지 않아서 보험설계사를 해보려고 시험을 봤었다. 합격하고 난 뒤에 현장에 투입이 되었지만 적성에 맞지 않아서 그 일을 그만 두었고 결국에는 노동을 선택해서 수십년을 노동일을 하고 있다. 뒤늦게 시작한 공부가 새 세상이 되었고, 생명력이 용솟음쳐 주체할 수 없는 희망을 껴안고 가진 것 하나 없고 맨땅에 헤딩하면서 육신을 맡기고 열심히 살아가고 있다. 순간순간 고통을 잊게 해 준 것은 일을 하는 순간들 성난 파도와 같은 세상속에서 파도와 부딪치면서 힘겨운 생활을 할 때도 하루하루 마음을 졸이면서 주눅이 들어서 어디에 가도 말 한마디 할 수 없었던 순간들도 비관하지 않고 누구 원망하지 않았다. 그러기에 긴 인고의 터널에서 탈출을 할 수 있었다. 사람답게 살고 싶은 나의 욕망이 나를 가만있게 두지 않았기 때문이다. 침묵의 세월이 견뎌내는 원동력이 되었고 다른 이를 함부로 판단하는 지각없는 행동을 절제할 수 있었다. 잔인한 세월속에서 승리하는 법을 배웠고 알맹이가 있는 인생을 사는 사람으로 새로 태어났다. 남들이 봤을 때는 바보처럼 의미 없는 삶으로 비춰졌지만 내실이 있는 삶으로 바꿔졌다. 그나마 늦깍이 공부로 내 부족함을 채울 수 있었고 주눅이 들었던 그 상황이 역전되어서 바보라는 말을 듣지 않게 되었다. 그 시집살이의 고통을 무사히 넘긴 것도 할 일이 많아서 시간 낭비하고 너스레 떨 시간이 없었기 때문이다. 시간은 기다려주지 않고 후회하는 시간을 살고 싶지 않았기 때문에 뼈속까지 파고들었던 고통을 다른 사람에게 피해주지 않으려고 인내하면서 침묵했던 세월이 약이 되었고 얼굴을 들 수가 있다. 그 인고의 세월은 자신의 오만함 때문에 자신이 누구인지 모를 때 자신의 짐을 약한자에게 지울 때 짐을 지운자에게 물 한방울 주지 않은 인색함과 욕심은 생명을 갉아먹는 남의 것을 착취하는 부도덕한 삶을 자기 행복이라 생각한다. 일관된 삶을 살지도 못하면서 큰 소리치는 영혼도 내용도 없는 빈 깡통처럼 소리만 요란하는 본능적인 삶에만 충실할 것이라고 생각한다. 난 세월이 약이 되리라고 믿는다. 시집살이로 인해 깊이 패인 상처에 치유도 새살이 돋아나서 스스럼없이 원수였던 사람을 대할 수 있다면 더한 기쁨은 없을 거라고 생각한다. 얼굴도 마주하기 싫은 사람들을 마주 보는 날이 올거라고 혼자 생각해 본다. 울먹이는 내 자신을 다독거리면서 이 글을 한줄 한줄 써 본다. 물 한방울도 주지 않은 그들의 그 독한 인성에 까무라칠 정도로 놀랄 뿐이다. 이것이 작은 가정공동체의 실체이다. 일관된 삶은 살지 못할지언정 다른 이에게 돌을 던진다는 것은 자신의 눈에 들보가 들어있는데 남의 눈에 티를 꺼내겠다는 어리석음은 참으로 부끄러운 일이다. 내 인생을 책임지겠다고 결혼을 한 남편은 가족을 버렸다. 효도라는 굴레에서 마마보이가 되어 자신의 역할을 망각한 채 정해진 틀 속에서 겉은 화려하게 살지만 실속이 없는 빈 껍데기에 불과해 기댈 수 있는 기둥이 되지 못했다. 이런 것들이 시집살이에서 오는 커다란 악재고 아부도 할 줄 모르는 내 자신을 원망하지 않는다. 가족들에게 조차 판잔을 듣고 왕따를 당해도 부끄러워하지 않았다. 나의 부끄러움을 씻어내려고 혼자만의 외로운 싸움은 끝이 날때가 있겠지 하면서 혼자 자신을 다독여 본다.

희망의 씨앗은 변화였다.

　내 자신을 증오하지도 않았지만 사랑해 보지도 못한 일그러진 그 모습 잠시도 내 자신을 채찍질하지 않으면 잠들어 버리는 삶에 돈밖에 모르는 천한 여자로 전락할까 봐 마음을 조이면서 한 발자국 한 발자국을 미래를 동경하면서 내 길을 갈때도 희망이라는 끈을 부여잡고 비오듯이 흐르는 눈물을 남몰래 훔치면서 안경 넘머에 내 자신은 비참했지만 참고 인내하는 것만이 여자에 삶이라고 가르쳤던 조상님들도 원망하지 않는다. 그저 힘겹지만 인간으로서 한걸음 한걸음 멈추지 않은 것을 나는 기적이라고 말하고 싶다. 적당히 머리 조아리고 아부를 한다면 이런 고생은 쉽게 끝날수도 있지만 정해진 틀을 부수고 일어났기에 오히려 그런것이 견딜 수 없는 괴로움을 동반했던 것을 세월이 지난 지금에서야 깨닫는다. 잠시도 내 자신을 한자리에 머물러 있게 하지 않았다. 죽음에서 일깨우고 살아있는 사람처럼 살고 싶은 그 용솟음 때문에 나 자신에게 채찍을 가하면서 굶지 않고 밥 먹고 살려고 스스로 하지 않으면 누구하나 쌀 한톨 주지 않는 온기 없는 한파속에서 견뎌내야 미래의 약속을 지킬수 있었기 때문이다. 언제나 내 자신에게는 인색했던 난 언제나 뒷자리에 머물렀다. 그렇게 하지 않으면 살아 남을 수 없을 것 같기 때문이다. 여자 목소리가 담을 넘으면 집안이 망한다고 했다. 그 말 한 마디로 여자들 발목을 전부 잡아 밖으로 향하지 못하게 했고 지금은 그 대안책으로 양성평등시대를 외친다. 무엇을 위해 살 것인가? 정체성이 무의미할 때도 꼭 생각나는 것은 내 아들 뿐이었다. 아들은 태어날 때도 선천성심장판막증을 앓고 있었다. 수술비도 만만치 않은 큰 돈이었다. 돈 한푼도 없는 가정, 망망대해에서 난파선이 되어 버린 나 자신을 바라보면서 하염없는 눈물을 흘릴 수밖에 없었다. 시어머니는 아무리 이야기를 해도 듣지 않았고 맏며느리란 체면과 입장은 아무것도 아니라는 듯 비웃음으로 일관했고 자신의 거짓된 삶과 속됨을 진실로 바꾸기 위해서 꾸며내는 계략은 참으로 드라마틱 했다. 속고 속이는 게임을 계속 진행했으니까 말릴 수 없는 내 자신도 역부족이었고 그런 시어머니를 신뢰할 수가 없었다. 그래서 혼자 생각한 것이 어느 단체의 도움을 받아서 아들을 수술하기로 했고 일은 순조롭게 이루어졌다. 수술은 장장 3시간에 걸쳐 끝이 났다. 시댁이나 친정이나 가족들간에 관계개선이 되지 않아 아들과 난 고통스런 사투를 벌였다. 큰 잘못을 하지 않았어도 시어머니의 요사스런 성격때문에 이간질과 증오심으로 그런 최악의 상황으로 몰아 갔다. 지금도 미안하다는 말 한마디 안하는 그 사람들의 입장은 믿을 수가 없다. 이젠 아들이 성장해서 장년이 되어 가고 미래가 있기 때문에 화해만이라도 하고 싶다. 하지만 나 자신을 달래봐도 마음을 연다는 것은 참으로 어려운 일이다. 내 인생을 빼앗아 간 그들은 즐겁고 행복했을 것이다. 난 그동안 발을 뻗고 잠 한번을 편히 자보지 못했다. 숨소리 한번 크게 쉬면서 살아보지 못했다. 그런 것이 다 시집살이였다. 미신을 믿지 않는다는 이유로 왕따를 당해도 말 한마디 할 수 없었다. 8남매의 자식들을 둔 시어머니의 입장은 대단한 권력이었다. 상식밖에 상상할 수도 없는 일을 하고도 얼굴색 하나 변하지 않은 뻔뻔스러움은 더욱 더 나를 비참하게 일그러뜨렸다. 변변한 생활비 한 푼도 받아보지 못해 결혼생활은 힘든 생활이었고 처자식에게는 인색해도 본가에는 주머니를 다 털어서 갖다 주는 8남매의 장남이라는 역할이 그렇게 대단한 것이었다. 대화보다는 폭력이 우선인지라 말 한마디 할 수 없었고 가정에서 필요한 대화조차도 이루어지지 않았으니 물거품이 되는 순간들이 가슴아프고 괴로웠다. 끝없는 미로속 같은 집안에서 출구를 찾았던 것이 이혼이라는 출구였다. 애썼지만 무관심과 편견속에서 가족들의 화목은 이름뿐이었고 허울뿐이었다. 남의 가정일이라고 쉽게 알고 쉽게 말했지만 피멍이 든 자리에서는 피고름이 터져나와 멈출줄을 모른다. 닦아내기를 반복해도 어찌할 수가 없어 눈물로 대신했다. 죄가 많아서 그런다고 비난할지라도 난 이 글을 마칠 때까지 쓸것이다. 새살이 오르지 않는 그 상처는 마음이 아프다. 왜 바보처럼 살아야 했을까 벙어리 삼년을 왜 다 채워야 했을까. 혼자 자문해 본다. 그 때의 생각은 다른 사람에게 상처주는 내 모습이 두려웠기 때문이다, 반복하지 않으려는 습성 때문에 바보로 살아야 했다. 되풀이 하지 않으려는 인성 때문에 귀먹어리로 살아야 했고 장님으로 살아야 했다. 내 마음은 후련하지 않지만 누구를 원망하고 싶지도 않다. 지난 일에 얽매여서 풀수 없는 실타래처럼 꼬인 인생을 고통스럽게 살고 싶지 않다. 냉혹한 현실을 떠안고 혼자가는 것이 내 주변 사람들이 편할 것 같아 힘겹지만 받아들였고 인고의 세월을 묵묵히 누구 원망하지 않은채 목숨이 붙어있어 살고 있다. 권력앞에 눈이 멀고 물질에 눈이 멀어 힘없는 자에 것을 착취하는 비열한 상황도 묵묵히 침묵으로 일관할 수밖에 없었던 현실들, 그러나 무디어진 결과는 살아도 산것이 아닌 죽음의 문턱을 넘나들어야 했다. 부모님 세대들에게 가혹했던 시집살이는 그대로 대물림이 되었고 옛날과는 다른 형태로 시집살이는 자행되고 있다. 부모님이 며느리를 찾아가면 푸대접이 많고 따뜻한 차 한잔도 성의있게 내오지 못한 며느리들이 많이 있다고 한다. 이것은 인과응보로 되돌리는 현상은 젊은 세대들은 방어에 수단으로 그리 했을거라 생각해 보지만 씁쓸하기 짝이 없다. 웃음을 많이 잃어버린 환경이 되어 버린 것이다. 어쩌면 이런 현실은 잔인하지만 자업자득인지도 모른다. 가벼운 웃음으로 넘기기엔 너무 아픈 일인데 내 마음이 찢어질 때 그들은 하늘을 향해 웃고 있었다. 어떤 결과가 기다릴지도 모르면서 나를 향한 비웃음에 힘껏 소리내어 웃었다. 귀먹어리 삼년을 간신히 견디어 낸 것이다. 상처가 깊은 만큼 할말도 많지만 가다듬은 내 마음을 분노와 증오심 속에서 투명한 마음을 행동으로 표현해야 했던 외로운 시간들 두번 다시는 되풀이하고 싶지 않다. 다시는 과거를 뒤돌아보고 싶지도 않다. 지금은 시냇가에 발을 담구고 물장구치면서 놀던 동심으로 돌아가고 싶다. 지난날의 기억들을 분노가 아닌 태연히 있는 모습을 그대로 성숙함으로 보잘 것 없는 글이나마 다른이들과 공감이 되는 잠을 이루고 싶다. 인성을 가진 인간이기에 때로는 너무 억울해서 용납할 수 없었던 순간 순간들 같은 모습으로 살지 않으려는 나의 피나는 결단력이 없었다면 모든 것을 흐지부지 의미 없이 넘겼을 것이다. 가진 돈은 많지 않지만 부끄럽지 않은 부모가 되기 위해서 피나는 노력을 하면서 살았다. 다시는 부모들의 전철을 밟지 않으려고 냉정한 마음으로 끊어

내었던 그들의 악습들 그런 것 때문에 더욱 더 왕따를 시켰는지도 모른다. 자기들하고 색깔이 같지 않았기 때문에 그런것들이 왕따의 이유는 되지 않았다. 그럼에도 불구하고 유난히도 본능적인 것에 집착을 보이면서 괴롭혔다. 때로는 내가 오히려 그들에게 동정심이 갈 때가 있었다. 인간의 모습으로 태어났지만 사람답게 살지 못하는 그들의 모습 모순덩어리인 그들, 진정한 모습이 보이지 않는 그들 함께 가족으로 산다는 것이 인간으로서는 치욕이었다. 나 자신을 위해서도 그렇고 자식을 위해서도 그랬다. 난 항상 아는 길도 물어서 조심스럽게 요란스런 파도를 만들지 않고 함께 편한 길을 가고 싶었지만 다른 문화를 서로 이해하고 공유한다는 것은 참으로 어려운 일이었다. 일방적인 이해는 용납되지 않았다. 나 혼자 이해를 해준다고 해서 해결되는 것은 없었다. 나만의 희생만이 동반 되었으니까? 주먹으로 해결하려는 남편의 폭력 앞에서는 두렵지는 않았지만 똑같은 언어로 똑같은 폭력을 견딜 수 있는 사람은 한 사람도 없을 거라 생각한다. 그래서 아는 길도 물어서 가는 신중함도 보였지만 언제나 돌아오는 것은 모든 잘못은 나한테로 돌아왔다. 언어폭력에 시달리고 육신폭력에 시달리고 난 할 수 있는 일이 아무것도 없었다. 시어머니의 모함과 이간질은 끝도 없이 장시간 이어졌다. 그렇게 아들 며느리 사이를 멀어지게 만들었다. 이렇게 겪고 사는 것을 자식세대들이 다 보면서 자랐다. 시어머니들의 신종 시집살이의 근거를 다 만들어 준것이다. 지금은 아파도 아프다는 말도 할수 없는 부모세대들이 되어가고 있다. 난 침묵의 횡포속에서 아파하고 괴로워하면서도 미래에 대한 기대 때문에 참아야 했고 아파해야 했다.

색깔이 없는 선택

　70년대 80년대 이런 세대에는 가정에서 보고 자란 가정교육이 큰 역할을 했지만 개인주의와 물질만능주의 때문에 무용지물이 되어 버린 지금 참 너무 멀어진 것이 많다. 우리 54년생 세대들은 유난히 많은 희생을 강요당하면서 살아 왔다. 사회나 가정에서 지금 젊은 세대들은 당당하게 할 말을 하고 산다. 난 할 말을 하려고 하면 주먹이 먼저 날아왔기 때문에 행동이 우선이었다. 다른 사람과는 반대다. 겉으로 보기에는 많은 것이 해결된 것처럼 보이지만 깊이 파고든 마음에 상처는 오랜 세월을 울어야 했다.

　멍이 든 가슴을 붙잡고 남몰래 울어야 하는 막다른 골목길, 인생처럼 주체할 수 없었던 분노도 증오심도 내려 놓았다. 이제는 가볍다. 모순된 삶속에서 시집살이의 짐을 벗으려고 안간힘을 쓰고 있는 것은 21세기를 바라보는 지금도 마찬가지다. 충실하고 성실하게 살았지만 이해받지 못했기 때문에 생활고에 시달리는 것은 지금 별반 다를게 없다. 가난에서 벗어난다는 것은 참으로 힘겹고 고된 삶이다. 무료한 삶 자체였다. 일방적일지라도 이해하고 다독이는 것이 길들여져 있었다. 난 성숙한 인간의 삶을 살고 있었기에 가능했다.

누구한테 칭찬 한번 받아본 적은 없지만 이런 상황들은 신앙이 있었기 때문에 넉넉한 마음속에서 맏며느리의 기질이 나왔다. 온기하나 느껴지지 않은 차갑고 매서운 눈들에 가족들 피를 나눈 형제들도 같은 마음으로 바라 보았다. 따가운 시선을 피해서 난 열심히 살았다. 행여 손이라 벌릴까봐 싫어하니 가족들간에 왕래도 끊어 버렸다. 메마른 인간성과 인색함에 호소해 본들 왕따나 시키기가 일쑤였다. 성의있는 물 한방울 주는 것조차 아까워하는 가족들에 그 인색함, 그들 눈에 그저 바보였다. 나는 원망하고 싶지 않다. 내 영혼이 병들까봐서 어린 아들이 있었기 때문에 사회에서 요구한대로 내 육신을 내어 던지고 물질적인 것과 분별없이 천한 여자는 되기 싫었기 때문이다. 시대를 원망하는 것조차도 나에게는 사치였다. 목구멍이 포도청이었으니까. 내 친정은 권위주의 집안이고 전통주의 집안이었다. 상상도 할 수 없는 힘든 일을 혼자 겪을 때도 따뜻한 눈길조차 한번 주지 않던 차가운 형제들 우애라는 말이 부끄러워서 고개를 들지 못했고 나 자신의 처절한 입장 때문에도 떳떳하게 말 한마디 할 수 없었던 지난날에 아파했던 일들. 난 나의 잘못에 대해도 이제는 떳떳하게 이야기할 수 있는 긍정으로 바뀌는 사람이 되었다. 이런 사람이 될 때까지 나의 많은 어두운 부분을 붙잡고 돌팔매를 맞으면서 묵묵히 인내하면서 견뎌왔던 세월들, 누가 시켜서 했던 것도 아니다. 그렇게 하지 않으면 다른 사람의 지배에 짓밟히기가 일쑤였다. 골리앗과 다윗이었다. 이름없는 한 인간의 인생은 마음대로 해도 된다는 생각을 아무 두려움 없이 하면서 살아 왔다. 아무도 관심 갖지 않았다. 돈이 없다는 그 이유 하나만으로 많이 배우지 못했던 그 이유만으로도 열심히 살아온 날들을 하찮게 바라보는 사람들, 누가 알아주지 않아도 내게 주어진 일들 고통스런 일이라도 감당하면서 살아왔다. 꿋꿋히 늙어서도 부끄러운 부모가 되지 않으려고 가진 돈은 많지 않지만 자식 앞길 막는 부모는 되지 않으려고 많은 것을 감수했다. 그래야만이 참아온 댓가로 눈을 돌릴 수 있을거라 생각했다. 주어진 미래는 온전히 내게 주어진 것인지 판단하기도 힘들었다. 다른 이들의 강요에 의한다면 미래는 내게 주어진 것이 아니니 실천할 수 있는 능력도 주어질 것이라고 믿어 의심치 않았다. 인생을 살아내기 위해서 눈물의 얼룩이 피처럼 응고되어 얼룩졌지만 세월이 약이 되어 많은 것이 해결되었고 나의 변화된 삶을 제대로 바라봐 주지 않은 부정적인 눈초리들은 아직도 과거에 나로 인식하고 인정해 주지 않는 것은 괴롭지 않았다. 열심히 살아온 것 만큼 부끄러운 부분들은 시대에서 멀어졌으니까. 원망하고 살 시간도 가치 없는 일이기에 내것인 내 인생을 후회없이 살기 위해 안해 본 일없이 열심히 산 덕분에 밥 먹고 사는 일은 순조로웠다. 고단한 인생길이었지만 두번의 후회는 하지 않기 위해서 모진 시집살이의 싸움으로 깊이 패인 상처와 승부를 해야 했다. 아무도 상상도 할 수 없는 것은 관심도 받지 못한 채 혼자만의 싸움으로 굳어버린 가정에 현실들, 의사소통도 내 의견은 일괄 무시해버리는 잔인했던 현실들, 그 앞에서 어느것도 자유로울 수 없었다. 모진학대는 고문과도 같았다.

그들의 기쁨은

아무 양심에 거리낌도 없었다. 난 거센 풍파에 견디는 것밖에는 할 수 있는게 없었다. 피 한방울 섞이지 않은 남이었다. 맏며느리도 아니었다. 필요할 때만 써먹는 그 집에 머슴이었다. 품삯도 주지 않았다. 사랑에 물 한방울도 건네지 못하는 인색함을 화산과 같은 증오심 덩어리였다. 시집살이의 속성을 끝없이 만들어 내는 그들은 그런것이 기쁨이고 즐거움이었다. 세상에서 가장 선한 척 했던 시댁의 식구들은 피도 눈물도 없는 가장 악한 사람들이었다.

이중성에 역겨움은 나를 죽음의 문턱에까지 이르게 했다. 눈만 감으면 송장처럼 되어있는 나의 몰골은 나부터도 옆에서도 망칠 수밖에 없었다. 그게 내 자신이었다. 살기 위한 처절한 몸부림은 나를 강하게 만들었다. 숨을 쉬고 먹을 것을 먹고 사람의 모습으로 살기 위해서는 뼈를 깎는 나의 인고의 세월을 누구를 원망하면 안되었다. 상처 투성이가 된 나를 끌어안고 피눈물을 흘리면서 인내를 했고 하다 보니 세월이 약이되어 치유가 됨을 느끼면서 마음은 더 편안해 졌다. 가진 재산은 없지만 후회하지 않는다. 아들의 미래를 열어 주었기 때문이다. 악한 이들은 다른 사람을 망가뜨리는 데 힘을 쏟지만 선한 이들은 살리는

데 모든 것을 쏟아 붓는다. 원도 없이 폐쇄된 가정에서 악성을 드러냈던 시댁에 식구들 그들은 그것이 복이라 여겼고 부끄러움을 모르고 뻔뻔스러움은 정도를 넘어섰고 8남매의 큰 며느리인 나를 하찮게 여겼었다. 집안의 망신인지도 모르면서 자신들의 하찮은 생각에 도취되어서 멈출줄을 모르고 이혼까지 이르게 했다.

한줄기의 희망도 없는 집안에서 어쩌면 잘된 일인지도 모른다. 하지만 그 억울함을 어디에다 호소할 길 없기에 이렇게 글로서라도 적어본다. 화해하고 싶었을 때도 있었지만 무조건 무시하고 비아냥거리는데는 그런 마음도 움츠려 들어 버렸고 왕따를 당했다. 그러나 내가 살기 위해서는 변화된 내 모습을 보여 줬지만 인정해 주지 않은 그들은 뒷통수를 치는게 우선이었다. 그들의 왕따는 외로움을 동반했고 나는 그들에게 끊임없는 화해의 마음을 요청했지만 편견은 끝내 해결되지 않았다. 용서라는 말은 너무도 어려운 과거라 함부로 거론할 수도 없었다. 남편 잘못 만난 것도 큰 죄였다. 어린 아들까지도 외로움의 고통을 겪어야 했고 그들은 모든것을 부정했다. 언제나 비겁한 시댁식구들은 뒷통수에다 대고 저주를 했다. 앞에서는 모든 것을 감추고 말 한마디 제대로 하지 못하면서 언제나 선한 척하는 야만스러움은 모든 사람을 속이고 자신도 속였다. 지금도 깊이 패인 상처는 눈물을 흘리게 한다. 그러나 한 자식의 어머니는 그런 나약함에 빠져서 언제까지 한숨만 쉬고 있을 수 없어서 돌팔매를 맞으면서도 씩씩하게 살 수 밖에 없었다. 고통이 온몸을 감전된 듯이 엄습해와도 내 인생을 살기 위해서는 나의 정체성을 찾으려고 헤매고 다녔다. 2018년 7월 8일 아주 무더웠다. 어두운 세월의 흔적으로 잇몸이 전체가 아파서 생 이가 다 물러 빠졌다. 그

때 생각을 하면 증오심에서 헤어나기가 어렵다. 욕심을 버리고 부정을 긍정하면서 틀이를 하기 위해 혜화동 서울대학병원으로 잇몸치료를 다니고 있다. 그 흔한 임플란트도 할 수가 없다. 난 내 자신의 어두운 부분도 숨기면서 이중인격자로 살기 싫다. 이제는 인고의 세월이 많이 지나갔기 때문에 말하고 싶다. 열심히 주어진 일을 하면서 맑은 영혼을 갖고 살고 싶다고 다른 이의 귀에 대고 속삭이고 싶다. 아무런 일이 없었다는 듯이 능청을 떨면서 인내의 세월이 헛되지 않기를 바라면서 자연속에서 내면의 자유를 만끽하면서 살고 싶다. 지금도 숨막히는 시집살이 생각을 하면 아우성을 치고 싶을 때가 많다.

몸이 아파도 앓는 소리 한번 할 수 없는 상황 누구하나 들어줄 이가 없었기 때문이다. 하루살이와 같은 속성을 가진 시댁식구들은 나를 복종의 세월을 보내게 했을 뿐이다. 합리적인 것은 그저 먼 나라의 이야기일 뿐 현실과는 너무 멀었다. 자신들이 충족되지 않으면 그 화살은 다 나에게로 돌아왔고 거의가 다 시어머니의 저주였다. 지금은 친정엄마가 돌아가신지 4년째 접어들었다. 나 때문에 남몰래 울던 엄마를 바라보면서 철이 들고서야 그 아픈 마음을 헤아렸고 속죄의 눈물을 많이 흘렸다. 부모는 열손가락이 다 아프다고 했다. 가장 보잘 것 없는 손가락이었지만 나를 보고 울었다. 나를 묵살하고 무시했던 시간들은 누구도 보상해 주지 않았다. 아픈 만큼 힘들었고 어제 일처럼 느껴져 말없이 시선을 허공에 머문 채 넓은 하늘을 바로 보노라면 시름을 잊게 해주는 하늘에 감사했다. 오직 자연에 이치만이 나를 치유했다. 새살이 돋아서 잊어버리고 용서하는 법을 배우려 한다. 주마등처럼 스치는 시어머니의 언어폭력이 가시처럼 박혀서 뽑히지 않는다. 그럴때면 오장육부가 오그라든다. 담담하게 혼자 견뎌야 했던 시집살이의 끈은 정말 질기고도 질기다.

　과거와 현실을 넘나 들었던 나 자신 과거는 시댁 식구들의 미신이었고 현실은 나였다. 남의 이야기가 아니었다. 외면해 버리면 남의 이야기인 줄 알지만 아니었고 관심 받지 못한 시집살이 현실은 늦가을에 늦게 떨어진 낙엽처럼 불에 태워진 슬픔이었다. 공유할 수 없이 철저히 버려진 시간들 혼자 위로하면서 천천히 걸음마를 배웠고 뛰지 않고 걸어서 여기까지 왔다. 그래도 늦지 않았다. 다른 이들과 걸음을 함께 하게 되었으니까.

　지나간 세월은 되돌릴 수 없지만 살아남기 위해서 굴욕을 참았던 기억들은 정말 아프다. 업신여기고 돌을 던졌던 그 사람들 지금은 무엇을 하나 하고 살펴보면 생각 한번 바꾸지 못한 사람들로 살아가고 있다. 거부하고 낯설어하면서 안일한 삶속에 안주하면서 고정관념속에서 자신들의 이익에만 눈이 밝은 속된 인간으로 살아가지 말고 참된 사람이 되기를 기대해 본다. 애벌레도 껍질을 까고 나오지 못하면 나비가 되지 못하듯이 인간들의 삶도 끝없이 의존하는 습관을 갖는다면 도태한 생활습관을 못 벗어 날 것이다. 이런 것들이 어쩌면 독재정치에 표본인지도 모른다. 나라는 오랜세월 동안 많은 지배속에서 살아 왔다. 자신있고 당당한 모습은 보기가 힘들다. 언제나 웅크리고 어두운 곳을 좋아하는 민족으로 살아온 것이 너무 자연스럽다. 부화된 병아리처럼 자연에 법칙에 의해서 어미닭이 될 때까지의 과정은 어미의 보호를 받지만 홀로서서 보호를 받지 않을 때가 온다.

밝은 날의 끝은 어디인가

　지금은 21세기를 가고 있다. 성숙하게 살아갈 수 있는 국민성이 국력을 키울수도 있다. 많은 과제들이 기다리고 있다. 북한은 핵으로 우리나라를 협박하고 있다. 또한 강대국들의 간섭도 빈번하게 이루어지고 있다. 이 눈치 저 눈치 때문에 방향을 잃고 헤매는 선장이 없는 배는 되지 않기를 염원한다. 예전에 이스라엘 백성이 이집트 땅에서 종살이에서 풀려 날 때도 사흘이면 갈 수 있는 거리를 무엇때문에 오랜세월이 걸렸는지 생각해 볼 때가 된 것 같다. 잃어버린 것을 되찾기 위해서 참회하고 갈망하면서 무거운 발걸음을 옮겼으리라 생각해 본다. 그런 각고의 시련끝에 이스라엘은 강대국들과 어깨를 나란히 했다. 지금은 다양성의 시대에 도래했다. 시집살이 역시도 신종이 있고 옛것이 있다. 남을 속이기만 하는 화려한 포장지는 무엇을 포장했는지 조차도 모르고 가고 있는 선물 그 안에 내용까지도 관심을 갖고 알맹이 없는 무관심은 버리고 가야되지 않겠는가?
　개인주의가 팽배한 현대사회는 또 어디로 방향을 잡아야 할 것인지 보고만 있을 수가 없다. 서로 이해하는 모습은 정말 아름답다. 시집살이는 또 무엇이겠는가? 낯설다고 무시해 버리는 관습때문에 생겨난 악습이다. 유유상종이 아닌 서로 다른 이웃일지라도 그냥 진실된 모습으로 보아 준다면 정말 상대방도 마음이 움직일 거라고 생각한다.

　참된 삶으로 어깨동무를 하고 간다면 두려울 것이 뭐가 있겠는가? 먼 곳에서 바라보고 함께 가지못하게 했던 몸서리쳐지는 지역감정도 권력에 희생물이었다. 외형만보고 함부로 상대방을 기만했다면 물질이 자신의 모든 것이 되어버린 끌려 다니는 자신들의 정체성은 혼란을 야기할 때가 분명히 올 것이다. 또한 소 잃고 외양간을 고치는 실수는 반복해서 일어나고 불안정한 모습으로 감추고 속이는 떳떳하지 못한 생활에 또 익숙해질 것이다. 작은 일이라고 그냥 무시하는 일 없이 관심과 사랑이 무관심과 왕따를 배제할 수 있다. 바쁘다고 소홀히 했다. 남성들은 마치 돈버는 기계처럼 전락해 버린 웃지 못 할 일들이 우리의 현실이다. 물론 여자들은 육아부분이 있긴 하지만 너무 뿌리 깊은 안주였고 허울 좋은 변명이다. 지금은 자녀들은 많이 출산하는 시대가 아니다. 그럼에도 불구하고 출산하지 않은 사람들도 많다. 프랑스의 전철을 밟는 것이 아닌지 염려스럽다. 우리는 우리다 다른 나라를 모방하지 않고 간다면 우리사회와 나라는 누구도 좌지우지 못할 것이다. 밑 그림도 제대로 구상되지 않은 허술한 짜임새는 뽀얀 안개에 가려져서 허상을 쫓다가 돌 뿌리에 채여서 넘어지고 실망하고 좌절할 때도 훌훌털고 일어나는 용기는 참으로 아름답다. 아무런 이유없이 사돈이 땅을 사면 배가 아프다는 못된 심보는 아직도 대를 이어가고 있다. 시기하고 질투하는 것, 다른 사람의 심령을 상하게 하는 것, 눈에 보이지 않는다고 해서 괜찮은 것인 줄 알고 자신을 속이는 일은 영혼이 숨을 쉴 수가 없다. 그들은 오랜세월 동안 습관적으로 맏며느리인 나를 괴롭혔다. 그것이 죄인줄도 모르고 자손들의 앞길에 걸림돌이 될 줄도 모르고 미래에 놓여진 어두움을 감지하지도 못한 체 먼 산을 바라보면서 자손들 위해 두손 모아 기도한다고 가식적인 행동을 진심처럼 꾸며 댄다. 조금의 배려도 하지못한 체 증오심에 화살을 맏며느리인 나에게 마구 쏘아댄다. 그 이중성을 감추고 주변사람들을 기만하면서 세상에서 가장 선한 얼굴을 하고서 그럴때 어찌해야 될지 모르는 나는 꾸밈없는 내 성격탓에 그렇다고 분별없는 행동을 마냥 하는 나도 아닌데 양심은 꺼리낌없이 자유로웠지만 행동은 언제나 제약을 받았고 다른 사람들의 시선은 따가웠으니까. 자기들이 만들어 놓은 틀속에 나를 가두어둔 채 끊임없이 조롱했고 웃음을 잃어버린 사람이 되었고 모방에서 자유롭지 못한 나는 이럴수도 저럴수도 없어 견뎌내야 했던 시집살이 그 외로움은 무엇과도 비교할 수 없는 형벌이었다. 시집살이라는 형틀에 매어달린 시간들은 지옥이었다. 시어머니의 교묘한 술수는 남을 속이는 것이 아주 능숙한 솜씨였고 거짓 포장속에 감추어진 잔인성은 사람이 살 수 없었다. 아무도 뒤돌아보지 않는 인고의 세월 뒤에 나만이 나쁜 사람이 되어있는 억울함 누가 풀어줄 수 있을지 하늘이 원망스러울 때도 있다. 세월이 약이라 해서 세월을 믿어 본다. 그렇지만 쉽지만은 않다. 하늘이 알고 땅이 알아도 묵묵히 지난 세월을 순응할 수 밖에 없다. 자신들의 잘못을 약한자에게 책임을 전가시키는 비도덕적인 행위 약한자는 작은 돌맹이도 버겁다. 며느리가 잘못 들어와서 집안이 안풀린다는 시어머니의 망령 섞인 말은 나의 기를 죽이고 말 한마디 할 수 없는 바보로 만들어 놓고 뒤에서 낄낄대면 비웃어 댔던 그들의 웃음소리는 내 마음을 갈기갈기 찢었다. 자신들의 잘못으로 잘 풀리지 않은 것을 며느리에게 잘못을 전가시키는 아주 비겁하고 악한 사람들 이었다.

  한 집안의 명운이 다했다 해도 과언이 아닌 그런 잘못된 만남이 내 인생을 회색의 구렁텅이로 몰아넣고 자신들은 즐거워하고 기뻐하면서 난 함께 즐거워 할수도 없었던 시간들 시간이 거꾸로 돌아가서 다른 인생을 산다해도 두 번 다시 보고 싶지 않은 시댁의 가족들 세월이 흐른 뒤에는 화해가 되고 용서가 되겠지 막연한 망상에 사로잡힐 수 있지만 먼 곳에서 있었던 것이 용서다. 시대는 많은 것을 뒤로 한 채 변해왔지만 우리 50년 시대의 기성세대들은 변한 것이 없었다. 그래서 젊은 며느리들이 바꿔 놓은 것이 신종 시집살이다. 그들은 결코 구세대의 시집살이에 희생되지 않겠다는 굳은 마음을 행동으로 나타냈다.

  시어머니의 그 이중성 때문에 내 인생은 송두리째 빼앗겼다. 인고의 세월은 그 인간들의 무지가 만들어 냈고 그 세월속에 동참했던 사람들이 앙갚음을 한 것이다. 마음속에 쌓였던 분노와 증오심을 시집살이에 대상인 나에게 다 풀었다. 자신들은 잘못이 없고 큰며느리인 내 잘못으로 다 돌렸다.

  아무 양심의 꺼리낌이 없이 아직도 귀에 쟁쟁하고 고통스럽다. 아무도 들어주지 않는 나의 고통 내 자신에게 직면해 있는 고통을 어느 누구하나 안다고 대답해주는 이 하나없는 칠흙같은 어두움을 내 분노와 증오심이 뒤엉킨 숨을 쉬고 살기 위한 절규를 피를 나눈 친형제들도 뒤돌아서는 피맺힌 아픈 시집살이를 아무도 힘들겠구나 하면서 따뜻한 손길하나 내밀지 않던 친 형제들도 그들은 그 짐을 나 한테 다 지웠고 내려 놓지 않았다. 결국은 결자해지라고 내가 내려 놓았다. 너무 억울함을 견디기 힘들어 하늘이 노랗고 숨이 막히는 그런 상황들은 하늘이 높아서 뛸 수가 없었다. 그 시집살이 고통을 되물림 했다는 시어머니의 생각을 받아들이지 않았던 것도 시어머니 눈에는 가시였다. 거짓으로 포장한 채 주변사람들을 기만하는 시모님의 언변은 대단했다. 가장 가까운 자식들까지 속아 넘어갔으니까. 마치 나를 망가뜨리려는 습성은 전염병처럼 금새 퍼져나갔고 자신들의 무지함을 피도 눈물도 없는 그 교만함을 자기 자신들 마져 속이면서 뼈가 녹아 내리는 고통을 혼자 견뎌야 했으니까.

거짓된 삶

　난 그 집에 며느리이기도 하지만 가족이고 8남매 맏며느리였다. 헌데 핏줄이 아니라는 이유로 언제나 뒷전이고 왕따의 대상이었다. 보잘 것 없지만 이 글을 쓰게 된 동기는 누구를 탓하기 위해서가 아니다. 똑같은 고통을 대물림하지 않기 위해서다. 가족 중 누구라도 시집살이의 권한은 준 적이 없다. 그런 고통속에서 어떻게 극복했는지를 말하고 싶어서 몇 자 적는다. 뒤늦게 공부를 한 것이 이 고통을 이겨낼 수 있는 원동력이 되었으니까. 누구든 고통이 크든 작든 자신의 자리에서 하고 싶은 일을 하는 것이 한 방법이기도 하다. 그 일속에 파묻혀 살다 보면 순간순간 잊어버릴 수 있어서 참 좋았고 순간 순간들을 난 혼자서 책임져야 했고 내 감정 즐거운 기쁨들을 기나긴 세월이 외톨이와 왕따를 당해야 했던 세월 속에서도 언제나 보이지 않은 내면에 기쁨이 나를 견디게 했다. 먹고 사는 일도 바쁘고 공부하는 일도 언제나 시간이 모자랐고 가정에서 가장으로서의 역할도 눈코 뜰 새 없이 바쁘다 보니 그 험한 세월과 싸울 시간도 없었다. 그런 고통들은 다 시간 낭비였으니까 무시해 버린채 현실에 충실해야 했고 과거에 집착해서 누구를 미워하고 분노하면서 살기엔 인생이 너무 짧으니 앞으로 내딛는 발걸음은 조금은 가벼웠다. 그리고 얼마나 행복했는지 모른다. 외적인 조건과는 너무 다르게 그리고 주어진 삶에 감사했다. 정녕 하늘이 있구나 긍정적인 생각을 갖게 했으니 분노를 이기지 못하고 나쁜 생각 때문에 도태해 버린 시간을 되돌릴 수 없지만 매사에 감사하면서 내 생명에 존엄성도 부여하면서 한걸음 한걸음 옮길때면 심정은 어두웠지만 발걸음은 가벼웠다. 새로운 세상 새로운 문이 내 앞에 활짝 열려 있었으니까. 그렇게 칠흙같은 어두운 밤이 외로움과 겨울같은 한파에도 살기 위해서는 두렵지 않았다. 한줄기의 빛을 찾아 헤맬때도 누구하나 원망하고 싶지 않았다. 그리스도께서 저주의 나무 십자가 형틀에서 참혹하게 변을 당할 때도 아들의 십자가형을 두눈으로 목격하신 성모님도 그 보다 더한 고통은 인간사에서 없을테니까. 시어머니의 저주로 온몸이 병들어 썩어갈 때도 하늘을 우러러 부끄럼이 없으니 왕따도 두렵지 않았다. 저주도 두렵지 않았다. 이 모든것은 창조주의 조화라는 것을 알았을 때 아들을 품에 안고 고통을 이겨냈을때도 자신들과 색깔이 다르다는 이유로 경계하고 무시하고 아주 낯선 사람들로 변해버린 그들이 가장 추한 자신들의 치부를 들어 내면서 귀한 시간들을 낭비할 때 난 그들과 다른 삶을 선택했다는 것은 선명한 내 자신의 색깔을 찾기 위해서 였으니까. 시간을 낭비한 것도 후회하지 않는다. 난 마음적으로 항상 기뻐했다. 어두움이 걷히고 기쁨으로 바뀌었으니 그 흔적은 아직도 육신곳곳에서 나를 괴롭히지만 부끄러움에 흔적을 강제로 나를 괴롭히지만 부끄러움에 흔적을 강제로 지우고 싶은 생각도 없었으니 어두움을 통해서 어두움이 심판을 한다는 것은 화해도 없고 용서도 없으니 아무것도 없는 메마름과 목마름만이 존재할 뿐이다. 그것마저도 뇌리에서 사라지기를 바라면서 용서를 배우고 대추나무 연걸리 듯 이리 꼬이고 저리 꼬이고 그렇게 꼬인 사람들 용서한다는 것은 하늘에 별을 따는 것처럼 어렵다. 그렇게 언급하는 것 조차 마음에 괴로움이 엄습해 온다. 내 자신이 살기 위해서는 더 넓은 곳을 향해 보려한다. 퇴보했던 세월만큼 앞만 보고 살았고 옆도 뒤도 돌아 볼 겨를 없이 열심히 살았다. 도덕적 해이 때문에 양심도 결여되고 인성이 바닥 난 상태가 되어버렸다. 마비되어 버린 상태다 내 인생을 송두리째 훔쳐가버린 그들을 결코 용서하기란 어렵다. 그래서 언제나 눈물이 앞을 가린다. 어느 샌가 눈물이 진한 피처럼 끈적거리게 흘러내리고 있다.

그렇다고 해서 한숨을 들이쉬고 내쉬고 있을 수는 없다. 보잘 것 없지만 작은 일에 충실하고 작은 인생에 도랑물이 되어서 가뭄을 적시고 시냇물은 이루고 충실한 인생에 보탬이 되는 사람이 되기를 기대해 본다. 기다렸던 세월들이 헛되지 않고 나 자신의 변화가 큰 수확이 되었으면 하는 기대 저버리지 않고 살기를 믿어 본다. 강물이 넘쳐서 풍년이 들때면 필요한 사람에게 주는 것은 인지상정이다. 가뭄이 해결된 것이니.

이제는 21세기 이다. 여자이기 때문에 안된다는 말은 듣고 싶지 않다. 지역감정 때문에 안된다는 말은 듣고 싶지 않다. 더더욱 희생양은 되고 싶지 않다. 당당하게 살면서 내 자리 아무에게나 내버려 주지 않은 연약한 여자로도 살고 싶지 않다. 그냥 소박하게 함께하고 싶다. 다른 사람들과 함께 말이다. 골이 깊은 어두움이었지만 후회하지 않는다. 욕심 없이 내 것을 먼저 챙기지 않고 살아온 세상은 잃어 버렸던 신뢰를 다시 찾고 사람답게 사는 법을 배웠기 때문이다. 나의 부족한 부분을 채워주었기 때문에 내 존재가 있고 내 이웃이 있고 형제가 있다. 미움없이 사심없이 남을 아프게 하면서까지 살고 싶지 않다. 이제는 깎여서 둥글둥글해진 나 자신 항상 잘난 사람 못난 사람 함께하는 세상속에서 어우러지면서 함께 살면서 외로움을 해소하고 싶다. 서로 부딪끼면서 어우러지는 법을 배우고 진맛이 나는 인생을 살아보고 싶다. 살아있다는 것을 느끼면서 인생을 곡예처럼 위험도 있고 짜릿함도 있는 매력있는 인생관을 갖고 누구의 눈치도 보지 않는 자유스러움을 만끽하고 싶다. 아부도 없는 세상 주어진 자신의 재능을 갖고서 말이다. 내 인생에 주인공은 나지만 공유하는 자식과 주변에 사람들과 함께 즐겁게 살아가고 싶다. 내 것이라는 삶은 너무 이기적이기에 마음대로 혼자 할 것, 안 할 것이 구분되지 않는다면 혼란이고 독선이다. 다른 사람을 상하게 하는 욕심일 뿐 아무도 것도 소유하려 들지 않을 것이다. 시집살이는 코부라의 독보다 더 무서운 독이다. 나를 죽음으로 몰게 했던 그 가족들의 냉대는 궁핍한 생활보다 더한 그들의 왕따였다. 과거가 지나고 미래가 온다면 그런 시어머니는 아무에게도 환대 받을 수 없을 것이며 죽어서도 지옥에서도 고통스런 영혼으로 아니면 영혼도 없는 미물로 살아갈거라 생각한다. 아직도 그 아픔의 상처 때문에 남 모르는 눈물을 흘릴때면 바보스러웠던 나의 삶이 다른 이에게 도움이 될 수 있을까 의문스럽다. 내 인생은 갈기갈기 찢어버린 그들, 짐승보다 못한 그들은 화해라는 단어 앞에 떳떳하게 설수 있을까? 아버지가 일찍 돌아가시고 모친께서 육남매를 키워냈을 때 나는 그 엄마의 가슴에 대못이었다. 효도 한번 해보지 못하고 불편함만을 드려야 했던 나의 고통스런 삶은 전염병처럼 옮겨갔으니까. 가족들은 자신의 죄값을 한다고 박수를 쳤을 것이다. 철없던 시절의 나의 잘못은 유교마을인 친정사람들의 따가운 시선에 고향땅을 밟지 못했다. 엄마의 품속 같은 따뜻함을 느끼는 고향도 멀게만 느껴 가보고 싶어도 갈수 없었던 아픈 기억들 나는 용서하는 법을 배우고 싶다. 진정한 마음의 용서를 나는 인생을 곡예사처럼 살았다. 제 입맛에 맞지 않는다고 금방 등을 보이는 사람들 그래도 나는 진국설렁탕 국물 같은 인생을 살아 보고파 열심히 살았다. 죽음속에서 살아있음을 느끼고 희생의 가치를 무의미함으로 살지 않고 자신이 살아남는 법을 배우면서 짜릿함도 있고 매력있는 인생관을 갖고 누구의 눈치도 보지 않은 자유스러움 속에서 작으나마 행복을 느끼면서 잘 살아가고 있다, 내 인생의 주인공은 나지만 왜 그렇게 시기와 질투속에서 모함을 당했는지 내 인생관이 잘못되었는지 때로는 의심스러웠다. 내 주변에 사람들을 마음껏 아끼고 사랑하면서 살고 싶은것이 내 철학이다. 내 가족이니까 하는 그런 얄팍한 사고가 아닌 성숙한 사람으로서의 사랑, 금방 이것저것 따지지 않은 그런 인생관 속에서 만끽하는 삶을 살고 싶다. 나의 욕심인지는 모르겠지만 그런 인생을 흔들림 없이 살아내고 싶다. 내 마음을 때로는 나도 모를때가 있었다. 그럴때면 눈에 넣어도 아프지 않은 내 아들의 미래를 생각케 했다. 죽고 싶어도 마음 놓고 죽을 수도 없는 하루살이와 같은 삶, 나는 내 존재의 가치를 아들에게서 찾을 수 있었기 때문이다. 누구를 위해서가 아니다. 보잘 것 없지만 아들이 있기 때문에 절제를 할 수 있었고 내 자신을 통제할 수가 있었다. 큰 비중을 차지하지는 못하지만 혈육이 없다면 희망의 덩어리는 더 작을 수 밖에 없었을 것이다. 그 존재들을 인정할 수 있기에 내가 살아있는 것을 돌아가신 엄마의 말 한마디가 나 자신을 돌아

보는 지침이 되었고 눈물을 펑펑 쏟아내는 인고의 세월을 떠올리면서 삼키는 눈물 속에서 뼈 아픈 반성과 거듭남이 없었다면 똑같은 전철을 밟아올지도 모른다. 그리고 다시는 남의 가슴을 아프게 하지 말자. 혼자 다짐해 본다. 하지만 나를 너무 가슴 아프게 했던 사람은 용서가 되지 않는다. 작은 용서라도 아픈 삶속에 고통의 동반자가 되어준 엄마, 그 부름에는 어떤것도 보상을 못했다. 같이 울고 웃었던 생생한 기억들, 나의 머릿속을 어지럽힌다. 그들은 모든것을 희생하면 미덕이라고 생각했던 그런 현실들이 더 가슴 아프다. 어쩔때면 미어지도록 아파서 하염없이 눈물을 혼자 쏟아내고 나면 마음은 후련했다. 그러나 해결책은 시원하지 못했고 유교집안인 친정형제들은 묵은 껍질을 깨고 나오지 못했다. 나는 60년이란 세월을 그냥 보낸 게 아니다. 여기저기 짓물러서 피고름이 마르지 않은 세월이다. 나 자신이 희생하는 계기가 되었고 부끄러움을 아는 사람이 되었고 모난 세월을 견디게 해 주었으면 그 루터기에서 햇순이 나와 꽃을 피우고 열매를 맺게 해 주었다. 그 수확을 맛 볼수 있는 내면에 기쁨도 주었다. 하지만 가족들은 나라는 존재를 아예 가족에게서 지워버리고 싶었는지도 모른다. 지금까지 따뜻한 말 한마디도 위로해 줄지도 모르는 무지한 삶을 자신들이 천국을 사는 것처럼 착각속에서 살고 있다.

철없던 시절의 삶

　어려움이 생기면 어디에 가서 의논도 할 수 없었던 나의 인생도 떳떳치 못했기 때문이다. 지금도 전화 한통 할 줄 모르는 사람들이다. 가족애는 찾아볼 수도 없다. 칠흙같은 어둠속에서 갈 길을 헤매 일 때도 진심어린 따뜻한 밥 한 숟가락을 외면했던 가족들이 다 마지못해서 거지에게 밥 주듯이 아무 성의가 없었다. 이게 오늘날 가족들간에 현실이다. 너무 차별적인 천대와 멸시는 견디기 힘든 형벌이었다. 진정 행복이라는 것은 경제적인 것에만 있는 것은 아니었다. 그래도 때로는 마음 깊은 곳에서 흘러나오는 행복감에 젖어 있을 때도 많았다. 물질 만능주의로 정신과 마음을 빼앗겨 껍데기 인생을 사는 것도 구역질이 났다. 그 인간의 가치를 크게 손상시키는 결과에 이른 것이다. 그들의 판단기준에는 물질적인 것이 모든 것이 되어있기 때문이다. 내형적이든 외형적이든 결국은 경제적인 것을 취하기 위해서다. 자신의 영혼까지 팔아서 부를 축적했지만 욕심껏 채워지지 않을 때는 공허함을 채우기 위해서 수단과 방법을 가리지 않은 파렴치한 이들이 많다. 그러기 때문에 힘있는 자는 남의 것을 착취하고 빼앗아서 욕심들을 채워왔다. 이런 성장을 위해서 자연도 파괴하고 가정도 파괴해 버렸다 남의 고통은 못 본

체하면서 자신들의 이익에만 눈이 먼 치한들, 많은 것이 엉망이 된 지금 온전하게 가정을 지킨 사람들은 반대로 바보 취급을 받는 이상한 사회가 되어있고 툭하면 남의 사생활이라면서 선을 넘는 악한 행동은 무엇을 위한 것인지 의문스럽다. 나도 한때는 얼마나 많은 유혹에 시달려야 했는지 생각만해도 끔찍하다. 가정의 정체성은 이미 무너진 지 오래다. 속고 속이는 가족들, 부부간에도 가족들끼리도 서로 기만하는 웃지 못 할 형태가 가관이다. 지금은 일자리 부족으로 몸살을 앓고 있다. 감당하기 어려운 일이다. 그런 문제들이 가정파괴로 이어지고 설령 한 집에 살고 있다고 해도 내분 상태니 한집에 각방 살림이다. 이런 의미 없는 삶이 집안에 주춧돌을 지탱한다는 것은 건강한 상태가 아니기 때문에 무너지는 것은 쉬운 일일 것이다. 현대시대에는 이혼도 큰 허물이 아니다. 하지만 아이들의 상처는 누가 책임져야 하는지 준비없는 미래가 되는 것은 아닌지 염려스럽다. 우리 386세대는 이혼이란 것이 살아가는데 얼마나 많은 제약을 가져왔는지 우리만이 알고 가슴앓이를 하면서 살았다. 얼굴을 들고 다니지 못했다. 동네에서는 쑥덕거리기가 일쑤였고 처녀가 애를 낳으면 그 집안은 일격을 가해서 웃음거리가 되었고 아무 힘도 없는 쓸모없는 인간들로 전락해 버렸다. 그 자신은 존재의 가치도 없이 숨소리도 낼 수 없는 죽음 같은 정적속에서 어디를 가든 그 꼬리표는 나를 괴롭혔다. 그러나 지금은 많이 다른 상황이 나를 반겨준다. 이상한 현상도 나를 인정해 주는 괴리가 없어졌다. 30년이란 세월이 흐른 지금 그 자체가 신뢰로 변해 있다. 관계개선이 이루어지고 이제는 나도 한 여성의 일원으로 인간의 일원으로 받아들여지고 있다. 이것이 시집살이의 끝인가 보다 먹고 살기위해 이리 뛰고 저리 뛸 때도 돌아보는 이 없는 황량한 벌판에서 혼자 모노드라마를 했다. 이제는 시집살이에서 자유를 얻었고 상처에서 벗어나는 귀한 치유에 시간도 지금은 많이 낯설다 가는 세월을 잡을 수 없다. 이제는 욕심없이 주어진 대로 내 인생을 잘 꾸려가 보려 한다. 거듭나는 삶을 누구의 눈치도 보지 않고 행복을 말하면서 마음껏 세상을 향해 나의 비밀스런 그림들을 펼쳐놓고 설명하면서 살고 싶다. 이 늦은 나이에 다 내려놓고 자유를 말하면서 몸으로 표현하면서 살고 싶다. 여자라는 아픔의 굴레를 벗어던지고 당당하게 구김없이 남은 인생을 한 인격체로서 의존하는 삶이 아닌 공유하는 삶으로 주인공이 되어서 살고 싶다. 여자들은 거의가 남자에게 의존하는 삶이 되었고 의탁하는 존재로서 홀로서기를 할 수 없었다. 그렇게 길들여진 부모님 세대들은 희생이 최고의 덕목인 것처럼 자식들인 우리에게도 그렇게 가르쳐왔다 하지만 현대에 와서 젊은 세대들은 많은 것이 분명하고 또렷해 졌다. 경제권도 분담하고 남자에게만 의존하는 존재가 아닌 합리적인 방법으로 가고 있다. 우리세대에서는 상상도 할 수 없는 일이 일어나고 있다. 교육 부족으로 세대갈등을 많이 겪고 대화부족으로 서로 응어리가 진체 가고 있다. 어디에서 부터 풀어야 할지는 과제가 되었다. 대가족제도에서 핵가족 시대로 변했다. 서로를 이해해주지 못하는 갈등의 씨앗은 마음속에 품고 있다. 한때 우리는 동방예의지국이란 말을 듣고 살아왔다. 젊은 세대는 고리타분하다고 생각한다. 그리고 부모님들의 말을 잘 들으려 하지 않는다. 우리나라만의 색깔이 선명하지 않다. 국제사회에서 뒤지지 않으려고 선진국의 문화를 한번 걸러내지도 않은 채 모방하면서 가고 있다 아주 위험하고 자신들에게도 좋지 않은 결과가 기다리고 있을지도 모른다. 우리 문화의 정체성을 잃어버리게 되고 자신이 어느 나라 사람인지도 인식하지 못하는 묘한 감정속에서 자신들만의 왕국을 건설하고 뿌리깊은 이기주의가 자리를 차지하게 되고 인성과 가정교육을 하찮게 여기는 젊은 세대들로 전락하고 말 것이다.

핵 가족화

기본교육이 튼튼하지 못하면 무너지게 되어있는 설계도이다. 과거에 집착은 병충해 같은 것이다. 미래는 어둡고 먹구름이 청명한 하늘을 가려 버린다면 가뭄이 들고 말 것이다. 내 땅에서 나는 것은 점점 어려워지고 밀물처럼 몰려드는 먹거리며 뭐든 값이 싼 외국제품을 선호하고 있다. 우루과이라운드로 인해서 많은 외국제품이 싼 값으로 밀려 들어오고 있다. 가정에서 주부들의 역할도 이제는 어렵다 맞벌이 시대가 도래했기 때문이다. 그동안 부모님 세대들이 모범이 되지 못했기 때문에 교육을 받은 젊은 세대들은 시부모님들을 받아들이지 않고 있기 때문이다. 그 이중성 때문에 "양두구육"의 예가 되어 버린 것이다. 물질만능 시대에 누가 자유로울 수 있을지 아무도 없다. 탐욕과 욕심이 그들을 지배할 뿐 자신의 영혼을 파괴해 버리는 가진자들의 횡포는 감히 막아설 수가 없다. 외적인 것을 보고 상대방의 모든것을 단정 지어버린 경솔함은 사람을 천박하게 만들 뿐이다. 부모님 세대들의 희생이 없었다면 갈 길을 잃어버리고 헤매고 다닐지도 모른다. 나는 시집살이를 되풀이하지 않으려고 무던히도 조심한다. 예전에 그리스는 아고라라는 토론의 장이 새벽부터 나와서 일자리를 찾는 노동자들이 서로의 마음을 열고 의견을 교환했다고 한다. 나름대로 정보의 장이 되었던 것이 서로에게 위안이 되었으리라는 것은 뿌듯한 일이다. 어두운 시대를 살아온 우리로서는 쉬운 일이 아니다. 일제강점기 36년이란 억압 속에서 민족혼을 말살 당한 뒤 산미증식이니 뭐니하면서 일본을 선진국으로 도약하게 하는데는 우리도 그들에게 큰 기여를 한 셈이다. 심지어는 문화까지도 백자나 청자를 만드는 도공들까지 일본으로 데리고 갔다. 친일파까지 만들어 내는 사상교육까지도 서슴치 않았던 일본인들은 잔인함과 우월함으로 특권을 누렸다. 일본은 그때에 검을 썼지만 우리는 활을 썼다. 국력이 약한 탓도 있지만 정치적으로는 당파싸움과 집안싸움에 무방비상태에서 일본의 재물이 되어 버린 것이다. 지금은 21세기다. 강대국들의 재물이 되어서 삼팔선을 우리는 개입도 하지 못한 채 남과 북이 맞서고 있다. 강대국에 눌려서 비핵화에 길을 걸었고 우리 손에 칼자루 한번 쥐어보지 못한 채 21세기를 맞았다. 우리는 언제 이 삼팔선이 자유스러워질지 아직은 아무도 모른다. 생각지 못했던 지구촌의 재앙들은 누구도 어찌할 수가 없다. 그냥 대처하고 이겨 나가야 하기 때문이다. 우리사회는 기성세대와 젊은 세대들의 갈등도 만만치 않다. 그들이 들고 나오는 신종 시집살이를 시키는 주인공 들이다. 올챙이 적 생각을 도저히 하지 못한다. 색깔은 다르지만 전철을 밟고 있다. 난 혹독한 시집살이에서 벗어난 지 얼마 되지 않았다. 행여 다른 사람을 괴롭힐까봐 그 아픈 상처를 혼자 끌어안고 울어야 했던 기억들, 이혼을 한지 14년이 되었건만 아직도 가벼이 넘기지 못하고 소리 없는 아픔을 감내해야 하는 고통은 참으로 오래도록 괴롭힌다. 모든것을 감수하고 인내해야 하는 인고의 세월은 마치 지옥에서 사는 것 처럼 힘겹고 지루하다.

흩어지는 정신줄을 놓지 않으려고 얼마나 신앙을 붙들고 애원했는지 아무도 뒤돌아 보지 않는 쓸쓸한 길을 오장육부가 끊어질 듯한 고통을 난 자유를 갈망했기에 뚜렷한 목적으로 인내를 찾았고 기다림을 찾았다. 내 인생에 있어서 새롭게 움트는 내 마음의 싹을 보았고 보람도 느꼈다. 언제나 고인물은 썩기 마련이다. 욕심과 인색함이 함께 한다면 세상의 어두움은 또 활개를 치고 갖은 횡포를 만들어 낼 것이다. 몇 푼어치 되지 않은 재산도 마음에 드는 자식에게만 주어지는 불공평 속에서 이해라는 단어는 정말 무색해진다. 얼굴이 뜨겁고 부끄러움에 고개를 들 수 없지만 그런 것들이 현실이다. 너무 유치하고 창피하지만 차마 무슨 말로든지 표현이 어렵다. 가족들의 불평등 속에서 정의는 죽었고 공평도 까만 재가 되어 아무 효력이 없는 기만이 되어서 의기양양해 하는 가족들의 오만은 지금은 한낱 물거품이 되어서 자신들을 갈등 속에 살게 한다. 우리나라는 짧은 기간 동안 경제가 급성장을 했다. 양극화가 너무 심화되면서 빈부격차의 골만 더 깊어졌다. 분배도 제대로 이루어지지 않은 가족상속법등은 무용지물이 되어 버렸다. 편견이 난무하고 가족간의 차별도 너무 골이 깊었다. 난 골키퍼 없는 골대와 같은 희생물이 되어서 일생을 고통속에서 남의 판단을 받으면 일일이 간섭을 받는 모진 비바람의 상황에서 참고 인내하는 법을 배웠다. 그래도 원망과 증오로는 살지 않았다. 난 미래가 있기 때문이다. 내 아들의 미래에 먹구름을 뿌리고 싶지 않다. 희망은 새로운 미래를 창조하기 때문이다. 나라든 가정이든 갖지 못한 사람은 언제나 뒷자리였고 고정관념과 오랜 지배속에서 굳어져 버린 채 순환하지 못했다. 고인물은 썩기 마련이다. 나는 8남매 맏며느리였다. 돌아온 것은 온갖 불평속에 시집살이 뿐이었다. 교육도 받지 못한 채 과거속에서 뿌리를 내리고 사는 그들은 자신들의 목적을 이루기 위해서는 감춰진 날카로운 발톱을 드러냈고 미안하다는 말 한마디 할 줄 모르는 그런 가정에서 화해란 없었고 반듯한 가족간의 대화 한번도 없는 그들에겐 아무것도 기대할 것이란 없었다. 30년도 넘은 일이지만 이제는 그 악몽에서 조금씩 벗어나고 있다. 새 하늘과 새 땅이 열리고 있다. 청명한 하늘을 쳐다볼 수 있는 마음에 여유도 떳떳함으로 바뀌고 있다. 과거는 과거일 뿐인데 어째서 그 고통들이 나에게서 떠나는 것이 그리 오랜세월이 걸렸는지 알 수 없다. 원망과 한숨이 뒤엉킨다면 내 인생은 또 엉망이 될 것이다. 인위적으로나마 멀어지려고 애쓰면서 긍정적인 상황으로 마음이 편할 수 있는 내실을 가꾸려고 무진 애를 썼다. 결과는 나쁘지 않지만 꿈인지 생시인지 내 자신도 인식이 잘 안 될 때가 있었다. 그들은 자신들의 이익을 위해서라면 상대방을 무참히 밟고 일어서려는 잔인함을 눈 하나 까딱하지 않았다. 40년이란 세월속에서 거의가 상처 때문에 아파하고 제대로 나 자신을 위해서는 별로 살아보지 못했다. 화해는 황금열쇠다. 손에 꼭 쥐고 한 걸음 한 걸음 발걸음을 옮겨 보련다. 더 값진 인생을 살기 위해서 말이다. 이제는 내 나이 64세다. 내게 주어진 시간이 얼마나 남았는지 모르지만 열심히 살아가는 인생의 종착역에 도달했을 때 품격이 상승 될 것이라 나는 믿어 본다.

 모진 인고의 세월 속에서 혼자 했던 시간들을 돌아보면서 겸손하게 살아왔던 것처럼 손잡아 주지 않아도 비틀거리지 않고 반듯하게 걸어가 보련다. 이제는 분노도 내려놓고 증오심도 내려놓고 헛된 시간을 보내지 않기를 빌어본다. 할퀴고 상처주었던 사람들도 아무 두려움 없이 나란히 걷고 싶다. 나를 받아주고 용서해 주면서 삭혔던 마음을 악의 찌꺼기를 훌훌 털어내면서 분노를 뿜어냈던 내 입도 절제와 인내로 마무리하고 싶다. 그 때는 내 마음이 지옥이었다. 알아주는 이 하나 없고 믿어주는 이 하나 없을 때 당신만이 잡아 주었던 따뜻한 손을 죽는 그날까지 놓지 않고 싶다. 그 시집살이가 지옥이었어도 견뎌야 했던 그 때를 지금도 기억속에서 눈물을 흘리게 한다. 양심에 가책 하나 느끼지 않은 그들, 겸손한 말 한마디도 인색했던 가족들 얼굴 보는 것 조차도 불편함을 느낄때가 있지만 가족이란 굴레가 그들은 따뜻한 시선으로 바꾸게 만든다. 머리끝까지 밟고서야 직성이 풀리는 그들 가족들이였건만 그래도 나에게는 남은 사랑하는 아들이 있다.

지금은 장가를 가서 잘 살고 있다. 병들고 찌들었던 세월속에 아들을 혼자두고 떠날까 전전긍긍하면서 몸부림치고 육신의 욕망을 절제하면서 나 자신을 다독거리고 지금에 도달하게 된 것이다. 아직 목적지에 도착을 못했지만 여기저기 떠도는 혼란의 생활은 끝이 났다. 난 가끔씩 너무 아팠던 기억이 지워지지 않아 눈물을 흘린적이 한 두번이 아니다. 과거는 과거일 뿐이라고 일축하지만 똑같은 실수를 하지 않기 위해서는 되새김질을 해본다. 그 속에 엑기스는 나를 안정되게 해주었으니 쭉쟁이 같은 삶을 버릴 수가 있었다.

다른 사람과 공유할 수 없는 삶은 자신의 이기적인 삶이기에 내 양심도 허락하지 않는다. 위도 아래도 몰라보는 교만함은 내 영혼의 피폐함만을 가져다주었고 그래서 낮은 자리로 향하다 보니 많은 것이 보이기 시작했다. 경제적인 것은 잘 먹고 잘 사는 편리함 때문에 독버섯처럼 자라나서 머리위에서 군림하는 군주와 같았다. 난 가끔씩 과거를 돌아본다. 초심으로 돌아가기 위해서 돌아가지 않으면 영영 놓쳐 버릴 것 같아서 말이다. 타락해 버릴 위험도 언제나 내제되어 있었기 때문이다. 친구들이나 초등학교 동창회를 나가면 나서기를 좋아하는 사람이 있다. 내실 없이 겉과 속이 다른 이중성을 갖고 자신을 과시하면서 화려한 포장지로 다른 사람을 기만하고 자기 자신마저도 속이고 마는 양두구육이다.

존재의 가치를 알자

　우리사회는 겉모습을 중시했다. 그런 모습에 워낙 익숙해져 있는 당당함은 누구를 위한 것이 아니다. 마치 꼭두각시처럼 다른 이에 의해 움직여지는 허수아비다. 허수아비는 바람에 의해 움직여지기 때문이다. 사람은 잘났건 못났건 자신의 소신에 의해 움직여 질 때 지배에서 벗어날 수가 있다. 혼자만의 생각이 아닌 공유할 수 있는 사고를 가졌을 때 움직여지는 것이다. 내가 시집살이를 할 때 시댁의 가족들과 친정 형제들도 피해 다녀야 했다. 모함과 이간질을 정면으로 내 얼굴에 쏟아 붙이는 것을 피해야 했기 때문이다. 그 오랜 세월 모든 저주가 그치기를 바랐기 때문이다. 지금은 세월이 약이 되었다, 많은 상처를 딛고 보잘 것 없지만 내 삶으로 뚜벅뚜벅 걸어갈 수가 있기 때문이다. 선인들의 말이 참을 인이 세번이면 살인도 면한다는 참고 인내한 세월이 억울하기는 하지만 무관심과 싸워야 했던 내 삶의 무게는 천근만근과도 같은 무거운 짐이었다. 나를 괴롭히는 것은 나 자신의 무방비 상태였다. 이런 상황에는 어떻게 말을 해야 하는지 누구에게도 들은 적도 없고 가르쳐 준적도 없었다. 그러니 마냥 무방비 상태였다. 무조건 목소리만 커서 제압하면 그것이 이긴 거였으니까. 기가 죽어서 말 한마디 할 수 없었던 시간들은 그대로 무방비 상태에서 던져오는 돌맹이들을 다 맞아야 했고 거짓과 오만으로 나를 비난에 대상에다 세워놓고 낄낄대고 웃으면서 기뻐하는 그들의 모습은 불투명한 미래였다. 나는 될 수 있으면 피해를 최소화하기 위해서 침묵으로 일관했고 대화로서 상황을 해소 시키려 하다 보면 주먹이 먼저 내 육신을 강타했으니까. 시집살이에 대응할 수 있는 것을 아무것도 없었다. 그저 홀대 당하고 매 맞고 사는 것이 해결책이었으니 그들은 그런 방법으로 가족에 대한 권리를 행사했고 인권이란 말은 그들 앞에는 하나의 보기 좋은 악세사리에 지나지 않았다. 지금도 어둠에 그림자는 사라지지 않아서 나를 괴롭힌다. 고통스런 상황들은 오늘날 우리들의 현 주소다. 8남매의 큰며느리는 그들의 노예가 되어서 시키는 대로 하는 것이 그나마 육신이 편했다. 시어머니와 가족들의 횡포는 끊임없이 정신적인 고통과 육신의 고통을 수반했고 상대방의 아픔이나 상처 같은 것은 안중에도 없고 그들은 내 존재의 가치를 인정하려 들지 않고 부정만을 강요하는 천박함은 극치에 다다랐다. 겉모습은 누가 봐도 화려하고 준수했다. 노력하는 모습도 어여삐 볼 줄 모르는 그들은 마치 악마들을 보는 것 같았다. 송충이는 솔잎을 먹고 산다고 하지만 말 한마디도 바꾸어서 상대방을 이롭게 할 생각은 조금도 없는 사람들이었다. 그 솔잎 맛에 익숙하게 길들여진 그들 레파토리가 다양하지도 않았고 다른 것에 대해서는 관심도 갖지 않았다. 너무 틀에 박힌 그들의 요람은 순수하지도 않고 오히려 다양함을 놓치고 퇴보하는 그들의 모습은 추할뿐이었다. 시집살이를 근절하지 못 한 것도 가족끼리 짜고 치는 장기판이기 때문이다.

같은 여자들이지만 서로 이해하지 못하는 무지가 이런 잔인함을 묵인하고 동조하는 데 큰 몫을 했다. 얼마나 에너지를 소모하고 힘을 빼는데 큰 역할을 했는지 모른다. 자신들과 생각이 같지 않다는 이유를 들어서 낯 뜨겁고 부끄러운 일을 스스럼없이 행했는지 모른다.

　조금의 양심에 가책도 없이 자신은 죄짓지 않고 살았다고 큰 소리 치면서 아무 잘못도 없는 사람을 벼랑끝을 향해서 밀어냈던 인두겁을 쓴 미물들, 나도 한때는 귀가 멀고 눈이 멀고 인간답지 못하게 살았던 철없던 시절 지금은 그때를 돌이켜서 반성하고 있다. 부족하나마 사람답게 사는 법을 터득하면서 21세기를 살아가고 있다. 얼키고 설키고 복잡했던 인생사를 그 혹독한 시집살이 속에서 깨닫고 실천하는 법을 알아갔다. 가던 길을 멈추고 유턴을 해서 뒤돌아 보는 삶속에서 멈춰진 것도 많고 새로운 인생 길을 찾아서 나 자신의 변화를 추구하면서 버린것도 많다. 마음속에 맺힌것도 많고 굴곡진 골짜기도 많지만 나 자신을 위해서 대충 갈 수 없기에 또 가슴이 미어진다. 평평 쏟아지는 눈물을 주체할 수 없기에 세월의 끝자락을 붙잡고 애원도 해본다. 어떻게 내 인생을 되돌릴 수가 없는가 하고 과거는 지난일이라고 하지만 지난일도 지난 일 나름이다. 자신의 인생을 누가 송두리째 빼앗아 갔다고 생각한다면 남의 인생에 대해서 한 마디로 일축할 수 없을 것이다. 천박하게 짓밟은 그들의 발밑에 고개를 숙이고 인간대접을 해 줄 수가 없었으니까. 또한 내 자존심도 허락하지 않았다. 굶어 죽을지라도 시집살이를 시킨 그들 앞에 개가 되기는 죽기보다 더 싫었다. 그들은 맏며느리인 나를 그렇게 처절하게 굴복시키려 했다. 난 언제나 잠 한번 편히 자 본적도 없다. 시어머니의 헐뜯는 소리가 언제나 귀에 쟁쟁히 들려왔고 밥 먹는 것 조차도 편히 먹을 수가 없었다. 그들은 서로가 바톤을 이어

받아가면서 나를 괴롭혔다. 내 앞에 펼쳐진 상황은 언제나 마음을 졸이고 긴장하면서 출발지에서 땅 하면 뛰어야 했던 조급함과 심리적인 불안이 마음에 화병까지 생겨서 숨조차 쉴 수 없는 이상한 현상까지도 나를 괴롭혀 왔다. 그래도 질긴 목숨을 연명해야 했고 혹독한 세월속에서 항상 발을 동동 구르면 견디어 내야 뿌연 안개속에서 조금씩 미래가 보였으니까 얼마나 비참하고 처절한 내 자신의 싸움이 자신의 정체성을 찾는 일이 더 급했다. 난 자신의 과거를 움켜쥐고 놓지 않았던 것은 남의 나의 미래가 있었기 때문이다. 하지만 한가지는 분명했다. 과거에 우리 엄마들이 겪었던 혹독한 시집살이 고통 그들과 함께 웃고 함께 울었던 마치 응고된 피눈물을 흘린 세월도 그들과 똑 같았다. 걷다가 넘어지면 흙을 털어낼 시간도 없이 다시 일어나서 오뚜기처럼 살았다. 아프다고 누워서 회복되기를 기다릴 시간도 없이 항상 아픈 마음을 부여잡고 사는 내 일상은 마치 유황불이 타는 지옥과도 같았다. 그 장본인들은 항상 내 모습에 만족해서 기뻐하면서 비웃어 댔다. 모진세월을 살았던 부모님 세대의 고통을 알기에 대물림하지 않으려고 침묵해야 했던 그 가시방석의 세월들 항상 그들 곁에서 같이 울었다. 돈만 있으면 모든것이 해결되는 줄 알았다.

  이제는 경제적인 빈곤에서도 벗어나고 있다. 하지만 물질만능 시대에서 정신적인 빈곤을 어떻게 채워가야 되는지를 모른다. 분열과 갈등을 딛고 이제는 새롭게 사는 법을 배워야 하지만 무엇이 더 중요한지 순번도 잘 모른다. 겸손한 자세로 21세기를 갈때 안개속에 묻혀있는 미래가 희망이 새로운 하늘에서 빗방울이 떨어지듯 정신적인 갈증을 해소하고 등 떠밀리듯 밀려가는 인생을 종식시킬 수가 있을거라 생각해 본다. 21세기의 발걸음은 무겁다. 강대국들의 개입이 우리는 너무나 낯익다. 삼팔선이 만들어질 때도 우리는 개입하지 못하고 강대국이 마음대로 남과 북을 갈라놓고 규정처럼 만들어 버렸다. 빈곤과 힘이 없던 나라였기 때문이다. 역사를 아파하면서 진심으로 살아 갈 때 또 하나의 비극은 줄어들지 않을까 싶어진다. 나의 따뜻한 마음도 그들과 동석하고 싶어진다. 시냇물이 모여서 강을 이루듯 동서가 서로 싸우지 않고 갈수 있다면 새 희망이 미래의 새싹이 되어 새로움을 틔우고 열매가 많이 달린 무성한 나무로 성장해 가고 지나가던 이도 발걸음을 멈추고 그 나무를 바라보면 감탄해 마지 않을거라 생각을 해 본다. 아팠던 세월만큼 이성적이고 성숙한 생각을 할 수 있다면 풍요로워질 거라고 긍정적으로 생각해 본다. 누군가 그랬다. 용서라는 말은 함부로 쓰는 것이 아니라고 감히 그 말을 빌린다면 용서란 그만큼 어려운 거겠지만, 그들을 부둥켜 안고 따뜻한 눈물을 펑펑 쏟아내는 따뜻함이 흐르는 사람으로 살고 싶다.

권력의 노예가 되어버린 정치인들을 보면 옛 선인들의 말이 생각난다. 윗물이 맑아야 아래물이 맑다는 진리를 되새기면서 실천이 없는 양심을 가볍게 여겨 본다. 자신의 언행일치에 책임을 질줄 아는 진정한 인간이 되기를 빌어 본다.

물질만능주의 때문에 너무나 많은 병폐들이 생겨났다. 책임과 의무를 회피하는 사람들이 너무나 많다. 풍요로운 세상이라 아낄 줄도 모른다. 정신적인 빈곤은 빈 껍데기만 있다. 탈출구를 찾기엔 너무 황폐해져 앞이 보이지 않는다. 가난하고 먹을것이 없었기에 황금만을 바라보고 산업혁명의 거센 물결속에서 조금씩 배를 채우는 것을 터득했고 경제성장을 이루어 냈다.

　돈이 최고라는 생각으로 맨손으로 일구어 낸 경제적인 결과는 빈부의 격차만 너무 골이 깊다. 이런 책임은 아무도 책임질 사람이 없다. 이기적인 차별이 너무 난무했기 때문이다. 이제는 황금알을 낳는 산업혁명도 시대를 거스르지 못하고 아이티 시대에다 바톤을 넘겨 주었다. 그들은 일자리를 빼앗고 일해야 되는 젊은 사람들을 사지로 몰아 세웠다. 그러면서 21세기를 맞이하면서 돈에 대한 위력을 실감하지 않을 수 없다.

　군사독재 시절에는 사형수도 돈으로 살렸다. 법도 준수하지 않은 채 퇴보하는 길을 걸었고 부정부패가 판을 치는 시대에서 살아 나왔다. 법치국가가 아닌 군주시대로 퇴보하게 된 것을 책임있는 사람들은 부끄러워 할 줄을 알아야 되지만 시대적인 상황때문에 많은 것을 잃어버린 것 같아 아쉬움만이 자리를 잡고 있다. 군사독재의 기만으로 인하여 낯설기만 했던 동방의 작은나라 권위주의의 산물들은 여기저기 너무 많다. 진정한 카리스마가 있는 따뜻하면서 생동감이 넘치는 나라가 되고 색깔이 있는 나라로 발돋음해서 능력있는 나라가 되었으면 얼마나 좋을까하고 생각해 본다. 젊은 세대들은 386세대를 고리타분하다고 말도 섞으려들지 않는다. 가족끼리도 소통이 안된 단절된 이 상태를 어떻게 극복해야 되는지 참으로 신뢰가 가지 않는다.

　서양문화를 걸러내지도 않은 채 즉흥적으로 받아들이는 젊은 세대들은 자신들이 세계화에서 선두주자라 생각한다. 내 나라를 망각한 채 길거리에서 포옹하고 키스를 하는 그 세대들은 부끄러움과 다른 사람에 대한 배려가 결여된 것이 개인주의의 온상이 된지 많은 시간이 흐른 것 같다. 정치도 대의 민주주의다 투표로 해서 뽑아 주었지만 진정으로 나라를 위해서 국민을 대신하고 있는지 믿음이 가지 않는다. 자신들의 권력잡기에 급급한 나머지 국가를 위한 것은 뒷전이다 주객이 전도된 현상도 비일비재하고 누구를 믿고 나라살림을 맡길만한 후보가 없다. 시집살이로 만신창이가 된 나 자신도 영혼의 썩은 냄새를 얼마나 풍기고 다녔는지 모른다. 부끄러움에 고개를 들지 못했고 할 말 조차도 가려서 해야 했던 침묵의 세월은 지금의 나를 존재하게 했다. 그래도 미래를 향한 꿈을 항상 꾸면서 살았다. 누가 뭐라 해도 다른 이 앞에 당당하게 설수 있다면 내 눈에 해묵은 눈물자욱이 헛되지 않겠지 오뚜기처럼 넘어졌다 다시 일어서는 용기를 배워보련만 내 삶에 무게에 짓눌려서 남편도 없이 혼자 힘으로 산다는 것은 생지옥과 같은 일상이었다. 설렘도 기대도 모든것이 무너져 버린 나 홀로 일어서기란 감당하기 힘든 현실들이 내 앞을 가로막을 때마다 예수님의 손에 못자국도 나를 위해 감수했으리라는 생각에 참고 견딜수 있었다. 부족하나마 이 글을 쓸 수 있게 되어서 감사하고 행복하다.

나는 나 자신을 배려했다

    8남매의 시집살이를 할 때도 송곳 같은 날카로운 끝으로 찔러대는 증오심 앞에서 언제나 바보처럼 침묵해야 했던 비참함은 응고된 눈물만이 나 혼자만의 고통을 대변할 수 있었다. 그나마 갖은 노력끝에 글로라도 표현할 수 있어 얼마나 감사하면서 기회를 준 하느님께 감사를 한다. 침묵은 말을 해도 소용없을 때 말을 할수 없는 상황에 닥쳐올 때 그 때는 되돌아오는 메아리도 없다. 분노를 내 마음에 감추고 다닐때에도 왜 그러냐고 따뜻하게 누구하나 물어 봐 준적도 없다. 그 인고의 세월은 나에게 많은 것을 일깨워 주었고 가르쳐 주었다. 말없이 흘러가는 세월이지만 나의 육신도 늙었다. 용서란 말은 감히 흉내 낼 수 있는 게 아니다. 진심이 없다면 빈껍데기일 뿐이다. 아무나 입에 담을 수 있는 쉬운 말이 아니다. 나는 부족하지만 이 글속에 인고의 세월을 담았다. 어떻게 잘 살았느냐가 더 중요하다. 경제적인 풍요로움도 중요하지만 나는 전자를 택했으니까. 어렵지만 한걸음씩 내딛으면서 베개머리를 적셨던 눈물의 골짜기 과거를 더듬어 본다. 다시는 지난날의 과오를 범하지 않으려는 굳은 마음에 결실을 맺고자 다짐해 본다.

    인고의 세월은 나를 고쳐 놓았고 바꾸어 놓았다. 두 번 다시 부끄러운 생을 반복하지 않으려는 피맺힌 아픔속에서 반성과 희생의 눈물이 나에게 자유를 주었다.

결자해지라고 했다. 내 자신이 묶어 놓은 것을 풀어야하기에 과거에 회상해 본다. 퍼런 서슬이 칼날처럼 나를 괴롭혔던 자리 공간적인 그 자리를 거기에 서노라면 모든것을 끊어냈던 아픔에 그 자리를 무조건 과거라고해서 돌아보지 말라는 것이 아니다. 무시하고 도피한다고 해서 해결되는 것은 없었으니까. 과거 때문에 내 영혼과 육신이 따로따로 하면 어떻게 고개를 들고 하늘을 쳐다 볼 수 있겠는가. 지난날의 희생이 밑거름이 되어서 온전한 삶이 되기를 빌어본다. 부족하지만 삶에 충실했고 남에게 손가락 받지 않으려고 무던히도 애쓰면서 살았던 흔적은 지금도 나를 괴롭힌다. 눈물은 언제나 비웃음이 되어서 나에게 비수가 될까봐 남 모르게 흘려야 했고 쓰라린 고통은 다시는 겪지 말아야 되겠다는 각오와 결심은 나를 더욱 더 깊은 곳으로 인도했고 그런 상황에 순명하면서 조용히 인내하는 시간을 광대들의 줄타기처럼 아슬아슬한 순간을 버텨내는 것도 나의 과제였다. 햇빛을 받으면서 벼가 영글어 가듯 고개 숙인 사람이 되어 보려고 하늘을 쳐다보았었다. 고추잠자리의 평화로운 모습이 아름답게 다가오면 어두운 내 마음이 가을 황금빛으로 채워주었다. 시댁은 경기도였다. 그래서 그런 경험을 많이 했다. 이제는 나도 황혼으로 가는 길목에서 내 영혼마져 추하다면 누가 나를 어여삐 봐 줄 수 있을까? 후회없는 한숨을 쉬어보려고 노력하면서 오늘도 내 몸과 마음을 단정히 해본다. 추하지 않고 진실된 모습으로 지난날을 뒤로 한채 미래를 향한 발걸음을 힘차게 걸어서 가고 있다. 해묵은 눈물자욱이 잘 지워지지 않아 손수건에 침을 무쳐서 박박 닦아 본다. 내 마음의 거울을 보면서 자신에 대한 응원가를 부르면서 경제적으로는 그렇게 여유는 없지만 다른 이들을 부러워하지 않으면서 살았다. 마음은 항상 부자였기 때문이다. 이제는 염색을 하지 않으면 머리도 백발이 성성하다. 세월을 이기는 사람은 한 사람도 없다. 아무리 돈이 많다 해도 아무도 가는 세월을 막을 수가 없다. 그러기에 육신에 쾌락과 욕망을 절제하면서 모질고 힘겨웠던 순간들을 뒤로한 채 바쁜 걸음으로 내딛어 보려고 안간힘을 쓴다. 많은 것을 가슴속에 묻어둔 채 내것이 아닌것은 욕심내지 말자 하면서 빈손 일 망정 주어진 삶에 내것만을 갖고 헤매고 다니지 않고 다른 이들과 함께 가고 싶다.

외로움에 지치지 않으려고 헤매고 다니는 영혼이 되고 싶지 않아서 부질없는 욕심은 버린채 내 육신의 참된 가치를 신뢰하고 인정하면서 유난히도 빈부격차가 심한 우리나라 후진국의 근성을 버리지 못한다면 21세기로 가는 길에도 걸림돌이 될 것이다. 이제는 노동자들의 가치도 노동의 가치도 차별에서 벗어날 때가 되었다고 본다. 육체노동의 댓가는 공평해야 되니까. 착취도 가진자들의 횡포도 이제는 헛된 것이 되니까. 어떤 마음을 갖고 어떻게 살아야 할지는 각자에게 달렸다. 땅도 주인이 게으르면 소출이 나지 않는다. 난 시집살이를 할 때 한마리의 야생마처럼 억울해서 이리 뛰고 저리 뛰고 미친 사람처럼 울어야 했다. 그렇지만 절대 포기하지는 않았다. 비록 시집살이는 왕따를 당하고 모진 세월과 함께 했지만 희망이라는 미래의 끈이 끊임없이 질주하게 했고 멈추지 않은 나의 노력은 죽음에 사선을 넘게 되었다.

혼자 어둠속에서 헤맬 때에는 형제도 부모도 다 남이었다. 나 혼자 외톨이 왕따였다. 수 십년이 지난 지금도 어떻게 8남매의 큰며느리에게 그런 무례를 할 수 있었는지 참으로 알 수 없다. 시집살이는 말 그대로 고문이다. 교묘하게 다른 사람의 눈을 피해서 괴롭힌다는 것은 아무나 할 수 있는 일이 아니었다. 정말 무슨 말로 표현해도 부족하다. 결국은 시댁식구들을 위해서 내 목숨도 아깝지 않았어야 그런 행위들을 멈출 수 있었는지 궁금하다. 피 한방울 섞이지 않은 며느리로 남처럼 여기고 장남을 마마보이로 만들어서 마음대로 휘둘러야 직성이 풀리는 시어머니는 며느리는 걸림돌이었기 때문에 혹독한 시집살이로 내 몰았던 것이다. 물위에 기름처럼 피도 눈물도 없는 내 존재를 그렇게 만들어 버린 것이다. 그렇게 소외시키고 왕따를 시키면서 말이다. 인권이란 말은 입에 담을 수도 없었던 내 자신은 그저 침묵만이 살아남을 수 있었던 하나의 방법이었다. 장님인 아들은 마마보이로 만들어서 처자식도 알아보지 못하는 안하무인이었다. 결국은 그렇게 죽게 만들었다.

  시어머니의 그런 행동들이 다 부모에 효도라는 맹목으로 화려하게 치장해서 주변 사람들을 기만했다. 나를 나쁜 사람으로 만들기 위해서 온갖 것을 다 동원했다. 다른 가족 문화속에서 살았던 우리들의 결합은 서로의 이해와 사랑이 바탕이 되어야 했지만 시어머니의 독선으로 부부생활의 비참한 종말을 맞게 되었다. 본능적인 것 종족 번식이나 시키려는 그들의 생각은 아무런 의미도 계획도 없었다. 머슴처럼 일이나 잘 하면 그만이지 웬 말이 많으냐는 식이었다. 자식에 양육은 짐승도 한다. 짐승도 하는 일을 하지 않았다. 그래서 가정은 파탄에 이르렀고 백년해로는 하지 못했다. 대가족 제도와 전통적인 여성관에 촛점을 둔 시댁은 달라지는 것은 없고 큰며느리인 나를 희생시키는 일에만 몰두하고 인정하기 조차 싫어하는 그들은 같은 여자로서의 인정과 동정심 조차도 찾아볼 수 없는 무례한 사람들이 되어 있었다. 부정과 이중잣대로 함부로 판단하고 상대방의 존중하는 마음을 상실한 가족들은 혈연에 억매인 이기적인 사람들 이었다. 모진 시집살이에 지칠대로 지친 나는 마음의 의지할 곳을 찾았지만 친정형제들도 진심어린 말 한마디를 해 줄 줄 몰랐다.

인고의 세월은 나를 성장시키는 계기가 되었고, 그리고 뿌리째 썩어버린 고부간에 갈등은 화해의 물고를 트기에는 나 혼자의 힘으로는 역부족이었기에 가정을 파탄시키고 말았다. 결혼에 대한 후회와 비참함은 나를 짐승보다 못한 나락으로 끌어 내렸다.

자신들과 똑같은 수준으로 똑같은 생각을 하는 사람으로 만들기 위해서 종교까지도 좌지우지하려는 유치한 그들의 생각은 나에게는 무용지물이었다. 어쩌면 그래서 시집살이의 강도가 더 혹독했는지도 모른다. 세월이 약이긴 했지만 아픈 상처와 깊이 박힌 어두움의 뿌리는 나를 쉽게 놓아주지 않았다. 쉬운 일은 아무것도 없었다. 서로 얼굴을 마주본다는 것도 괴로운 일이었지만 삭히고 참아야 하는 세월은 더욱 힘들었다. 하염없이 흐르는 눈물을 인내하는 방법과 희생하는 방법만이 나를 성숙하게 만들었고, 진심도 이 겉치레적인 말 한마디가 과연 나에게 무슨 위로가 되었을까 생각한다. 당한 사람의 마음은 아려서 풀릴기미도 없지만 가는 세월 앞에 맡기고 걸어 오다보니 그 약이 세월이었다. 구차하게 사는 인생보다는 모든것을 내려놓고 변명하면서 동정받기도 싫었다. 결국은 땅에서 메인것은 하늘에서도 풀 수가 없다고 한다. 그러나 훨훨 자유스럽게 날아보고 싶다. 남편도 없이 혼자 사는 나에게는 많은 위험도 도사리고 있었지만 착취당하고 빼앗기고 인간으로서는 모질고 힘든 삶이 내 앞에 그림처럼 펼쳐 있었지만 항상 인내하는 습관과 겸손을 지표로 삼았기에 기만당하고 희생을 해도 어쩔도리가 없었다. 나는 전통적인 맏며느리였기에 오랜 관습 앞에서 이길 수가 없었다. 먹고살기 급급해서 안해 본 일이 없이 엉덩이 붙이고 밤잠 한번 편히 잘 수 없었던 그 세월도 목숨이 붙어 있다는 생각에 언제나 감사함을 잊지 않았다. 남편은 생활비를 한번도 제대로 갔다 준적이 없었다. 모자의 생계를 내가 해결해야 했고 굶어 죽지 않으려면 험한 노동부터 시작을 해야 했고 손수 학비를 벌어서 공부도 해야 했다. 그러다 보니 가정살림은 항상 궁핍했다. 하지만 누구도 원망하고 책임을 전가해 본적이 없고 최선을 다하는 생활은 즐거웠다. 그 와중에도 어린아들은 엄마 혼자서 고생하는 것을 보고 어느새 철들어서 훌쩍 커 있었다. 엄마를 괴롭히지도 않고 속도 썩히지 않았다. 그런 아들이 애처롭고 더 가슴이 아파온다. 남몰래 흐르는 눈물은 주책없이 긴 밤을 훤히 밝혔다. 부은 눈을 뒤로하고 일어나서 일터로 향했고 모든것을 잊기 위해서는 현실에 충실히 임했고 그런 날은 계속되었다. 내 인생이 8남매 맏며느리란 자리때문에 실타래처럼 엉켜버린 일상은 아무도 도움이 없었다. 첫 단추부터 잘못 끼워진 실수를 내가 했기 때문이다. 누구를 원망도 할 수 없었다. 연애결혼을 했기 때문이다. 그런 잘못으로 인해 이혼을 했지만 평생을 고통속에서 쉽게 지워지지도 깊은 상처를 안고 정신적인 혼란의 시기를 혼자 겪어내야 했다. 그도 내 몫이었다. 하나뿐인 친정 언니는 항상 나를 벌레 취급했고 가족들과 똘똘 뭉쳐서 왕따를 시켰다. 내 마음을 날카로운 말로 난도질을 했다. 참으로 이해하기 힘든 상황이 가로막았지만 시집살이 고통에 비하면 아무것도 아니라는 생각에 늘 참고 인내했다. 자신의 피붙이 하나 없이 살아가는 그 모습이 안쓰러워서 참으면서 미래를 기약했다. 너무 힘든 상황에 직면하니까 목구멍에서 피를 토했다. 누구하나 맘을 줄데가 없어 가까이 가려해도 곁을 주지 않았다. 그러면서 모진소리는 함부로 했다. 세월이 흘러서 이제는 역지사지다. 조금은 바뀐것 같다. 따뜻한 밥 한 숟가락 주지 않는 그 인색함과 냉냉한 그 태도에는 형제도 아니었다, 피도 살도 섞이지 않은 남보다 못했다. 거의 1세기를 사는 동안 말 한마디도 바뀌지 않았다. 일말에 양심도 없이 돌팔매질과 끝없는 그 멸시와 천대는 그칠 줄 몰랐다. 난 그래도 미운 마음은 갖지 않고 살았다. 자주 볼 수는 없지만 난 그들과 똑같은 행동과 언어를 사용하지 않아야 되겠다고 다짐하였다. 처음에 그 가족들의 모습으로 함께 가고 싶지만 너무 늦은 것은 아닌가 하고 가족들을 바라본다. 촉촉히 흐르는 눈물을 손등으로 훔치면서 어렵고 힘들지만 모든 것을 내려놓고 발을 맞춰서 걷기를 기대해 본다. 억척스레 포도나무에 매달려서 태풍에도 견디고 비바람에도 견디는 포도송이처럼 다른 이의 마음에 드는 사람으로 다시 태어나고자 인고의 세월을 침묵으로 일관했던 억울했던 그 시간들 부끄러워서 고개를 들수 없었던 시간들은 내 자신이 단단하게 성장할 수 있게 해 주었다. 먹음직스럽게고 잘 익은 포도처럼 눈에 드는 사람이 되고 싶다. 이제는 조금이나마 먹구름이 걷히고 청명한 하늘을 바라볼 수 있다는 것은 주눅이 들어서 자신감이 없었던 내가 용기가 생겼다는 것이다. 이제는 함박미소를 지으면서 숨어서 미소짓는 나 자신을 소리내어서 함께하는 웃음을 웃고 손을 맞잡고 그들과 화해하고 싶다. 이간질을 해서 나를 만신창이로 만든 그들을 버림을 받았던 그들을 가난이 가족들과 맞서게 하는 아픔은 지난날의 과거지만 결코 잊어서는 안된다. 상실이기 때문이다. 치유가 아니다.

억지로 목숨을 끊지 못해서 연명할 때도 살아 숨쉬는 인간이 되기를 기대했지만 끝내 저버리고 돌아서는 그들의 뒷모습은 아무 부끄럼없이 당당했다. 내 오장육부를 찢어서 길거리에 흩어 놓을때도 그들은 나의 심판관이었다. 자격조차도 갖추지 못한 그들이 마치 나병환자들 처럼 손가락이 떨어져 나가도 아픔을 느끼지 못하는 부패한 미물들 입에서 나오는 말은 모두가 불평과 불만투성이었다. 이간질을 조석으로 말을 바꾸어서 나쁜 사람으로 바꾸어 놓으려는 그들의 계략은 두려움과 미래도 자신들의 편이라고 착각하면서 살아가는 불쌍한 영혼들이었다.

잘 익어가는 홍시처럼

 나는 내 영혼에 이득을 찾기 위해서 어둠과 맞서야 했지만 내편은 항상 왕따였다. 무슨말을 어떻게 해야할지 몰라서 차라리 침묵으로 일관했다. 고통스러운 그 순간을 생각하면 자신의 비참함 무엇으로 바꿀 수 없었지만 세월이 흐른 지금은 그때에 잘 참았노라고 자신을 다독이면서 위로를 해본다. 마음이라도 편하게 살고 싶었다. 작은 나의 소망이지만 고집이 센 여자라는 소리를 들으면서 말이다. 여자니까 소신대로 살면 안되었다. 그냥 안주하면서 이래도 되고 저래도 되는 여자로 되는대로 살아가라는 뜻이었다. 난 그런것들을 부정했기 때문에 엄두도 낼 수 없는 잔인한 시집살이에 봉착하게 된 것이다. 처음에는 그들의 행동에 너무 의문이 많았다. 저런 인생을 살면서 8남매 맏며느리인 나에게 똑같이 살라고 강요하는 것은 무슨 의미일까 65년이란 세월을 되돌릴 수만 있다면 다시한번 초심으로 돌아가서 멋지게 살아보고 싶다. 혼자만이 아닌 여럿이 따뜻한 마음을 주고 받으면서 말 한마디라두 넉넉한 위로속에서 혼자서는 감당할 수 없었던 고통과 폭력에 시달렸지만 모두다 당연한거라고 생각했다. 만성적으로 삶에 찌들어 있었기 때문이다. 결국은 죽기보다 싫은 이혼을 선택해야 했고, 위자료 한푼도 받지 못한 채 아들의 손을 잡고 그 집 대문을 나설때는 천둥벌거숭이였다. 가뭄이 들어서 땅이 쩍쩍 갈라진 그 땅에 몰골부터 트고 맨땅에 헤딩하지 않으면 아무것도 할수 없는 내 인생이 너무 비참했다. 많은 짐을 걸머지고 어디하나 마음 부칠데 없이 외로움과 동무해야 했고, 그것들과 한판 승부를 도박처럼 슬로건을 내 걸어야 목숨을 연명할 수 있었다. 그 인고의 세월은 나에게 잔인한 심판관이었다. 참고 인내하지 않은 다면 그 거센 회오리에 휩쓸려서 거침없는 지옥행으로 떨어지는 인생의 끝자락에서 나를 건져 올린 것도 신앙이었다. 그래서 사랑을 배웠고 희생이 무엇인지 알게 되었다.

하나하나 내 인생을 다시 조명하면서 죽어가는 고목나무에 새싹이 돋듯 생명력을 찾아갔다. 사람의 마음은 간사하다. 권력과 돈 앞서는 양심도 도덕성도 다 무너져 버린 돌담과도 같다. 소중함을 잃어버릴 때에는 이런 혼란과도 맞서야 했다. 제2의 인생의 서막이 오른다면 진심으로 상대방에게 다가서는 귀한 사람이 되고 싶고 아무렇게 나뒹구는 돌맹이 처럼 모난 사람이 되지 않기를 혼자서 기원해본다. 남의 발부리를 아프게 하는 우둔 한 돌이 되지 않기를 기도해본다. 인고의 세월은 아픔속에서 나 자신을 얼마나 영글게 했는지 대견하다. 추했던 내 모습을 내곁을 떠났던 그들을 난 원망하지도 미워하지도 않는 무덤덤한 삶이 아닌 뚜렷하고 색깔이 있는 나만의 그림을 그리면서 살고 싶은게 남은 인생의 작은 소망이다. 쭉정이처럼 할말을 잃어버린 채 뜸북이 처럼 눈만 깜빡이고 울어대는 요란스런 인생이 아닌 내실이 있는 조용한 사람으로 달라진 모습으로 갈라진 땅에 물꼴을 터주는 다른이를 위해서 쓰임받는 사람으로 진정한 사람으로 작은 몫이나마 나의 것이되는 삶이 보람으로 다가오는 희망찬 내일이 되기를 소원해본다. 걸려 넘어지는 내가 아니고 박차고 나갈수 있는 나의 카리스마가 되어 주기를 바랄 뿐이다. 사람은 누구나 각자의 얼굴이 다르다. 본능적인 것에만 모든 것을 치중하는 얕은 물에 사는 사람 깊은 물에 사는 사람, 색깔도 여러가지다. 피가 응고된 것 같은 육신의 건강을 잃어버리고 응어리진 마음을 풀어야만이 봄에 새싹이 돋 듯 건강을 찾을수 있는 위기의 순간도 죽음의 사선을 넘나들었던 찰나의 순간도 나에게는 모든것이 세월이 해결해 줄거라는 꿈을 꾸면서 모든 무거운 짐을 내려놓아야 새싹의 기쁨을 맛보면서 웃을 수 있다는 것은 한줄기의 실낱같은 희망의 줄기였다. 이제는 황혼녘에 서서 아픔을 사랑으로 승화시킬 수 있는 마음의 여유를 만끽한다. 칠흙같은 어두웠던 밤을 밝힐 수 있는 것은 남은 인생을 아름답게 자식곁에서 보내려 한다. 너무나 가난에 찌들었던 어두움에 그늘은 아들에게도 큰 상처로 남았다. 워낙 돈이면 안되는 것이 없는 군사독제의 부패속에서 남쪽 사람들은 사회를 가나 어디를 가나 기 한번 펴보지 못하고 살았다. 차곡차곡 쌓아두었던 응어리들을 한 커플씩 벗겨내면서 울다가 웃다가 정신이 나간 사람처럼 살아왔다. 이런 것들이 다 시집살이 실체였다. 먼산을 바라보면서 다가가지도 못하는 실체없는 삶은 두번의 실수를 반복하지 않으려는 나의 안간힘을 지금의 나를 찾게 해 주었다. 시어머니의 맹수와 같은 살기를 남몰래 감추어두고 유독 맏며느리인 나에게 전유물처럼 그 도구들을 몰래 썼다. 자식들을 기만하면서 미래도 없는 행동에 집착과 오만을 버리지 못했다. 인정과 동정은 찾아 볼 수가 없었다. 가족들에게 철저히 배신을 당한 허탈감은 아무도 없는 모래사막 같은 곳으로 인도했고 갈기갈기 찢기는 내 자신의 모습에서 어두움만이 존재했을 뿐이다. 철저히 외면당한 자는 언제나 혼자였다. 그들은 자신들이 제왕이나 된 것처럼 명령했고 하나에서 열까지 간섭하고 지배하려 들었다. 나는 나만의 독백을 의미없이 견뎌내야 했다. 아무도 들어주지 않은 독백 언제나 내 부족함을 인정했고 거기서부터 출발했다. 386세대를 살았던 사람들은 너무나 많은 고통을 겪으면서 살았다. 지금에 젊은 세대들은 해묵은 것들을 이해해 줄 리가 만무하다. 그러기에 소통이 끊어진지 오래다. 부모들이 그렇게 키웠기 때문이다. 공부 못한게 한이 되서 주머니에 자신들의 노후대책까지 다 털어서 공부를 시켰다. 그 결과가 이렇게 쓴 고배의 잔을 마시게 된 것이다. 마치 기나긴 터널을 지나서 온것처럼 동녘에서 찬란히 떠오르는 태양을 기쁨을 보는 것이 우리의 소망이다. 누구를 탓하고 원망하는 것은 더욱더 싫다. 지쳐버린 내 영혼 추스리고 육신의 건강을 추스리고 부끄러워 할 줄 아는 사람으로서 자신있는 삶을 사는 게 인생의 목표다. 용기가 없고 내 존재가 다른이에게 무의미할 때는 하늘이 높아서 다 못 뛰었다. 내 자신은 무엇을 위해서 살았는지 물어볼 때에 대답할 말이 있었다. 내 아들을 위해서 죽을 수 없다고 댓가를 주고 바꾼 희생도 누구를 위한 것이었는가 이제는 침묵했던 세월을 이 글로나마 쓸 수있게 되어서 마음이 가볍다. 외로움과 싸우고 아픈 마음을 되찾기 위해서 싸우고 정신적인 고통은 견디기 위해서 싸우고 돌아보는 이 하나 없는 모진 세월을 밥을 굶지 않기 위해서 생활전선에서 쉬는 날이 없이 뛰어야 하는 내 일상은 내 자신과의 싸움도 이겨내야 했다. 가식적인 삶이 아닌 진실한 삶으로 승화시킨 것이 사랑이었다. 나는 그 희생 속에서 사랑을 배웠다. 사랑이라고는 받아 본 적이 없는 내가 오직 부모님 진 국물 같은 사랑만이 나를 견디게 했고 반성하게 했다. 잊어버리고 산 시간을 찾기에는 너무나 가혹했다. 남들은 시집살이도 없이 사랑받으면서 잘만 살고 있다. 나는 이것이 내게 준 몫인가 싶다. 시집살이가 없었다면 거듭나는 인생을 살지 않고 안주하면서 살았을 인생이다. 감사함을 느끼면서 증오심을 내려놓고 분노의 짐을 내려놓으니 얼마나 자유스러운지 딴 세상에서 사는 것같다. 겉으로 보기에는 아무일 없은 것처럼 조용해 보이지만 속을 곪고 부패해서 혼자 감당하기에는 너무나 어려웠다. 소리치고 울고 싶고 불러보고 싶어도 그리운 사람들은 주변에 많았건만 냉혹한 그들 행동은 나를 얼어붙게 했다. 피해갈 수만 있다면 피해가고 싶은 모진 시간들 외로움에 지칠 때면 철저히 혼자라는 사실이 너무 힘겨웠다. 이 글을 쓰노라면 안경너머에 눈물이 나를 맞이한다. 똑같은 말을 강조해도 하나도 듣기 싫지않다. 진심만 있다면 외로움도 도망을 친다. 불확실한 미래를 바라보면서 어쩌면 도박과도 같은 위험한 내 삶을 긍정이라는 힘으로 맞딱드리면서 한걸음 한걸음 어렵고 버거운 발걸음을 옮겨본다. 어리게 보았던 아들이 이제는 성장했다. 아들손을 꼭잡고 의지하면서 살아가는 일상은 굴곡진 골짜기를 많이 다녀본 나의 삶은 두려울 것이 없다. 힘상궂은 시어머니의 심술도 그 무엇도 두렵지 않았다. 방패막이 하나 없었던 시집살이도 허허벌판에서 혼자 감당해야 하는 저주도 때로는 입에 담을 수없는 험담도 내 양심에 문제였다. 멸시와 모멸감도 일그러진 그릇처럼 한 사람의 인생은 아랑곳없이 버리면 그만이었다. 난 나에게 새겼다. 그들의 그릇된 행동들을 보는 사람이 없으니 아무렴 무슨 죄가 되겠느냐고 거들먹거리고 비웃었던 그들의 공격성을 마음깊은 곳에 묻었다. 친정엄마의 시집살이는 배틀에 차려놓은 모시배를 할머니가 가위로 싹뚝잘라 버렸다. 사랑받지 못한 화풀이를 상대방에게 표출했던 세대들이다. 그러나 미워할 수 없었다. 혼자 감당하기에는 너무나 큰 십자가를 지고 살아가는 것을 난 어렸을 때 곁에서 봤기 때문이다. 그 아픈 마음이 헤아려졌기에 이해를 했다. 할아버지는 장님이었고 하나뿐인 아들은 지병을 앓고 있어서 부모님 곁을 떠나야 했으니 그 한맺힌 세월이 증오심을 많이 키웠을 것이다. 생각해보면 우리나라의 시집살이 역사도 대단한 것 같다. 현대시대는 신종 시집살이다. 우리네 시대는 한발 들여놓고 한발은 내놓은 시집살이다. 요즘 젊은 세대들은 싫으면 그대로 헤어진다. 이혼을 너무 쉽게 생각하고 행동으로 옮긴다. 머리위에서 군림하는 시어미니로 사는 시대는 끝났다. 그들이 우리에게 복수를 해주고 있는 상황이다. 지금은 시대가 많이 변했다. 명절에도 조상들에게 잔을 올리는 것도 뒷전이 되어 버렸다. 다양한 문화속에서 다양한 방법으로 예를 지키고 가지만 전통주의가 점점 멀어져가고 있는 것을 볼수 있다. 지금은 명절에도 조촐하게 마련해 놓고 가족들간에 우애와 정을 나누지만 덕담이나 하는 시대도 멀어졌다. 시골에 계신 부모님들은 자식들과 손주들을 그리워하면서 살아간다. 하지만 그들은 해외여행이다 뭐다하면서 자신들의 안식처로 도피하고 있다. 우리 세대에는 엄두도 낼수 없이 대가족제도에 눌려서 머슴처럼 일만 했다. 제사를 준비할 때면 식구들의 먹거리 치닥거리며 허리를 펼 수도 없이 일했다. 그래도 호된 시집살이는 따로 있었다. 미신을 믿는 시어머니는 거짓의 혀로 이간질을 붙이고 세상 무서운 게 없었다. 젊음도 한때인 것을 며느리 시집살이 시키느라 세월가는 줄을 모르고 낭비했다. 그 모태에서 나온 자식들은 온갖 것으로 치장을 해 주었지만 거짓에 불과했고 모래위에 집을 짓는 어리석음 때문에 되돌릴 수 없는 세월이 되어 버렸다. 그들도 한때는 즐거웠다. 맏며느리인 나를 가족들 앞에 조롱거리로 만들었다. 훗날을 생각하는 절제는 찾아볼 수 없었다. 후회도 반성도 없는 무의미한 앞날이 무슨 희망이 되었을까? 아무도 관심가져주지 않은 정해진 것 외에는 아무 것도 아니라고 자신들만의 착각 속에서 제대로 배색도 되지 않은 그림을 엉망으로 그리고 있다. 전통적인 관습에서 벗어나지 못하는 미성숙의 생각들, 핏줄이라는 이기적인 생각을 떠나지 못했고 6.25나 일제시대를 겪으면서 더욱더 확고해 진 혈연관계 이기주의 과거는 잊어버려야 한다고 외쳐 대지만 피폐해진 정신속에는 고통이 고스란히 남아있다. 지난날은 기성세대들의 발목을 잡고 놓치 않은 것이 많다. 까맣게 밀려올 때도 많다. 개인적인 나의 어두움은 부끄러움이고 상처이기 때문에 그리운 고향 산천을 뒤로 했다. 골이 패인 상처자국 마다 눈물이 가득 고여있다. 그 눈물닦아 줄 이도 없었다. 돌아가신 엄마에게도 용서를 청해야 한다. 생전에 들어주지 못했던 말들을 열 손가락 깨물어서 안아픈 손가락이 없다고 했다. 부모님의 사랑에 머리를 조아려 본다.

침묵했던 세월

　나를 바라보면서 침묵 속에 아픔을 묻었던 엄마. 이 세상에는 안계신 엄마를 그리워하면서 용서를 빌어본다. 산소에 다녀왔지만 마음은 무겁고 답답하다. 훌훌 털어내지 못했기 때문이다. 가벼운 마음으로 다녀오려고 했지만 마음대로 되지 않는다. 이제는 정말 벗어나고 싶다. 병들고 찌들은 시집살이에서 얼굴을 안보면 해결될거라고 했지만 깊은 상처는 그리 쉽게 낫지 않는다. 난 가식없는 마음으로 가족들과 함께 하고 싶다. 남이 되어 있는 나 자신이 기억들조차 지우고 싶은게 너무도 많다. 가족의 일원으로 살지 못했던 쓰라림은 아직도 이슬이 맺힌다. 바라봐 주는 사람이 없어도 관심 가져주는 사람 없어도 앞만 보면서 열심히 살았던 내 일상은 그래도 즐거웠다. 따뜻한 말 한마디 해줄 줄 모르는 가족들도 이제는 다 내려놓은 짐이다. 겉은 화려하지 않지만 내면의 기쁨으로 편견이 없고 이기적인 마음이 없는 열린 사람들로 꽉 채워지기를 기도한다. 폐쇄되고 경직된 마음은 나를 괴롭히는 우직한 쇠사슬의 도구였고 언제나 온기가 없는 냉기를 맞이하는 외로움은 참기 힘든 죽음의 그림자였다. 돈이 없으면 형제들에게도 따돌림을 당하는 현실이 되어버렸다. 지금까지의 엄마는 강한 엄마였다. 눈물을 보이고 싶지 않은 그대로의 내 모습이다. 자존심은 나에게서 존재하지 않은지 오래다. 물질 만능주의는 인간애를 상실한 채 꼴 사나운 모양새로 전락했고 많은 것을 무시한 채 인스턴트로 전락했다. 인간의 마음도 땅도 척박해 졌기 때문에 소출이 줄었고 낭비와 게으름으로 육신의 안일함만 추구한 채 비대해져 갔다. 진짜 영양분은 섭취하지 못한 채 거꾸로 살아가는 인생에 목숨을 걸고 앞도 뒤도 무시한 채 앞만 보고 살아온 그 시간들은 더 많이 가지기 위해서 착취를 일삼고 자신보다 낮은 사람에게는 말과 행동을 비약해서 천시하는 행동을 한번 더 생각해 보는 배려는 이미 바닥에 떨어져서 굴러다닌다. 자신의 편안함과 안일함이 얼마나 많은 불편을 만들어 냈던가? 누구를 막론하고 부를 창출하기 위해서는 과학에도 많이 의존했다. 하지만 인건비가 비싼 우리나라는 생산하는데 제약이 많이 따랐다. 산업혁명을 겪으면서 기계 문명에 익숙해졌고 지금은 아이티시대다. 기계가 인간의 손을 대신하고 두뇌를 대신한다. 아직도 전통주의에 빠져서 배려하며 살지 못하는 인색하고 혈연이라는 마치 기계와 같은 틀에 박힌 생활을 무지하게 이어가고 있는 골동품들은 변할 줄 모르고 서산에 지는 해를 바라본다. 황혼도 아름답다. 낮에는 편견없이 온 세상을 환하게 비춰주고 질 때는 서산으로 자기몸을 숨긴다. 내일을 향해서 찬란하게 빛을 비추기 위해서다. 이제는 나도 황혼녘에 서 있다. 죽음을 받아들이는 연습도 피부에 와 닿는다. 무리를 지어서 날아다니는 고추잠자리는 요즈음 찾아보기 힘들다. 풍년을 상징하기도 했지만 자연의 현상을 요즘은 그리워하지도 않는다. 인스턴트 시대에 안주함을 즐기고 있기 때문이다. 삭막한 세상이다. 모든것이 돈으로 판단되고 기준이 되는 세상, 웃음이 나오지 않는다. 미국같은 나라는 자연훼손을 절대 금한다고 한다. 이제는 우리도 훼손하지 않고 보호하는 나라로 가지 않는다면 자연이 우리에게 강한 펀치로 일격을 가할 것이다. 나라에 존망이 걸린 일이기도 하다. 나라에서 나오는 쌀도 지금은 남아돈다. 여러가지로 가공해서 소비를 하고 있지만 해결책으로는 보이지 않는다. 많은 경제성장 덕분에 살기가 얼마나 좋아졌는지 피부로 느끼고 생활수준에서도 알 수가 있다. 이 좋은 세상에 시집살이가 웬말이냐고 나를 비웃을 사람도 있겠지만 경솔하고 오만함 속에 결여되어 있고 자신의 일이 아니니까 하면서 도덕성도 양심도 다 소멸된지 오래다. 시어머니의 손바닥에 그려진 그림, 배색도 엉망이고 주제조차도 뚜렷하지 않은 선명하지도 않은 그림이다. 그림의 본질은 며느리 잡는 숨통이 꽉 막히는 죽음만이 존재하는 괴상하고 시선이 가지 않는 졸작이다. 난 그럴 때 노래방을 찾았다. 소리를 꽥꽥 지르면 스트레스가 날아가고 숨통이 트였다.

  아픔의 흔적들은 곳곳에 남아있다. 풍치를 앓아서 한꺼번에 우수수 빠져 버린 이들 강한 펀치가 되어서 나를 괴롭힐 때면 머나먼 사고의 여행을 떠나야 했다. 드러내는 눈물도 함부로 흘리지 못했던 날들은 지금은 내가 잘 참았다고 자신에게 칭찬을 해본다. 어제도 과거라고 쉽게 말하는 이들은 너무 쉬운 일로 생각한다. 자신이 겪지 않은 일이라고 말 한마디 진심이 들어가 있지 않다. 돌아보면서 다짐한다. 똑같은 실수는 한번이면 충분하다고 간교한 시어머니의 계략으로 인해 내 인생을 빼앗아버린 그들 절대 용서치 않겠다고 분노를 하지만 미래가 있기 때문에 화해와 용서라는 신의 약속을 믿어 본다. 빛이 바랜 과거를 붙들고 갈 길을 헤맸다면 시집살이의 고통은 아무 의미 없는 과거에 머물러서 다른 이를 괴롭힐 것이다. 고통을 보았으니 기쁨도 저 고갯마루에서 나를 기다려 줄거라 의심치 않는다. 조화롭고 균형있게 살고 싶어서 모든 것을 감수하고 인내했지만 말처럼 세상살이는 쉽지 않다 미래의 장애물이 될까봐 많은 것을 내려 놨지만 아직도 남아있는 것은 무엇 때문일까? 나 자신에게 질문을 던져본다. 사람만이 인생의 진맛을 느끼고 고달픔을 알지만 무의미한 것은 고정관념이나 이기주의에 불과해서 혼자 독식하는 경우가 너무나 많아 보기 사납다. 다양한 사고안에서 상대방을 수용하고 받아 들인다는 것은 참으로 어려운 일이다.

  항상 겸손에 자리에서 낮아지는 연습을 하지 않으면 금새 오염되어 버린다. 나는 가족들로부터 소외를 받았고 외톨이 인생을 침묵 속에서 말과 내 행동을 절제했던 것이 내 인생이 멸망의 길로 가는 것을 막아 주었고 영혼을 살찌게 했다. 시집살이에서 벗어난 것도 평생이 걸렸다. 정말 내 입을 절제하지 않았다면 사나운 맹수처럼 으르렁 거리면서 인간의 모양새를 갖추지 못했을 것이다. 촉촉히 내린 이슬처럼 항상 눈물은 마르는 날이 없었다. 쓸쓸한 뒤안길에서 힘겨운 싸움은 혼자가 주인공이 된 것이다. 나만이 맞은 돌팔매들 아무것도 모르면서 비방하는 즐거움으로 살아가는 사람들은 이유도 없이 돌팔매에 가담했고 즐거워 하면서 마치 감옥처럼 폐쇄된 가정에서 범죄행위에 기쁨을 느끼는 그들은 나와는 너무나 동떨어진 세계였다. 가진 것은 없지만 소박함속에서 행복함을 맛보면서 밝게 살아왔다. 지금은 아들이 장가도 가고 남이 부러워하면서 사는 가정이 되었다. 행복은 가진 것만이 기준이 되는 것은 아닌가보다 내 일생이 인덕도 없고 형제간에 우애도 없었다. 누구하나 관심 갖지 않은 외톨이 인생이었다. 하루도 쉴 날이 없이 일을 하고 먹고 사는 문제와 학비를 보충하는 일은 만만한 일이 아니었다. 그래도 늦복이 있는 탓에 먹고사는 문제도 이제는 조금은 수월하다. 나는 인고의 세월 덕분에 거듭나는 인생을 살게 되었고 덤으로 사는 축복을 받았다. 검정고시를 거쳐서 방송대학까지 가게 된 것은 나에게는 큰 행운이었다. 남들은 쉽게 여기고 보잘 것 없다고 생각하겠지만 난 그렇지 않았다. 언제나 진심이 함께 했기 때문에 마음은 항상 든든했다. 또한 기쁨의 열쇠였다. 초등학교 밖에 나오지 못한 나는 새로운 세상에 대한 희망이 용솟음쳤고 새로운 것에 재미를 붙이니 시집살이의 고통은 견딜 수가 있었다. 남들은 과거를 붙들고 이러쿵 저러쿵 말이 많았지만 집착을 벗어나니 기쁨의 열매들이 주렁주렁 달려 있었다. 언제나 감사한 마음으로 험한 인생길을 침묵과 인내가 동행을 했고 그 끝이 어디인가 뿌연 안개속을 헤치고 가노라면 끝이 보이겠지 하면서 포기하지 않고 늘어진 육신을 추스리며 추한 모습 보이지 않으려고 안간힘을 쓰는 내 자신이 너무나 애처로울 때가 많았다. 난 왕따를 당할 때도 그들의 정신과 함께 했다. 난 홀로서기를 혼자 할 때도 아무도 눈여겨 보아주는 사람이 없을 때도 비천한 내 모습이 처절하게 일그러져 있을 때도 난 항상 미래의 끈을 꼭 붙잡고 놓아주지 않았다.

   지금의 이런 결과들은 그때의 비참함을 혼자 견뎌내고 승리했기 때문이라 생각해 본다. 지옥 같은 그 잔인한 길을 묵묵히 갈 때도 욕심을 버리니 용기가 생겨갈 수 있었던 지난날은 나에게는 과거가 아니었고 내 눈앞에 닥친 현실이었다. 현실 속에 과거 항상 있었다. 과거에 그림자는 항상 배색이 잘된 한 폭의 그림같이 나를 따라 다녔다. 그것은 괴로움이었다. 잊고 살기 위해서는 다른 세상에 눈을 돌려야 했고 관심을 돌려야 했다. 가진 것이 없으니 작은 마음이라도 베풀고 배려하면서 내가 인생의 사는 법을 바꾸니 생활이 평탄함으로 바뀌었다. 고진감래였다. 굴곡이 심한 어두움을 벗어나는 데에는 대단한 결심이 아니고는 내 인생을 포기해야 하는 위험한 순간도 전철을 밟을 수 있는 찰나의 순간도 뒤로한 채 꿈을 품고 앞날을 향해서 발걸음을 옮기는 무거운 마음은 눈에 보이지도 않은 무를 생각하면서 유를 창조해 나갔다. 눈이 짓무르도록 울고 살았다. 그러나 현실은 냉혹하게 채찍질해 대고 승산 없는 머무름은 끝이 나야했다. 난 유황불과 같은 지옥에서 살 때도 긍정의 힘을 믿을 수 있었다. 그 힘은 지옥과 같은 그 상황들을 벗어나게 했으니 마음은 조금씩 가벼워졌다.

   내 곁에 아무도 없는 외로움은 끝없는 황량한 모래사막과 같았다. 아무도 대신할 수 없는 나만의 고통이었다. 아무도 이해해 주지 않는 막다른 골목길이었다. 삶은 쉬운 길이지만 창조하는 삶은 가시밭길 인생이었다. 하지만 결과에 대해서 인정을 받을 때에는 참으로 다른 차원의 대접이 기다리고 있었다. 지금은 나도 웃고 사는 생활이 보장되었고 고개를 들고 하늘을 쳐다볼 수 있는 특권이 생겼다. 부끄러워서 쳐다 볼 수 없었던 것들을 떳떳이 바라볼 수 있다는 것은 내 반성이 있었기 때문이다. 바보로 취급받았던 시간들은 침묵만이 나를 지켜 주었고 미래를 대비할 수 있는 자신을 발견할 수 있었다. 모방만을 일삼았던 사람들은 거짓과 진실이 무엇인지를 구별하지 못하는 문맹이 되어 있었고 시대가 변해가는 줄을 모르고 안주하고 퇴보하는 시대적인 산물들이 너무 많았다. 이런 것들이 군사독재의 추악한 모습들이다. 여기저기 흔적들을 겪고 아팠던 사람들은 악몽 같은 현실들이 다 자식이 죽으면 그 자식을 산에 묻는 것이 아니라 가슴에 묻는다고 말했다. 그리움은 강물처럼 밀려오지만 볼 수 없는 그들을 생각하면서 얼마나 피눈물을 흘려야 했을까? 가늠할 수 없는 것을 함부로 말하기도 쉽지 않다. 고통을 겪어본 사람은 권력을 가진 사람은 영원할 것이라고 생각하면서 분별하지도 않은 채 무자비한 싸움터로 생각했고 누구든 짓밟고 일어서려는 속성 때문에 많은 사람이 피투성이가 되었다. 난 혼자서 죽음의 문턱을 넘나들 때는 자존심도 명예도 소유욕도 다 내어던지고 살아야 된다는 생각이 지배적일 때는 죄악의 옷을 다 벗어 던지고 알몸이 된 나 자신을 남들의 비웃음을 뒤로 할 수밖에 없었고 그 부끄러움을 피하려고 가정이란 굴레속에서 벗어날 수가 없었다. 나의 은신처였기 때문이다. 자신들의 이익 앞에서 반응하는 사람들이 가족들이었다. 웃을 때 울 때를 가리지 못하는 어린애와 같은 철부지들 아파도 느끼지 못하고 마치 나병환자들처럼 손가락이 떨어져 나가도 그 고통을 느끼지 못하는 그들처럼 입에서 나오는 말은 영혼이 썩는 냄새와 악취로 옆에 가기도 역겨운 염치도 체면도 다 잃어버린 마치 미물과 같은 본능적인 것에 치우쳐 사는 그들의 삶은 강산이 열번을 변해도 바뀔 줄 몰랐다. 각자의 인생은 각자가 책임지는 것이다. 다른 이의 인생에 끼어들어서 감 놔라 대추 놔라 하는 것은 자신의 지배력을 과시하려는 존중받을 수 없는 습성들이 자신들 교만속에 깊이 자리하고 기만하는지도 모른다. 자기 자신이 누구인지도 모르는 사람들이 다른 이를 천대하고 업신여긴다는 것은 광대가 다른 이를 웃기려고 줄을 타는 것과 똑같다. 어쩌면 사람을 피하는 것은 자신의 냄새나는 부분들을 감추기 위한 도피행위다. 우스운 모습을 감추고 대충 넘어가려는 작은 수단에 불과하다. 솔직함을 내

보이지 않고 마음속에 감추어서 상대방을 부정하면서 짓밟으려고 하고 있는 의도적인 속셈에서 상대방을 기만한다고 하는 나쁜 습성 때문이기도 하다. 참으로 인간사는 어려운 일이 많다. 그 입장에 처해보지 않고는 상대를 절대 이해하지 못하는 좁은 도량도 없어져 버리고 자신만이 우월하다는 이기적인 사고만이 판을 치고 있다. 진심을 조금이라도 보이면 가벼운 사람으로 여기고 기만의 껍질을 몇 겹으로 뒤집어 쓴 사람은 똑똑한 사람으로 오히려 취급을 받는다. 모든 상황은 뒤집어지고 요람속의 아기처럼 생각이 없는 어리석음을 자랑처럼 여긴다. 지금은 시대가 거짓이 추앙받는 시대다. 이상한 세태가 되어 버렸다. 그 험한 시집살이도 거짓에 너울을 쓴 진실처럼 되어버린 초라한 모습들이 다 신뢰하게 할 수 없는 천한 모습들이다.

가진 것은 거짓 없는 내 마음 뿐

억울함을 참아야 했고 아프고 저리는 육신의 고통도 혀를 깨무는 고통으로 미래의 희망을 품고 참아야 했다. 아들이 태어났으니까! 이제는 내 나이 65세다. 반평생을 먹을 것도 입을 것도 궁색했다. 버림받은 고통 속에서 비참하게 시어머니의 거짓에 짓밟혀버린 금싸라기 같은 시간들이 정말 아깝다. 위자료를 한 푼도 주지 않은 채 그들의 의기양양함은 자신들의 잘못은 하나도 없다는 듯 모든 잘못은 나에게 주어져 있었다. 그들의 값진 승리인 것처럼 위장을 하고 나를 빈 털털이로 만들었다. 가진거라고는 병든 내 육신뿐이었다. 그래도 쉬지 않고 안해 본 일이 없이 살았다. 옛말이 여자가 한이 맺히면 오뉴월에도 서리가 내린다는 말이 꿈이 아닌 현실이었다. 모든 것을 뒤로한 채 인생역전을 위해서 꾸밈없이 거짓없이 살다보니 밥은 먹어졌다. 그래도 숨을 죽이면서 살 때 보다는 마음은 편했고 미래도 보이기 시작했다. 너무 추한 내 모습에 울어야 했고 억울해서 울어야 했고 왜 나만이 이런 모진 풍파를 겪어야 할까 생각도 했지만 안주하고 시간낭비하고 있을 시간은 더더욱 없었기에 뼈가 부서지도록 일을 하면서 괴로움을 잊었지만 상처 입은 마음은 쉽게 아물지 않았다. 시어머니의 모진 성품과 거짓은 무엇이 소중한지 몰랐고 추하게 일그러진 자신에게도 주변 사람에게도 아무런 도움이 되지 못하는 미성숙한 본능적인 일에만 목숨을 걸었다. 내어 놓을 것도 보일 것도 없는 집안에서 모방본능은 너무나도 강했다.

　난 지금도 아쉽다. 시집살이를 시키는 기술은 어떻게 터득했는지 궁금하다 남의 눈을 속여가면서 가장 잔인하고 위선자의 모습, 마치 굶주린 맹수처럼 난 그저 그들의 먹잇감이었다. 자신의 욕심을 채우려고 훗날은 생각치도 않고 늘어놓은 교만한 술수들, 언제나 그런 것들은 그들의 만족을 채워 주었다. 절제가 없고 인내가 없는 저속한 본능적인 것, 성숙치 못한 사고는 언제나 불평불만 투성이인 시어머니의 비위를 맞춘다는 것은 대책도 대안도 아니었다. 그런 것들을 효도라는 맹목적인 행위로 이어졌고 폭력으로 이어졌다. 집안대문을 나서면서부터 며느리에 대한 음란패설을 늘어놨고 그것도 부족했다. 모함과 이간질 결국은 자신들의 얼굴에 인분투성이가 될 말들을 아무 부끄럼없이 며느리 나쁜사람 만들기에 총동원하는 것 같았다. 거짓 속에서 배워지는 것은 아무것도 없이 껍데기만 바람에 휘날리고 먼 미래에 희망을 두었던 나는 그들에게는 바보였다. 그래도 세상 속에서 꿋꿋하게 사는 법을 배웠고 내 얼굴이 부끄럽지 않게 살았다. 그들은 자신들의 객기에 도취되어서 옆에 있는 사람이 죽어도 나만 좋으면 그만이라는 편견과 이기주의는 사람을 죽일 수 있는 무기였다. 많이 가지려는 욕심 때문에 신중성이 없었고 신뢰를 잃어가고 빛을 잃어갔다. 돌아서면 뒤엎는 변덕스러움은 혼란을 만들어냈고 마치 독버섯처럼 어디에서나 때와 장소를 가리지 않고 군림했다. 시간이 멈춰버린 것 같은 저주 속에서 무엇 때문에 20년이란 세월을 참고 인내했는지 나 혼자만의 일은 아닌 것 같았다. 남들은 쉽게 말하고 행동할지 모르지만 이혼이라는 상황도 쉽게 생각하지 못했다. 세상이 변했다고는 하지만 쉽지 않은 일이었다.

　가정에서 유교교육을 받은 나는 그렇게 간단하지가 않았다. 아들의 양육도 그랬고 모든 것이 낯설고 힘들었지만 주변의 시선도 따갑고 견디기 힘든 것이 많았다. 남이 써놓은 각본대로 모방하는 삶은 지옥의 한 중심이었고 나의 삶이 아닌 남의 삶을 살아야 한다는 것은 그 만큼의 퇴보였다. 내가 주체가 되는 삶을 찾기까지 인고에 세월은 너무 길고 험난했다. 아직도 눈물이 멈출 줄을 모른다. 아무도 없는 골방에서 혼자만의 독백을 너무 쓸쓸하고 외로움이었다. 자신의 말과 행동에 책임질 줄 모르는 헛된 꿈을 꾸는 그런 것들이다. 자신들에게 불리하게 작용하는 말들은 금방 바꿔버리고 시치미 떼는 그들의 이중성은 계속 악순환이었다. 강산이 열 번을 바뀌어도 한 번도 바꾸지 못했다. 인권이란 것은 생각조차도 할수 없는 무지한 사막과도 같았다. 인고의 세월은 하나씩 내려놓은 법을 나에게 가르쳤다. 그 시간들을 되돌릴 수 있다면 소중했던 것들을 다시 찾고 싶다. 그 빈자리는 멈춰버렸던 시간들이 고통스럽게 상기된다. 이제는 부끄럽지 않다. 참고 인내했던 세월은 나를 구해주었고 하늘을 우러러 청명한 파란 하늘을 똑똑히 쳐다볼 수 있어서 너무 떳떳하다. 나에게는 많은 변화가 있었고 웃음으로 바꾸어졌다는 현실이 새로운 성장을 의미하기도 한다. 얼룩진 눈물자욱이 부끄러워 고개를 들 수 없었던 시간들은 나의 치부 때문이기도 하겠지만 가난 때문이기도 했다. 땀 흘려 노동하는 것들이 나를 어둠속에서 탈출할 수 있게 했다. 노동의 순간들은 모든 것을 잊게 해 주었다. 내 인생의 먹구름이 걷기 시작한 것은 긍정의 힘이었고 새로운 생명에 대한 파란 하늘 밑에 사는 떳떳하고 웃음을 되찾을 온기를 느끼는 인간으로 사는 것을 갈망하고 염원하면서 다른 이들과 어깨를 나란히 할 수 있는 부끄럼 없는 세상과 마주하기를 기다렸다. 하지만 세상은 호락호락 하지 않는다. 그 속에는 까맣게 변해 있는 사람도 있고 하얀색으로 변해 있는 사람도 있다. 평생 나를 저주 속에 가두어 놓고 재미있어 하는 사람도 있고 가난 속에서 허덕이는 나를 보고 박수를 치는 사람도 있었다. 가장 가까운 가족들이 물질과 권력을 유지하기 위해서 마치 기계처럼 변해 있다. 아니 괴물처럼 변해 있다. 앵무새처럼 주인의 말을 따라서 흉내내는 아주 다듬어진 겉모습에 길들여져 있다. 진실이 무엇이든 간에 그런 것은 중요하지 않다고 생각한다. 나만 잘 먹고 잘 살면 된다는 개인주의 가족공동체의 혈연 이기주의 변화할 줄 모르는 고질적인 것들이 영혼을 병들게 하고 벌레들이 우글거리면서 썩어가는 것들, 이것들을 바라보면서 울어야 할지 웃어야 할지 마음이 숯처럼 까맣게 타버렸다. 자신들의 마음에 들지 않는다고 부정해 버리고 무시해 버린다. 일련의 노력도 없이 나는 매정한 한파 속에서 녹여줄 이 하나 없었던 그 표독스런 마음들이 송곳처럼 아팠고 불편했다. 겉치레를 할 줄 모르는 나, 멍이 든 마음을 추스리고자 여기저기 찾아 헤매는 것은 마음 둘 곳을 찾는 것도 힘이 들었다. 가장 밑바닥에 수장되어 송장처럼 누워있을 때 아무것도 떠오르는 것이 없었다. 육중한 몸을 일으킬 힘도 의지도 없었다. 내 존재의 가치란 찾아볼 수가 없었고 그때에 내 삶을 뒤돌아보는 칠흙같은 밤들, 아무런 계획도 생각도 없이 살아왔던 어린시절 난 철들어 가나보다 마음깊이 묻어 두었던 씨앗 하나 꺼내 들고서 이리보고 저리보고 반성의 시간을 안경너머의 내 눈은 짓물러 있다. 반문해 보지만 답은 쉽사리 나오지 않는다. 미래의 낯선 길들. 그렇지만 누구도 원망하지 않았다. 미워하지도 않았다. 이것은 나의 진실이다. 남을 이해하라는 폭넓은 말로 자신을 위로해 본다. 떠나야 했던 다른 이들 곁은 다 떠나와 버렸다. 새로운 땅에 사랑의 씨앗을 뿌리기 위해서 처참하고 비참하게 일그러진 내 자신의 모습을 끌어안고 짓밟아도 아프지 않았던 그 땅, 자신의 모든 것이 거름이 되었던 그 땅, 뒤돌아보지 않으려 다짐해 보지만 쉬운 문제가 아니다. 시어머니의 모방심리도 자신들을 통제하지 못했다. 온 산에 불이 나서 동풍을 타고 걷잡을 수 없는 것처럼 시어머니의 방자함도 하늘을 거슬렀다. 시집살이의 역사도 기록되지는 않았지만 부모님들의 이야기를 들어보면 대대로 내려 온 것을 알 수 있었다. 그 고통스런 것을 대물림을 하고 후손들이 전철을 밟게 만들었으니 그 책임은 누가 져야 되는지 한 사람의 인생을 망쳐 놓았다면 분명히 책임이 따라야 된것이 어떻게 피해자가 그 책임을 감당해야 되는지 알 수 없는 일이다.

  사람들의 기만성이 거꾸로 된 세상을 만들어 놓았다. 침을 뱉고 돌을 던졌던 사람들, 가장 선한 얼굴이었다. 가장 추악한 그들이 썩을데로 썩어 악취를 풍기면서 다닌 독사와 같은 사람들, 독을 감추고 있다가 힘없는 사람에게 뿜어대는 욕심 많은 골리앗이 그들이었다. 나는 똑똑히 보았다. 피도 눈물도 없는 응고되는 고통을 피를 나눈 형제들도 그때는 남이었다. 시어머니도 고된 시집살이를 동서한테 당했다고 아픈 이야기를 곧잘 했다. 헌데 그 몹쓸것을 나한테 그대로 전염시켰다. 날이 퍼렇게 선 칼날을 나에게 겨냥했다. 이중잣대의 잔인성을 그런 것들에 대한 미련이 그렇게도 많았는지 미신을 믿는 시어머니는 그것을 받아들이지 않는다 하여 땡초보다 더 매운 맛으로 나를 일깨우려 들었지만 폭력과 폭언은 집착성 때문이었다. 더욱이 증오심에 저주를 퍼부어 대는 그들은 미래가 보이지 않았다. 짐승들만이 하는 본능에 대한 이기적인 생각은 자신들의 먹이사슬 이외에는 아무것도 아니라고 생각했기에 그 굴레를 벗어나야 한다는 나의 집요한 생각은 나를 흑백에서 컬러로 변화시켰다.

이제는 과거를 버리고

　선명한 나의 색깔은 다른이들의 눈에 띄게 되고 질투에 대상이 된 위험한 경우도 너무 많이 노출되었다. 자신의 눈엔 들보가 들어있는데 남의 눈에 작은 티를 보고 얼마나 과장되고 그릇된 행동과 말로 괴롭혔다는 것은 기억 속에서 끄집어내어 반성과 성찰을 자신들만이 보는 거울 속에서 고침을 받아야 건강한 정신을 육신을 지탱하고 유지하면서 옳은 길을 찾아갈 거라 생각한다. 모든 것이 사각지대인 그 폐쇄된 가정에서 정말 끔찍스런 일이 벌어진다는 것은 상상도 할 수 없는 폭력의 세상이었다. 8남매의 맏며느리는 그리 쉬운 자리가 아니라는 것은 누구든지 알고 있는 사실이지만 어느 누구도 한 사람의 거짓 때문에 무자비하게 매도할 수 있는 권리는 아무도 부여한 적 없는 것 같은데 법치국가로서의 면모도 갖추지 못했으니 도덕성에 의지할 수밖에 없었다. 양심도 짓밟히고 가정교육도 물질만능주의에 짓밟혀버린 지금의 21세기는 무서울게 없다. 돈이면 무엇이든지 해결되는 그런 시대는 일제의 문화말살 통치시대와 별로 다른 것이 없다. 모든 것을 맏아들의 손에 쥐어 주었고 그 부작용의 폐쇄성은 다 감추어버린 가정들의 치부다.

　지금은 핵가족시대에 도래했다. 구조적으로 부모님들을 모시기가 어려운 시대다. 나도 한때는 너무 무거운 짐을 지고 그 밑에 납작 엎드려 목숨을 구걸했고 주눅이 들어서 말 한마디도 할 수 없었던 침묵의 시간이 어둠속으로 수장되는 아픔들이었다. 아무것도 할 수 없는 증오심과 분노는 누가 볼까봐 남몰래 훔쳐야 했던 얼룩진 상처들이다. 아무도 없는 빈자리 아들과 함께 외로움에 지쳐서 다른 사람을 증오하게 될까봐 두렵기도 했다. 잘못 끼워진 첫 단추는 끝이 보이지 않는 사막의 목마름 그 자체였다. 본능에 충실한 그들은 더 나은 삶을 찾아서 옥토를 만들어야 되게겠다는 생각은 꿈을 꾸지도 못하는 칠흙같은 어둠만이 존재했을 뿐이다. 애써 떨쳐 버리려고 했지만 쉽지 않았던 시간들 행여 나에겐 미래의 희망이 기회를 주지 않을까봐 아침에 찬란히 떠오르는 햇살을 보면서 내가 죽지 않고 살아 있다는 것이 미래였으니까. 잡초처럼 살아 온 내 인생이 행여 다른 이의 눈에 띄지 않을까 노심초사 하면서 긴장 속에 살았던 고달픔, 애써 약한 내 마음을 드러내지 않으려고 모른 척 하는 그들을 바라만 보고 살수 없었다. 그들은 죽음을 상기시키는 것 같았다. 자식이나 번창시키기 위해 집착했고 나라는 존재는 공장에서 물건을 찍어내듯 자식이나 많이 낳으라는 명령이었다. 가족을 부양해야 하는 교육은 시키지도 못한 채 결혼을 시킨 것은 본능에 충실한 그것이었다. 모난 돌이 되는 알량했던 사람들, 책임질 수 있는 사람들은 하나도 없었다.

 그 인고의 세월은 누가 만들었는지 책임을 회피하고 도피해 버리는 그것들은 모든 것이 상황으로 끝나는 줄 알고 있다. 모래위에 집을 짓는 어리석은 미물들, 어쩌다 생긴 일이 아니다. 오랜 세월동안 전철을 밟고 닳아 빠져있다. 역겹고 지겹다. 생산성이 없는 멈추어버린 세대들, 그런 것들이 시집살이의 근본적인 문제들이었다. 진지하게 바라봐 주지 않는 그저 강 건너 불 구경이었다. 얼마나 지은 죄가 많으면 그러느냐고 그런식이 지금의 이 사회, 나라가 되어 버렸다. 마음속 깊이 잠재되어 있는 어둠들은 눈에 쉽게 띄지도 않는다. 나는 당연히 시집을 가면 남편의 보호 속에서 행복한 결혼생활이 있을 줄 알았다. 날이 갈수록 나의 생각은 물거품이고 무방비상태의 한계는 도를 넘어섰다. 20년이란 세월동안 숨소리 한번 크게 쉬지 못한 채 기가 죽어 발언권 한 번 발동시켜보지 못한 무기력과 무지함은 그들의 작품이었다. 벙어리 3년 귀머거리 3년 장님 3년 고스란히 조롱거리였다. 죽음의 세월 풀 한 포기 자랄 수 없는 황무지 같은 마음, 양심은 이미 땅에 떨어져서 흩어져 버린 물과 같았다. 혼자서 말없이 인내하는 참회의 시간들, 쓰디쓴 열매를 혼자 따먹어야 하는 고배의 잔, 할 말을 잃어버린 채 많은 시간들을 기다림 속에서 지치게 했고 죽어가는 고목나무에서 햇순이 돋아나는 기적을, 요행을 나는 참고 인내하면서 기다렸다. 얼마나 인색함과 표독스러움으로 따뜻한 물 한 모금을 주지 않은 그 인고의 세월은 나를 변화하게 했다.

아무것도 사랑도 관심도 없는 사람들은 남의 집 제삿상을 보고 감 놔라 대추 놔라 온갖 간섭에 흥이 나 있었다. 그 때는 침묵만이 나를 지킬 수 있었고 통제할 수 있었다. 나는 나를 알았다. 분노 속에서 증오심 속에서 다른 이에게 존중받을 수 없다는 것을 찌들었던 시간 속에서 건져 올릴 수 있었다. 그 큰 수확의 기쁨은 무엇과도 바꿀 수 없었다.

꿈인지 생시인지 몽롱하게 했다. 기쁨도 즐거움도 항상 나와 함께 동행을 했고 견디어 내는 에너지를 쏟아 주었다. 한 알 한 알 따먹는 포도는 달콤하고 신선했다. 나에게 주는 영양분들이었다. 영혼도 육신도 매말라 버린 귀신같은 몰골은 누가 관심을 가질 수 있겠는가?. 그래서 다른 이를 원망하지 않는다. 미워할 가치도 느끼지 않는다. 그저 묵묵히 가야할 길, 내가 해야 할 일을 빠뜨리지 않고 촘촘히 하는 것이 내 영혼을 지키는 일이고 내 자신을 위한 몫인 것을 가장 보잘 것 없는 나에게 이런 글을 쓸 기회를 주었기에 감사할 뿐이다. 사나운 맹수로 살지 않게 해주었기에 내면에 기쁨으로 대답할 뿐이다. 아부도 할 줄 모르는 나는 언제나 뒷전이었고 욕심도 없이 살아가는 세상에 나는 남의 눈에 띄는 존재가 못 되었다. 나의 결혼생활의 설계도와는 너무나 빗나간 일상이 실망과 좌절이지만 내색하지 않은 내 마음은 지옥이었다. 그런 생활이 펼쳐져도 항상 내일에 대한 희망이 기쁨과 즐거움을 동반해서 행복할 때도 있었다.

굶주린 맹수처럼 살지 않으려는 나의 안간힘은 처절하게 비참했지만 내 자신을 버텨내야 한다는 일념은 변함이 없었으니까 후회하지는 않는다.

이제는 부끄러움도 다른 이의 얼굴도 바라볼 수 있는 자신감도 생겨났다. 내 것이 아니면 욕심을 내지 않는 마음의 여유를 찾을 수가 있었고 무엇보다 희열을 느낀것은 다른 이의 것을 뺏지 않아도 된다는 것이 마음 깊은 곳에 자리를 하니 배가 바다에서 풍랑을 만나도 요동치지 않는 평정심을 이해할 수 있었다. 부족한 이들과 함께 공유하면서 함께 살아가는 것은 배려하고 싶기 때문이다. 가난해서 배우지 못해서 당연한 것을 주지 않은 불공평 속에서 같은 색깔을 선명하게 내기 싫어서이다. 아부하지도 못하고 당당하게 살려는 나 자신의 노력이 물거품처럼 사라지지 않으려고 남들은 가장 싫어하는 비난도 서슴치 않았고 억울함을 주지 않기 위해서 공평함을 지켜내는 나 자신이 돌덩이에 깔린 것처럼 무거웠다. 메마른 영혼들의 배려는 오히려 부담이 되는 바보 같은 존재가 바로 나였다. 자신들과 색깔이 다르다는 이유로 왕따를 시켰고 그 모진 외로움을 뒤에서 눈물을 삼킨 채 혼자서 감당하지 않으면 전염병처럼 활화산을 태울 것 같은 어두움이 휩쓸고 갈 것 같은 허무함과 남기지 않는 메아리는 없었을 것이다. 다른 그 어떤 방법도 현재를 향하고 미래를 향하는 방법을 알려주는 사람은 없었을 테니까.

늦게 시작한 공부 때문에 쓸데없는 일에 시간낭비를 하면서 지나간 일에 집착할 수 없었으니 일을 해서 생계를 꾸려야 했고 학비를 벌어서 미래의 꿈을 키워나가야 했으니 하루하루가 어떻게 지나가는지 조차 느끼고 생각하면서 살아 갈 시간이 모자랐다. 얼마나 다행인지 지금도 생각해 보면 콧노래가 흥얼거려 진다. 공부 때문에 새로운 세계를 경험하게 되어서 내 영혼이 살찌는 소리가 들리는 듯했다. 내 육신은 말로 표현할 수 없을 만큼 고달프고 힘들었지만 과거에서 미래로 나아갈 수 있는 힘에 원천이 되었으니 손해보는 장사는 아니었고 언제나 나쁜 기억은 나를 쫓아다니면서 발목을 잡았지만 집착을 벗어나는 데에서는 기쁨도 함께였다. 변화가 일어나는 내 인생의 새로운 출발점이 개선문을 향하고 있다는 생각에 치를 떠는 분노에서 한 발자국씩 걸어 나가고 벗어난다는 자유에서 가진 돈은 많이 없었지만 자식에게는 떳떳한 미래의 문을 열어줄 수 있기에 가벼운 마음이었다. 나에게는 아들이 하나 있다. 그 아들은 눈에 넣어도 아프지 않은 자식이다. 어떤 괴로움도 자식을 위해서라면 부모는 마다하지 않는다. 이 물질 만능시대에 돈 없는 부모는 부모대접도 받지 못한다. 그러나 부족한 것이 너무 많은 자식을 버려둘 수 없었기에 언제나 인생에 동행자 역할을 해 주었다. 기댈 것도 없는 아들을 혼자 둘수 없었다. 난 지금도 돌아가신 엄마한테 속죄와 참회를 하면서 용서를 구한다. 철없던 시절 엄마 말씀을 거역했던 그 아픈 마음을 아직도 마음이 아려온다. 남들은 겪지 않고 순탄하게만 가는 일이 나에게는 그런 힘한 일을 겪어야 했는지 자책도 해 보고 채찍질도 해 보았지만 인생의 한 귀퉁이가 어두움으로 채워졌는지 알 수 없었다. 길고 긴 늪은 나를 말려 죽이려 했지만 끈질긴 생명력은 나를 존재하게 했다. 몇십년이 지난 지금도 눈물을 글썽거리게 한 일들은 그 잔인성을 잊기 힘들어서이다. 인간으로서는 도저히 할 수 없는 일을 그들은 해내고 있다 항상 어려울 때 힘을 준것은 아들이었다. 내 미래에 희망이었기 때문이다. 용기를 준 것도 아들이었다. 보잘 것 없는 엄마를 따라 엄마 손을 잡았기에 경제적인 고통도 묵묵히 엄마 손을 잡고 견뎌 주었기에 자신의 미래도 찾을 수 있었다. 최악의 순간에도 엄마를 원망하지 않았고 아프게 하지 않았지만 내 마음은 아팠다. 그런 상황들이 엄마 마음을 더 아프게 했고 강하고 분별이 있는 삶을 살게 하기 위해서 내색도 하지 못한 채 산다는 것은 혀를 깨무는 것 같은 죽음을 연상하게 하는 아픔과 고통이 수반되었다.

　가진 재산도 없는 내가 물려줄 것이라고는 제대로 되어있는 인성과 사고였다. 그런 문제를 비로 볼 줄 아는 사고능력과 해결할 줄 아는 능력이 아들에게는 큰 재산이 될 수 있었기에 아픈 마음을 끌어안고 미래를 향하고 쓰디쓴 열매를 단물로 바꿀 수 있는 사랑을 맺을 수 있게 되기를 간절히 바랐다. 지금은 건강하게 제 자신의 할일을 다하면서 잘 살아가고 있다. 나는 시집살이를 하면서 이상한 나쁜 버릇이 생겼다. 시어머니만 생각하면 시와 때도 없고 장소의 구분도 없이 눈물이 펑펑 쏟아져 주체할 수 없다. 내 사정을 모르는 사람들은 나를 정신이상자라고 비난 할지 모르지만 나는 그 아픔의 눈물을 주체할 수 없다. 메마르고 갈라진 땅에 참회의 눈물은 단비가 되었고 그래서 인생을 재 조명하는 사려 깊은 습관이 생겼고 다른 사람에 대한 배려심도 생겨 물질적인 것은 아니지만 마음적으로 따뜻함을 함께 했을때 닫힌 마음의 문을 열어 주었다. 그래서 가족에게 버림받은 아픔을 위로받을 수 있었고 일치되는 교감을 공감할 수 있었다. 미물같은 인생에서 사람답게 사람대접 받으면서 인정받는 사람으로 거듭났고 고통이 무엇인지도 알게 되고 무디어진 마음에 감각이 살아나고 느낌이 살아나고 작은 것이지만 기쁨도 알게 되었다. 사람으로서 도리를 지킨다는 것은 얼마나 가치 있는 삶인지 새삼스럽게 깨닫고 뜨거운 눈물을 흘려야 했는지 나의 사고가 진화하고 정화되고 생활이 변화되고 언어가 변화되는 기적같은 생활이 씩씩함과 당당함으로 살게 되었다. 믿어지지 않는 나의 인생이 확실한 좌표를 세우고 의아해 하는 사람들이 너무나 많았다. 특히 고향사람들 초등학교 동창생들이 그랬다. 과거에 짓눌려 바꾸지 못하는 안타까움은 언제나 가슴 아픈 일상이 되었다. 누구에게도 도움 한번 받지 못한 삶은 메마르고 찌들었을 것 같지만 언제나 나의 긍정적인 삶은 나의 영혼을 살찌게 했고 마음의 욕심이 사라졌다. 누구도 원망하지 않는다. 난 지금 이글을 쓰는 것은 유명한 작가가 되고 싶어서도 아니요. 명예를 얻고 싶어서도 아니다. 같은 사람끼리 공감대를 형성하고 아주 조금이나마 근절대는 효과를 보았으면 하는 아주 작은 소망이 있기 때문이다. 눈물이 앞을 가리는 고통스런 악습이 주마등처럼 눈앞에서 스쳐 간다. 사람은 누구나 같은 생각을 하고 산다.

　절망과 어려움에 처해 있을 때 누군가에게서 진심어린 위로를 받고 싶고, 위안을 얻고 싶지만 나에게는 그런 기회도 주어지지 않았다. 그래도 비굴하게 살지 않았고 떳떳하게 살아온 세월에 감사할 뿐이다. 시간이 해결해 주는 부분도 많았기 때문이다. 가진 것 없는 부모님도 원망하지 않았고 바르게 키워주신 것에 만족했다. 아버지가 일찍 돌아가시고 육남매 밥 굶지 않게 키워내면서 눈물을 꿀꺽꿀꺽 삼키는 엄마를 보았다. 자식들에게 스스로 죄인이 되어서 큰소리 한번하지 못한 채 돌아가셨다. 가난이 당신 잘못인 냥 스스로를 자책하면서 살았다. 내 나이 육십이 넘어 생각해 보면 한이 서린 눈물이었다. 자식들은 그 눈물을 닦아주지 못하고 보냈다. 죽음이 내 목전에 찾아왔을 때도 살려달라고 애원을 할때도 내 삶의 목적은 부족하게 태어난 내 아들이었다. 세상에 태어나게 했으니 책임을 져야만 하는 부모의 도리를 저버리지 않으려고 안간힘을 썼던 것은 아들이 누구의 원망도 없이 자신의 인생을 살게 해주기 위해서였다. 나에 선택의 실수로 힘든 세상에 태어나게 했으니 나는 그 책임을 져야 했고 온갖 희생과 고통을 감수하면서 자신의 삶을 자유스럽게 살게 해주었으니 글로 신문고를 두드리기로 결정했다. 그 때 그 아픔의 소리는 지금도 나를 울게 한다. 수 십년이 흘러버린 과거인네도 잊지 못해서 그런 것은 아니다. 너무 깊이 패인 상처가 아물어 갈 때마다 눈물이 나온다. 그 신문고의 처절한 북소리는 나의 마음과 같다. 갈기갈기 찢긴 내 마음의 북소리다. 억울함을 알리는 북소리를 듣고 내 억울함의 송사를 바로잡아 달라고 만천하에 알리는 북소리다. 어둠으로 꽉 메어있던 마음을 자유로이 풀어주고 함께 공감하는 삶을 살 수 있게 해달라고 왕따가 아닌 나쁜 사람이 아닌 진실된 나로 받아들여 달라고 애원이 아닌 정당한 나로 살게 해달라고, 그들이 쏟아내는 아픔과 희생을 난 똑똑히 보았다. 하지만 기성세대들은 원망하지 않고 미워하지 않는다.

시집살이는 대대로 이어졌다

　자세한 것은 모르지만 시집살이 역사도 어제 오늘 일어나는 일이 아니다. 우리는 단지 그들의 그 고통스런 전철을 밟지 않기 위해서 끊임없이 노력하고, 근절할 수 있다면 더할 나위 없이 기쁜 일이다. 보잘 것 없는 나의 인생이지만 침묵으로 일관했던 큰 뜻이 헛되지 않았으면 한다. 응어리로 피멍이 들은 고통덩어리도 언제 그랬느냐는 듯이 화해할 수 있는 맘이 웃음으로 바꾸어지기를 기다려 본다.
　옛부터 말이 있다. 때리는 시어머니보다 말리는 시누이가 더 밉다고 안그런 척하면서 맞장구를 쳤던 그들 사람 괴롭히는데는 일가견이 있었다. 대가족제도에서 벗어나지 못한 채 폐쇄시켜놓은 가정교육의 부족으로 옳고 그름도 판단하지 못하는 무지한 가족들, 틈만나면 고스톱, 술이나 할 줄 아는 그들. 자신들의 온갖 허물을 장점이라 생각하고 들추어내는 그들의 인생도 흙탕물이었다. 그런 속에서의 생활은 지옥이 따로 없었다. 견디어 내는 인고의 세월은 누가 알아 주었겠는가?
　저 하늘도 땅도 함께 눈물을 흘려야 했을 것이라고 자문해 본다. 인정도 사정도 없이 자신들의 이익에만 눈이 멀어 아들만 없으면 날카로운 발톱을 끄집어내어 할퀴고 상처를 낼 때는 위선과 이중성 때문에 무척 힘들었고 내 온몸의 핏줄들을 마비시켰다. 그런 잔인성이 가정의 폐쇄 때문에 가정사로 밀어버리고 가장 선한 사람들로 행세하는 그들의 기만성이 더 가슴 아프다. 인성이 파괴되어 버린 가족들의 횡포는 선을 넘었다. 바로 그런 형태의 시집살이를 비밀스럽게 감추었고 속여 왔다. 온갖 교태를 부리고 증오하면서 나를 죽음의 늪으로 밀어 넣었지만 아무런 양심의 가책도 없이 행하는 행동들은 통제도 없었고 부끄러움도 없었다. 나만의 해결책은 그들을 피하는 것이 전부였다. 온갖 해결책을 모색해 봐도 대화 자체가 결여된 상태의 사람들이었기에 해결책은 나오지 못했고 극단적인 선택의 길인 이혼이었다. 입술을 깨물고 그들이 선택한 길을 피하기 위해서는 이혼이라는 딱지를 받아들일 수밖에 없었다.

나는 책임을 다했고 원하는 대로 해 주었지만 원인은 미신이라는 신앙을 믿지 않는다고 해서 그들이 내린 결론이었다. 값싼 칭찬에도 인색한 그들의 행위는 누구에게도 용서를 받지 못할 자투라기 삶이었고, 남의 집안 딸의 인생을 망친 것이었다.

전통주의자들의 말에 따른다면 팔자가 사나워서 그런거라고 묵인해 버리고 정해진대로 살아야 한다는 운명이라고 했지만 난 운명을 믿지 않았고, 나의 삶을 개선해 나갔고 지금에 내가 있게 된 것, 그래도 8남매 장남며느리에 대해 최선을 다했던 노력은 이혼이라는 극단적인 처사로 끝을 맺었지만 친정 집안에도 부끄러운 일은 결코 하지 않았다. 이런 일들이 내 인생의 종말을 다시 태어나면서 바꿔나갔기에 이렇게 정체성을 되찾고 인간의 본분을 찾아서 활력소가 되는 내 자신의 색깔을 찾고 그들을 용서하고자 노력한다.

칭찬 한번하지 않은 그들의 인색함은 나를 짓밟고 서는 것만으로도 부족했다. 하나밖에 없는 내 목숨까지도 서슴없이 거두려고 했던 잔인성을 생각하면 밤마다 잠이 오지 않았다. 쉽게 화해하고 용서하지 않겠지만 그들의 헐뜯음은 항상 나를 괴롭혔다. 왜 바보처럼 참았느냐고 반문한다면 할 말을 잃어버린다. 그들은 나에게 한번도 말할 기회를 주지 않았다. 벙어리 삼년이란 세월을 꽉 채워 자신들의 욕심을 다 채웠고 속이 후련하도록 나에게 쏟아냈으니 흑백논리를 저주한 채 내 가정의 모든것을 착취하고 빼앗아 갔다. 이런 억울함들은 글로 쓰고 있다.

귀가 있어도 듣지 못하게 했던 그들의 무지와 억지는 죽음을 상상하게 했고 흘러가는 세월은 막을 수가 없어서 누구에게 보상받을 수도 없다. 빼앗아버린 나의 인간으로서의 기본권리 조차도 자신들의 허락이 아니면 누릴 수가 없다고 생각했던 것이었다. 그 시간과 그때는 되돌릴 수가 없고 놓쳐버린 물고기처럼 다시 잡을 수가 없다. 세상에 태어난 나에 흔적을 다 지워버리려고 했던 그들의 악행을 견딜 수 없는 뼈를 깎는 아픔 자체였다. 나의 존재의 의미도 잃어버린 채 존재해야만 되는 인간으로서의 존엄성도 까맣게 타버렸다. 혼란스러운 인고의 시간 속에서 그림에 떡처럼 잡을 수 없는 것들을 바라보면서 다른 이들의 행복을 박수쳐 주면서 눈물을 흘리면서 신세 한탄 할 시간도 없이 무거운 발걸음을 항상 옮겨야 밥 한끼라도 먹고 살 수 있는 상황이 되었다. 지나간 일들이라고 잊어버리고 살수만 있다면 그것들의 끈을 놓았을 것이다. 하지만 깊은 상처의 아픔은 나를 쉽게 놓아주지 않았고 평생 인고의 세월과 흔적들과 싸워야했던 기억들은 가벼이 넘어가주지 않았다. 중상모략과 이간질의 간교함은 나를 놓아주는데 세월을 허비하게 했다.

나의 뇌리에서 사라질 때까지 황혼기가 되었고 화해라는 어려운 과제만이 손을 놓지 않고 때를 기다리는 못내 아쉬움만이 마음을 답답하게 한다.

혹독한 세월의 대가는 인내와 사랑이었다. 긍정의 눈으로 바라볼 수 있었기에 귀한 사랑을 알게 되었고, 쓴 고배의 잔을 인내로 바꿀 수 있었다. 사람들과 친교를 나누면서 아픔을 보았고 눈물을 보았기에 그 시집살이를 이길 수 있었다는 것은 부인할 수 없다. 나는 한때는 부끄러움도 사치품으로 여겨질 만큼 사람으로서는 가장 비참한 자리까지 곤두박질 했으니 누구에게 속내를 비칠 수 있었겠는가? 내 자신을 과감히 내어놓고 심판대위에 섰을 때는 돌을 던지지 않는 사람이 없었다. 도량이 넓어서 받아주는 이도 없는 내 자신의 초라함은 그들의 짓밟힘 속에서 비천하게 일그러지고 먹을 것 하나 주지 않고 사지로 내어 던져버린 그들은 그런 것이 즐거움이고 기쁨이었고 그런 일 밖에 할 수 없는 그들, 난 대항할 힘도 없이 그저 당해주는 것이 내 일상이었고 지켜주는 이 하나 없는 그 생활이 바로 시집살이였다. 항상 맏며느리라는 무거운 명에는 입을 뗄 수가 없었다, 항상 내 입에는 자물쇠가 채워져 있었고 어길 경우에는 남편의 폭력이 무자비하게 몸을 강타했다. 누가 따뜻한 눈길 한번 주지 않은 혹한을 혼자 견디며 살아야 했고 잘못을 한 것도 없는데 죄인 취급을 했으니 나는 항상 몸서리를 쳤지만 현실과 싸운다는 것은 계란으로 바위치기와 같았다. 뒤쳐진 세월만큼 앞만 보고 살아야 했고, 시집살이의 후유증은 정말이지 지독한 암덩어리와도 같았다.

모든 것을 앗아가 버린 세월을 어찌 감당해야 했는지 꿈을 꾸고 있는 듯했고 그게 나에게 주어진 현실 이었다. 위로의 말 한마디기 없었고 찾아올까 봐 빗장걸아 잠그고 멸시와 천대로 대접했던 형제들 그래도 아무도 원망하지 않는다. 동물원에 원숭이 취급을 했던 그 형제들도 원망하지 않는다. 모멸감으로 속이 새까맣게 타 들어가 얼굴은 죽음을 연상하게 하는 내 몰골을 보고 동정심도 그들의 눈에는 구경거리가 되어서 그들을 즐겁게 해 주었다. 피를 나눈 형제들이었지만 아무것도 기대할 수 없었고, 아쉬울때만 찾아드는 형제는 아무것도 남은 것이 없었다. 물질만능주의로 모든 것이 퇴색해 버리고 동질감 마져 무너져버린 형제들은 무슨 우애가 남았겠는가? 한 뱃속에서 나왔다는 것이 부끄러울 때가 더 많았다. 돈만 있으면 모든 것이 잘 해결 될 거라고 생각했지만 그것은 큰 오산이었고 착각에 불과했다.

우리 50년대생들은 파란만장한 시집살이 역사가 너무 깊고 크다. 칠거지악에서 스톱이 되었고 여자목소리가 크면 집안이 망한다는 낭설로서 발목을 묶었다. 여자들로서는 모진 세월이고 잔인한 세월이지만 신분제와 남성우월주의에 묶여 아무것도 할 수 없었고 아이 낳고 남편 내조 잘하면 그만이라는 여자팔자 뒤움박 팔자였고 담을 뛰어 넘지 못하는 우물안개구리들로 사는게 다반사고 결정권 하나 행사할 수 없는 무능한 인간들로 살수밖에 없는 시대의 산물로 변해버렸다. 달라졌다고는 하나 많은 것이 남성들의 귀속물이 되었다.

우리시내에는 유교문화의 삶이있었다. 장단점은 다 있겠지만 남자와 여자가 성이 다르다는 이유로 차별이 심한것을 우리는 늘 겪고 살았다. 그리고 소유물이 되었다. 자유를 박탈당하고 노예처럼 로보트처럼 시키는 대로만 하는 꼭두각시 인형에 불과한 그런 생활속에서 살아왔다.

그런 것들이 행복이고 즐거움이었던 시절 그 속에서 성장했다. 일부다처제의 문화속에서 창자가 끊어지는 모진 세월 속에서 성의 노예가 되어서 남성들에게 대접받지 못한 첩 제도 속에서 살았다. 지금의 21세기는 일부일처제다. 젊은 세대들이 잘하기를 기대해 본다. 남의 것을 훔치는 착취는 오늘날도 힘 있는 사람들은 쉽게 양심의 가책도 없이 잘하고 있다. 교육을 받지 못한 세대들은 모방에 길들여져 있고 부끄러움을 모른다. 그런것들이 당연한 것처럼 자신들의 존재 가치를 한번쯤은 되짚어보고 본능적인 삶에서 조금이나마 주변을 되돌아 볼 수 있게 되기를 희망해 본다. 지금은 시대가 많이 변했다고 말로는 많이 떠들어댄다. 하지만 행동양식은 아직도 틀속에서 벗어나지 못한 채 몸부림치고 있다. 여기저기 널려있는 다처제의 잔재들은 흉물스럽다. 그런 일에 박수치지 않는다고 왕따를 당했던 시집살이 언제나 살얼음판을 걸었다. 언제나 금이가고 깨질수 있는 위험한 상황들은 나의 목숨에 위태로움까지 내재되어 있었다. 폐쇄된 가정에서는 무서울 것이 없었고 눈에 보이는 것도 없었다. 자신들이 법이었다. 법이 있으면서 지켜지지 않은 60년대의 봉건적인 잔재들은 그들의 생각으로는 달라지는 게 없었다. 감수하고 조용히 인내하는 일만이 나의 몫이었다. 조심스레 인생길에 잘 살피면서 다른 사람이 파놓은 웅덩이에 빠져서 하늘만 쳐다보지 말고 스스로의 인생 역전을 맞이하기를 바래 본다. 말로 다하지 못한 일들을 이 글을 통해서 신문고를 두드린다는 것은 내 생애 최고의 선물이고 후련해지는 속병이 피멍이 든 마음이 깨끗해지는 듯하다.

시어머니의 횡포와 온가족의 횡포는 혼자 힘으로는 역부족이었고 매 맞아 죽게 생겼으니 벙어리 삼년을 또 채웠지만 담아두는 마음에 병이 생겨서 건강하지 못하니 마치 시한부 인생처럼 죽음을 기다리고 앉아 있을 수는 없어서 갖은 고생을 다하면서 온갖 고통을 인내하면서 삶의 현장에서 남들과 어깨를 나란히 해야 하는 상황은 온통 내 몸이 병투성이인 악조건을 갖고 죽음과도 맞서야했고 현실들을 원망하고 미워하기에는 하등의 가치도 없는 것에 시간을 낭비하기 싫었고 죽든지 살든지 둘중 하나였다. 어쩌다 죽을 것 같은 마음에 시어머니의 이야기를 꺼내면 같은 여자끼리도 조그마한 이해도 배려하지 못하고 집안일이니 집안에서 해결하라는 차디찬 냉소만이 나를 맞이했다.

현실의 냉혹함은 전부 부정적인 문화 속에서 관심조차도 없는 현실이었다. 지금은 몇 십년이 지나간 과거라지만 과거도 나름이다. 상처투성이인 나 자신의 싸움은 오랫동안 괴롭혔다. 내게 주어진 내 몫인가 생각했지만 너무 가혹한 현실이 참으로 긴 세월이었다. 바보가 되는 삶이 나 자신을 지키고 지탱하는 삶이었으니 다른 사람 눈에는 인간의 모습이 아니었고 역겹게 보이고 추한 모습이 내 곁을 다 떠난 원인이 되었겠지만 많은 인내와 희생으로 빈자리를 메꾸어 나갔다.

이 글을 쓰고 있는 시점에서는 역전승이 되었고 인생의 참맛을 음미하면서 다짐해 본다. 두번 다시 그들과 똑같은 실수는 하지 말자고 자신에게 다짐한다. 지나간 세월에 되돌릴 수는 없지만 아팠던 만큼 증오심도 내려놓고 오뉴월에 서릿발이 내리는 분노도 이제는 내려놓고 고통과 혼자서 맞낙뜨러아 했던 독백의 삶을 이제는 종식하고 편한 마음으로 함께하는 삶을 살고파 내 마음의 짐들을 다 내려놓는다. 나 자신을 더 괴롭히고 싶지 않아서 돌처럼 굳어버린 심장을 가진 사람들과 엉키고 싶지 않아서 한 부분 한 부분 내 목숨과 바꾸어가는 과정을 통해서 정체성을 찾고 존재가치에 중요성을 찾는 변화되어가는 모습에 새로운 세계에 도전하는 자신감과 용서가 새삼스럽게 느껴지고 삶에서 작용하고 숨쉬는 것을 생명력의 강함에 즐거움을 찾고 인생의 쓴맛을 단맛으로 바꿔가는 중요한 계기가 되었다. 너무 깊이 패인 상처자국에는 눈물이 가득가득 고여서 건드리기만 하면 터질 것 같은 눈물들을 감추고 또 감추고 차곡차곡 쌓아서 밑거름이 되는 역할을 톡톡히 했고 들어주는 이 하나없는 혼자만의 독백 다른 사람을 아프게 하고 싶지 않았기에 많은 것을 삭혀 화병을 알아야 했기에 머리속에는 언제나 열꽃이 피어 있어서 짓물이 흘려야 했고 어둠의 응어리들은 자유를 억압했다. 친정아버지를 닮아서 성격이 급했던 나는 살기 위해서 거센 물살 속에서 인내를 배웠고 참는 것을 배웠다. 혼자 허허벌판에서 외로움에 떨 때에도 몸서리치는 왕따를 가족들에게 당할 때에도 내가 할일은 따로 있었다. 초등학교 밖에 다니지 못했던 나는 학원에 다니면서 공부하느라 일해서 학비를 벌려고 정신없는 바쁜 시간을 보내야 했으니 시어머니와 싸우고 있을 시간도 아까웠다. 경조사가 있어서 가족들이 모이면 무시하고 헐뜯는 일이 다반사고 따돌림을 하고 말을 해도 무시해 버리는 언제나 부정이었다. 그들을 긍정으로 대해도 항상 돌아오는 것은 냉대와 멸시였다. 항상 미래라는 희망의 끈을 꼭 잡고 웃음을 잃지 않았다. 그런 행동양식들이 나를 지탱해 주는 주춧돌이 되었고 버팀목이 되어 주어서 보잘것은 없었지만 존재하게 해주는 가치있는 삶들이 나를 업그레이드하게 해 주었다.

　이 글을 쓰고 있는 목적도 그 속에서 남의 고통도 외면하지 않은 채 공감하면서 살아가고 있다는 것을 눈에 보이는 확신으로 죽지 않고 살아있다는 것을 각인시켜주는 계기가 되었고 뜨거운 피가 흐르는 사람으로 보란듯이 살아남은 나 자신을 보여주고 싶었기 때문이다. 들풀처럼 밟히고 밟히면서 천대와 멸시를 견디어야 했던 무서운 외로운 세월을 뼈저리게 느끼면서 아파했던 그 시간들 남편도 없이 바람막이 되어줄 사람도 없이 무더운 땡볕에 시원한 그늘 하나 되어줄 작은 나무 한 그루도 없는 가뭄이 들어있는 내 땅 물 한바가지 주는 이도 없었고 모든 것이 내 스스로 해결하지 않으면 굶어 죽어야 하는 짓밟혀 보잘것없는 여인네의 모습은 비참하기 그지없을 때가 많았다. 끈질긴 생명력은 다시 털고 일어나게 했고 어린아들 때문에도 자제력 없는 행동은 통제력으로 피해야 했던 굳은 결심 때문에 생지옥 같은 시어머니의 냉대 속에서 버려지는 고통을 겪어내야 했으니 살려달라고 애원해도 무시해 버리는 피가 흐르지 않은 냉혈동물들 그런 것들이 그들의 실체였다.

　눈에 넣어도 아프지 않은 내 아들을 지켜내기 위해서는 천 갈래 만 갈래 망신창이가 되어도 참아야 했던 엄마의 피맺힌 절규는 어린 아들이 혼자서 눈물을 훔치는 광경이 너무 애처롭고 불쌍하게 여겨졌기 때문이다. 이혼녀라는 내 인생은 한 번도 생각해 보지 못한 깊이 패인 굴곡진 세월 희생만을 강요당하며 살아왔던 우리 386세대들, 굶어죽지 않으려고 발버둥 치면서 숨소리 한번 크게 내어보지 못하고 살아왔던 시간들이 나에게는 의미있는 인생으로 강한 엄마의 강인함으로 거듭나면서 살았다는 것을 인식해 주기를 바랄 뿐이다. 누가 지켜주지 않았어도 세찬 비바람을 혼자 잘 견디었고 보란 듯이 그들 앞에 내 존재를 보여주는 나의 승리는 작은 것이지만 떳떳하게 함께 갈 수 있는 영광을 한아름 가득 나의 마음에 품고 간다. 귀함을 알았고 천함을 알게 해준 아픔들, 소중함을 더욱 깊이 인식하면서 이제는 빈손 인생을 살지 않으련다.

살아있는 동안은 지나친 소유욕과 욕심은 자신을 괴롭히고 상대방을 괴롭히는 자본주의에 본질을 잘 지키면서 살아 보려한다. 한발 물러서는 것은 참으로 어려운 일이었다. 세상살이는 빈손으로 왔다 빈손으로 가는 것인데 집착과 욕심은 다른 사람을 무수히 괴롭히는 검과도 같은 통제할 수 없는 존재들이었다. 승리하는 자는 물러설 때를 알고 진보하는 자이니 맞서기만 한다면 부서지고 상처만이 남는 과거의 산물이 되는 실수를 줄일 수 있다면 뼈를 깎는 과감한 결단력을 내 자신의 통제력하에 두고 싶다. 든든한 백그라운드가 있는 것도 아니고 곁을 지켜주는 남편이 있는 것도 아닌 나는 그저 신념을 지키면서 하늘을 거스리지 않고 살려고 애쓰는 한 사람의 여자였고 인간이었다. 다른 이들은 앞만 보고 달렸지만 나라는 인간은 오지랖이 넓어서 앞도 보고 뒤도 보면서 살았다. 그러나 결코 후회하지는 않는다. 내 스스로의 결정이었으니까.

비굴함에 굴복하지 않고 떳떳함을 지향한다는 것은 그만큼의 참회의 시간이 아팠음을 고백한다. 미래를 보기 위해서는 내 생명 앞에서 두려움을 접어야 했고 부정을 긍정으로 바꾸는 모진 고통을 인내해야 하는 달콤한 것보다는 쓴 것을 항상 내 앞에서 선택을 하게 했고 한 계단 두 계단을 힘겹게 올라설 때면 내 앞에는 희망이 기다리고 있었다. 시집살이의 고통은 한마디로 표현할 수는 없지만 칼로 생살을 도려내는 잔인한 살육이라고 표현할 수밖에 없었다. 누구에게도 부끄럽고 고개숙인 사람이 되지 않으려고 무진애를 쓰고 비록 노동을 했지만 떳떳한 삶이 내게 빛을 밝혀 주었고 가난한 가난한 땅으로 정착할 때까지 쉼 없이 내 영혼의 힘까지 고건분투하면서 불평과 불만이 없이 황폐한 땅을 일구어 왔다. 노예근성을 버리지 못하고 남에게 다른 이에게 의지만 하려 했던 삶은 아팠지만 도려내야 했고 부모들이 살았던 지난날의 빛바랜 악습들은 영양분을 섭취할 수 없기에 과감하게 버려야 했고 남들은 흥청대고 만취할 때 나는 팔을 걷어 붙이고 몸빼를 입고 여자의 삶을 포기했을때 모든것은 그림에 떡이었지만 좌절속에서도 포기란 없다. 여러가지 일을 혼자 감당해야 했기 때문에 남들은 잘때 일을 해야 했다. 어둠 때문에 앞길이 보이지 않을 때면 두배 세배 노력으로 메꾸어야했고 가난을 저주하지도 원망하지도 않았다. 캄캄한 칠흙같은 밤길을 혼자 갈때도 항상 돌다리를 두들겨보고 건너는 신중함을 잃지 않았고 나에 추한 모습을 진실에 담아서 언제나 따뜻한 마음을 다른 사람에게 전해주었고 그래서 작은 것들이 모였다. 따뜻한 마음과 행동은 살얼음을 녹였고 인생의 쓴물을 단물로 바꾸는 기적같은 새로운 미래를 내게 주어진 시간만큼 열심히 살게하는 원동력이 되게 하는 에너지다. 내 일상은 언제나 그림에 떡이었고 작은것 하나도 배려 받지 못한 저주의 날이 계속 진행되었다. 그 시집살이의 고통도 자신들이 받아야하는 고통과 저주를 나에게 뒤집어 씌운 채 자신들의 죄는 없다는 것이었다. 살아서 숨쉬는 날들이 때로는 빛과 어둠을 구분하지 못한 채 뒤범벅이 된 세상에서 부정을 받아들이고 갈길을 헤맬때 아담과 하와에 원조처럼 죄를 짓게 되는 것을 모르고 교만한 마음을 갖고 혼자만의 능력인냥 의시대면서 살아가는 모습에 역겨워지고 싫증이 났었다. 시어머니의 폭력적인 언사에도 충격의 연속이었고 온갖 힘을 다해 맏며느리의 소임을 다 할때도 인색한 그들은 칭찬 한번 하는 것도 인색하고 내 노력과 공은 모든 것이 시어머니의 것이 되었다. 빼앗겨도 다시 찾을 수도 없는 나의 무기력과 무능은 누구에게 하소연 할때도 없었다. 모함을 하고 괴롭히면서 반성하지 못하는 무지한 그들 앞에서는 고개를 숙일 수가 없었고 혈연관계라는 가족단위의 공동체는 피줄만이 가족이라는 괴상한 논리 속에서 며느리를 남처럼 여기는 자신들의 소유였다.

8남매 맏며느리인 내가 온갖 푸대접 속에서 천대를 받고 멸시를 당할 때 이웃도 내 친정 가족도 다 무용지물 쓸모 없었다. 내 고통 속에서 자신들의 뱃속 채우는 일에 급급했고 종횡무진 인정사정 없는 무지한 본능적인 일에만 충실했다. 나의 고통과 희생은 누구를 위한 것이었는지 아직도 정체성 혼란을 겪는다. 잘못 끼워진 첫 단추가 지금까지 내 발목을 잡고 아리는 듯한 아픔으로 나를 일깨워준다. 화해는 하겠지만 그 근원의 어둠들은 본질들을 갖고 끊임없이 괴롭히려드니 언제까지 보아 넘길 수는 없을 것 같다. 애를 끊어내 듯 그릇된 것들을 해결해 나가는 과정은 나 자신의 괴로움들은 참회하고 반성하는 환골탈퇴하는 현실들이다.

가족들에 대한 그리움도 모든것이 내 자신의 실패 앞에서 무릎을 꿇어야 했기에 좌절하고 내 인생이 짓밟혔다고 해서 넋 나간 여자로는 살수가 없었기에 나의 억울함을 이 책 신문고를 통해서 북을 칠 수 밖에 없다. 말과 행동이 엇갈린 정체성 분열속에서 본능적인 일에만 목숨을 구걸했다면 아무것도 아닌 사람으로 다람쥐 채 바퀴 돌듯 담을 넘지 못한 여자로 짓밟힌 여자로 서산에 지는 해처럼 지고 말았겠지만 미안함을 극복하고 처절함을 극복하고 고질적인 우리나라 문화를 극복할 수 있는 힘과 용기를 얻을 수 있었다는 것이 큰 희망의 기둥이 되었다. 난 언제 수동적인 행동보다는 능동적인 행동에 촛점을 맞추었고 침묵하는 세월을 원망하지 않은 채 묵묵히 인고의 세월을 보낼 수밖에 없었다. 수 십년이 지난 지금에도 아들 앞에서 부끄러운 부모되지 않으려고 조심스레 살아간다. 돈만 있으면 모든것이 해결 될거라고 믿겠지만 말없이 지켜보는 하늘이 무섭다. 서슴없이 누명을 씌우고 모략을 할 때도 속수무책으로 당할 수밖에 없었던 그들의 8남매 앞에서 난 언제나 초라한 존재 비웃음거리고 전락해 있었다. 더구나 친정의 가난을 비하해서 말을 할 때면 남모르는 고통이었고 혼자 감당하기에는 너무 큰 산처럼 느껴졌고, 현실적으로도 너무 멀었다.

그럴때면 동화속에 나오는 소년의 이야기가 생각이 났다. 늑대가 나타나지도 않았는데 늑대가 왔다고 동네 사람들을 속여서 처음으로 재미가 있어 거짓말을 했지만 진짜로 늑대가 나타났을 때는 아무도 오지 않았다. 진실은 땅에 묻어둔 채 거짓을 쫓던 사람들, 그들이 어리석음으로 다른 사람을 망치는 것이 어떤 날들이 기다리고 있는지 모른다. 그 긴 세월을 누가 보상할 수 있겠는가? 누구에게나 말할 수 없었던 비밀은 침묵 속에 묻어두고 아파해야 했으며 무관심속에 버려져야 했던 악몽들 다른 이에게 짐이 되고 싶지 않아서 원망과 미움도 버린 채 홀로 주어진 삶의 무게를 감당해야 했으니 진실을 말해도 시어머니의 모함때문에 거짓으로 묻혔던 그 시간들 돌아갈 수 없는 과거다. 난 그저 잃어버렸던 신뢰를 되찾고자 할뿐이다. 쉽지는 않겠지만 뼈가 부서지고 피를 토하면서 살았던 세월들을 되새김하면서 단물로 바꿀 수 있는 사랑을 기대해 본다. 피도 눈물도 없는 경쟁에서 밥을 굶지 않기 위해서는 다른 사람과 부대끼고 얼굴을 붉혀야하는 상황은 마음이 편할 수도 없었다.

　사람으로 살아간다는 것은 그리 쉬운 일이 아니었다. 남들은 가지고 사는 것을 난 다 빼앗기고 항의 한마디도 하지 못한 채 불안한 마음을 갖고 남편이란 말이 너무 낯설었던 70년대 80년대 왠지 내 얼굴이 부끄러워진다. 가해자들은 떳떳하다 피해를 입은 사람이 죄인이다. 이 경우에는 눈물만이 나 자신을 대변해 줄 뿐이다. 깊이 마음속에 묻어두었던 생각들을 하나하나 끄집어내서 부족하나마 글로 표현할 수 있는 세월이 감사하다. 남들은 겪지도 않고 잘만 사는데 나에게 찾아온 이 고통들은 무엇이란 말인지 원망과 미움도 힘이 남아 있을 때 하는 것이다. 지쳐서 만신창이가 되어 있을 때에는 아무것도 내 자신을 대신할 수 없었다. 그렇게 나를 비참하게 만들었던 사람들, 모든것이 당연한 것처럼 빼앗아서 착취를 일삼고 증오심과 분노, 저주를 받아서 말라 버리게 하는 그 횡포는 얼마나 참혹한 광경이었는지 정신이 혼미해 질 때도 자그마한 양심 하나도 남겨두지 않은 채 나를 나락으로 전락시키려고 온갖 것을 동원했지만 이제는 많은 것에 자유롭다. 지옥 같았던 시집살이가 밑거름이 되어서 새싹이 돋는 신선함을 만끽하고 싶다. 즐거움으로 옥토가 되는 땅을 소유하면서 가난에서 벗어나고 싶다. 가슴이 터질 것 같고 답답할 때면 목청을 높여서 트로트를 불렀다. 누구의 간섭도 받지 않고 스트레스를 날려 버릴 수 있는 마치 주어진 기회나 되는 것처럼 변화해가는 나 자신을 만끽할 수 있어서 참으로 만족스러웠다. 참 작은 변화지만 느낄 수 있고 생각할 수 있어서 기쁜 마음이 가득 채워졌다. 무디어진 내 마음이 설레임과 같이 나에게 찾아와 밤에 잠도 잘 오지 않은 혼란스러움도 있었지만 새로운 나 자신을 찾아서 간다는 것은 부풀어 오르는 꿈과도 같다. 메마른 황무지를 개간한다는 것은 나 자신의 황폐함을 샘물이 솟아나는 것 같은 가물어서 쩍쩍 갈라진 땅에 단비가 오는 것과 같다. 그 시집살이 덕분에 늦게 공부를 시작한 것이 소홀히 살았던 지난날들을 되돌아보는 귀한 시간이 되었고 참회하는 내 자신을 발견하면서 모든 것을 바라보는 시각이 달라졌다는 것을 느낄 수 있었고 내 영혼이 살아나는 희망이 생기는 인생의 탈바꿈이 계속 자신에게서 나와 죽음의 구렁텅이에서 벗어날 수 있었다. 막다른 골목에 몰려서 이러지도 저러지도 못할 때 시간의 긴박함을 인생의 지름길이라는 생각이 해소하게 만들었고 외길 인생 희망도 있지만 길게만 느껴지는 암담함도 내 자신의 큰 과제였고 그래도 항상 마음에 여유로움 때문에 마음은 편했다. 경제적인 풍요로움은 없었지만 정서적인 안정 때문에 별문제가 없다. 과거를 지향하는 시어머니 독선때문에 있었던 많은 것을 잃어버렸지만 새로운 것을 알게 되었고 그런 열정 때문에 견딜 수 있었던 시집살이의 아픔, 깊은 곳에 자리한 상처들을 이겨내면서 평생에 한이 되는 그 고통을 종식 시키면서 혼자 나름대로 인생을 조금씩 내 생각과 정체성을 찾고 나를 찾아서 새로운 삶을 살면서 흥미를 느끼고 아날로그 삶을 버리게 되었던 것을 혼자 칭찬해 본다. 누구나 인생을 살면서 변화를 겪게 된다. 경제적인 변화든 사고의 변화든 큰 틀을 만들어 놓고 틀 속에 끼워 맞춘 것이 아닌 넓은 세계의 자유스런 생각들은 큰 선환기를 맞이하게 해준다. 이런 저런 다른 세계가 있다는 것을 깨닫지 못했다면 난 그 시집살이에서 이 세상 사람이 아니었을 것이다.

자칫하면 저주밖에 할 줄 모르는 시어머니로 인해서 인생이 무의미한 봉건적이고 정해진 인생을 살 수 밖에 없는 현실속에서 존재의 가치를 인식하고 살 수 있게 좌표를 심어준 것이다. 난 언제나 책상 앞에 앉아서 이런 저린 생각을 하고 글을 쓰노라면 눈시울이 뜨거워지고 반복되는 실수를 하지 않기 위해서 아날로그인 그들을 험담하지 않았으며 잘났던 못났던 내게 주어진 삶에 진실되게 충실했고 누가 보아도 부끄럽지 않게 살려는 강인한 인내심과 욕되게 했던 사람들도 보지 않는다고 해서 쉽게 끝나는게 아니라는 것이 눈앞에서 아롱거렸다. 세대차이니 뭐니 하면서 소통이 단절되고 진심은 사라지고 겉치레만이 난무한 세상에서 오히려 진실을 말하는 사람에게 손가락질을 하는 망칙한 세상이 되어버린 안으로만 굽어드는 팔은 밖으로는 펼 줄을 모른다. 혈연과 이기주의의 뿌리가 깊은 만큼 형제간의 우애라는 화려함속에 감춰진 것은 모습을 드러내기가 힘들 것이다. 암울한 시대의 역사속에서 당연시 되었던 악습들, 그런것들이 최선의 방법이라고 생각들 했겠지만 한번쯤 뒷걸음질 쳐서 돌아보는 것도 좋은 방법이라는 생각이 들 때가 마음의 여유를 찾을 때라고 정서적인 우리네 문화를 뒤돌아 본다. 맨주먹으로 일어서야 했던 기성세대들은 오히려 따스함이 있었지만 물질만능 시대와 경쟁이 앞선 시대를 황폐해져 가는 젊은 세대들 부모님 덕에 배는 곪지 않고 살아가지만 이 아이티 시대에 살아남는다는 것이 무슨 의미인지 알 수 없다. 교육수준은 높아졌지만 위, 아래도 알아보지 못한 인성들은 어디로 갔는지 오만함과 물질만이 그 자리에서 큰 소리를 치고 겸손함과 존중할 줄 모르는 사람들만이 잘난 사람이 되어버린 다른 이를 아프게 했다는 것을 모르는 무디어진 사람들만이 큰소리치는 야릇한 세상이 되어버린 마치 잘 삭힌 밑반찬처럼 깊은 맛이 우러나는 사람들은 흔히 볼 수가 없다. 아날로그도 생명의 불이 꺼지지 않는 이상 제자리를 지킬 것이다. 시대가 변해도 생각은 조선시대의 자리를 지키고 도태하고 퇴보하면서 실수를 하고 현실을 부정하면서 물질만능주의의 산물이 될 것이다. 자식들을 위해서라면 아깝지 않고 희생을 즐겼던 우리네 기성세대들 가냘픈 빛이기에 애처롭고 안쓰럽기도 하지만 아직 젊은세대들은 이해하기 어렵고 부정적인 생각과 성급함 때문에 현실과 마주한다는 것이 여유가 없다. 세대차이로 갈등의 골이 깊은 어려움들은 극복해 가는데에도 시간이 필요하리라 생각한다. 현실은 녹녹하지 않고 마음의 밭은 모래사막과 같은 진심의 물 한모금은 바가지에 풀잎하나 띄워서 받아 먹을 수 있는 마음의 여유들은 찾아볼 수가 없다. 개인주의가 팽배한 21세기다. 그들 앞에서 작아질 수 밖에 없는 우리네 기성세대들 개미처럼 일만해서 경제적인 혁신을 이루어냈다. 하지만 많은 부작용과 변화를 겪어왔다. 그리고 감싸 안아왔다. 부정을 긍정으로 바꾸었고 행동으로 실천해서 많은 성장을 이루어냈지만 목마름과 메마름은 빈부의 격차만이 크게 존재하게 했다.

 시어머니의 시집살이도 부정에서 긍정으로 전환을 했기에 살아 남을 수 있었다.

 교육을 받지 못한 세대인데다 시집의 경우에는 가정교육조차 미비했고 눈으로 보는 것이 전부인 세대들, 듣고 보고 배울 것은 없었다. 그래서 짐묵과 고요함만이 존재했다. 아무런 생각도 하지 않은 가족들은 미래의 빛이 이미 단절된 폐쇄된 가정이었다. 퇴색해 버린 전통주의나 미신을 믿는 사람들은 정치적으로 많이 이용당해왔고 부패한 정치인들은 경제적인 이익 집단으로 전락했고 몰락의 길을 걸었다. 이런 때 일수록 자신만의 선명한 색깔이 필요할 때이나 이기적인 색깔이 아니고 다른 사람을 존중할 줄 아는 마음 넓은 사람으로 거듭 태어나면서 작은 것이나마 배려할 줄 아는 넉넉하고 훈훈하게 다른 사람들의 관심을 받을 줄 아는 인간으로 살게 되기를 바란다. 지금은 경제적으로 풍요롭지는 않지만 행복하고 즐거운 삶을 영위하면서 다른 사람들과 발을 맞추어서 걸어간다. 왕따를 당하고 내 인생을 어두움에 빼앗길 때는 절망과 좌절 뿐이었지만 욕심 부리지 않고 조금씩 내 몫을 챙겨 나갈 때는 나도 이 나라 국민의 일원이라는 것을 깨닫고 내 존재의 중요성을 여겼다. 이제는 많은 세월을 나 자신의 아픔과 고통과 싸워서 이겨낸 승리의 결실도 눈에 보이기 시작했고 인생의 쓴맛을 단맛으로 바꾸는 계기가 되어서 새로운 삶에 도전하고 있는 내 삶의 무게도 한결 가볍다. 아팠던 상처들도 새살이 돋아서 치유가 되고 묵묵히 죽지 않고 이겨냈던 세월들이 내 머리가 하얗게 되고나서 내 마음의 열매들을 수확하고 있다. 새순이 돋고 새 가지가 뻗어서 죽었던 내 생명의 싱그러움을 맛보고 살아있는 사람으로 살아감을 감사한다. 기쁨은 큰 행복이 될 수 있다. 하지만 아직도 용서라는 말과 화해라는 말은 나에게는 낯선 손님처럼 언급된다. 신은 용서하겠지만 인성을 가진 사람인 나는 쉽게 생각되지 않는다. 많은 아픔의 눈물을 쏟아냈기에 철들었던 나, 죽음을 눈앞에 두고도 욕심과 욕망에 사로잡힌 자들은 시대와 하늘을 거스르고 되돌릴 수 없는 막바지에 다다른다. 나도 한때는 되돌릴 수없는 과거 때문에 어리석음 때문에 인생의 끈을 놓아버리려고 할 때도 있었지만 나 자신 때문에 아무 죄도 없이 태어난 아들을 저버릴 수 없어서 질긴 목숨을 연명해 왔다. 그 좌절속에서 늦은 공부를 선택한 것이 나에게는 에너지원이 되었고 힘이 되었다. 생계도 꾸려야하고 학비도 벌어야 했으니 한시도 게으름을 피우고 과거를 붙들고 한심하게 살수 없는 바쁜 세월에 감사하면서 내게 주어졌던 삶의 무게를 혼자 감당하면서 새로운 미래에 희망을 두었고 감당할 수 없을 때에는 과감한 도전장을 내밀었다. 남들은 풍요로움 속에서 흥청대고 할 때에도 가난과 싸우면서 첫사랑 같은 설레임도 맛보았다. 아무가치도 없는 고통에서 해방이 되었고 작지만 따스함을 느끼면서 아팠던 기억들을 차츰 잊어간다. 고통은 나를 성숙한 인간으로 홀로서게 했고 칠흙같은 밤길도 두려움 없이 혼자 갈수 있는 용기를 나에게 선물했다. 굶지 않고 밥을 먹고 살기 위해서는 한 줄기의 실낱같은 빛을 붙잡고 살아내야 했다. 눈물을 흘린 시간도 나에게는 쓸데없는 사치였고 고달픈 인생길에 찍힌 낙인처럼 지워지지 않은 고통의 눈물의 자국들을 말끔히 씻어 버리련다. 어두웠던 세월들을 동녘에 떠오르는 태양 앞에 놓아 버리련다. 그 열기로 인해서 타버리고 재만 남은 쓸데없는 것들은 소멸되는 저 밝은 태양아래...

"가끔은 같은 단어가 강조된 것도 있습니다. 계속 진행되는 고통을 그대로 표현한 것입니다."